舰船系统工程丛书

舰艇舱内爆炸毁伤与防护机理

李 营 著

科学出版社

北 京

内 容 简 介

本书按照"载荷-特性-响应-防护"的思路,阐述反舰导弹舱内爆炸作用下舱室结构毁伤与防护机理,主要内容包括战斗部舱内爆炸载荷特性、典型船用钢的动态本构关系与失效特性、舱内爆炸载荷作用下舱室结构动态响应、水雾对舱内爆炸压力的衰减机理、液体舱室对舱内爆炸压力及破片载荷的防护机理等。

本书适合船舶与海洋工程、兵器科学与技术、力学等相关领域科研人员参考使用,也可以作为高等院校相关专业的研究生教材。

图书在版编目(CIP)数据

舰艇舱内爆炸毁伤与防护机理/李营著. —北京:科学出版社,2022.6
(舰船系统工程丛书)
ISBN 978-7-03-072256-0

Ⅰ. ①舰⋯ Ⅱ. ①李⋯ Ⅲ. ①军用船-船舱-爆炸-防护 Ⅳ. ①U674.7

中国版本图书馆 CIP 数据核字(2022)第 078748 号

责任编辑:魏英杰 / 责任校对:樊雅琼
责任印制:吴兆东 / 封面设计:陈　敬

科 学 出 版 社 出版
北京东黄城根北街 16 号
邮政编码:100717
http://www.sciencep.com

北京中石油彩色印刷有限责任公司 印刷
科学出版社发行　各地新华书店经销

*

2022 年 6 月第 一 版　开本:720×1000　B5
2022 年 6 月第一次印刷　印张:21
字数:421 000

定价:**180.00 元**
(如有印装质量问题,我社负责调换)

"舰船系统工程丛书"编委会

顾　　问：朱英富　何　琳

主　　编：李　炜

副 主 编：张　磊　敖晨阳　王岩磊

秘 书 长：冯麟涵　魏英杰

编　　委：卢芳云　姚熊亮　华宏星　刘建湖
　　　　　张阿漫　李晓彬　郭　君　李　营
　　　　　周心桃　张新宇　吴广明　刘见华
　　　　　杜　度　贾　地　刘新凯　石　敏
　　　　　马溢清　吴晓伟　李良伟　刘云生
　　　　　谭大力　王书满　夏铭禹　所　俊
　　　　　黄金娥　杜志鹏　计　晨　冯麟涵
　　　　　赵鹏铎　姚国英　魏英杰

"舰船系统工程丛书"序

海洋是当今世界各国海上交往的航路，也是各国经济发展和军事斗争的重要阵地。舰船是遂行海上军事作战任务、维护海上通道安全、保障国家海洋利益的重要装备，自产生以来一直受到世界各海洋强国的高度重视。对舰船设计、建造、维修等新技术、新工艺和新材料持续进行研究和投入使用，各类新型舰船应运而生。

现代舰船起源于第二次世界大战，它集"矛"与"盾"的功能于一身，综合拥有侦查预警、指挥控制、多域打击、快速机动、综合防护等核心作战与生存能力，结构与系统组成复杂，高新技术密集，堪称人类军事工业技术的智慧结晶。现代舰船的研制和应用周期也较长，涉及论证、设计、建造、试验鉴定、作战应用和维修保障等众多环节，其工作复杂性和关联性与以往不可同日而语。同时，现代舰船技术体系庞杂，涉及力学、材料科学、机械工程、兵器科学、计算机与信息科学、电子科学、管理工程等专业，是科学技术和基础工业紧密结合的产物，吸引了众多专家、学者、工程技术人员协同技术攻关。

舰船系统工程是系统工程思想、方法在现代舰船装备领域的实际应用。以美国、俄罗斯、英国、日本等国家为代表的世界海洋强国投入大量人力、物力开展现代舰船技术研究和装备研制，进入新世纪以来，先后研制出"福特"级航母、"海狼"级核潜艇、"朱姆沃尔特"级驱逐舰等典型的新型作战舰船。近年来，随着人工智能技术在舰船装备上得到研究和应用，无人潜航器、水面无人舰艇等新型舰船浮出水面。综合来看，现代舰船装备的技术发展水平、系统复杂性和综合能力登上了新的台阶。

为深入系统地归纳、总结现代舰船装备领域相关理论和技术成果，我们组织海军研究院、海军工程大学、上海交通大学、哈尔滨工程大学和中国船舶集团公司有关研究所等单位的专家和学者撰写了该套丛书。丛书作者均为近年来活跃在舰船研究、论证、设计、建造等领域的优秀科研人员，在舰船系统工程方面积累了丰富的科研实践经验，部分作者在反舰武器对舰船爆炸毁伤机理研究、毁伤效应评估、目标易损性分析，以及舰船抗爆抗冲击能力评估与试验考核、舰船爆炸毁伤防护等舰船生命力研究方向，科研学术成绩斐然，在行业内具有较高的知名度和一定影响力。

我们衷心希望，在海洋强国战略的指引下，这套凝结了众多专家学者心血的丛书，能够为舰船教学、科研人员和工程师们了解和掌握现代舰船技术的相关知识，进一步推动我国舰船事业发展尽一份绵薄之力。同时，祝愿广大科技工作者能在国防科技事业中披荆斩棘、勇往直前，取得更大的成绩。

"舰船系统工程丛书"
编委会

序

20 世纪 80 年代以来，随着导弹命中精度、突防能力的快速提高，反舰导弹成为航母、驱逐舰等大型水面舰艇面临的最主要的威胁之一，引起世界各国学者的高度关注。反舰导弹会对大型水面舰艇造成严重毁伤，甚至沉没。由于高度军事保密和技术封锁，大型水面舰艇抗反舰导弹设计面临机理不清、方法不明、手段缺失等问题，设计难度极大。应该说，反舰导弹舱内爆炸毁伤与防护相关问题的研究是我国新一代大型水面舰艇等军事装备的急需，具有重要的国防军事意义。

此外，反舰导弹在舱内爆炸作用下，冲击波、准静态压力、高速破片群等复杂载荷，以及材料与结构发生的大塑性变形甚至失效，是典型的力学、材料学、结构动力学等多学科交叉问题，科学内涵丰富，十分具有挑战性。开展反舰导弹舱内爆炸作用下舰艇毁伤与防护机理研究可以有效推动材料与结构动态失效等基础科学问题的阐明，具有重要的科学意义。

该书对舰艇舱内爆炸损伤与防护进行了较为系统的研究，主要有以下两方面特色。

(1) 毁伤机理方面。从物理过程和逻辑规律上开展舰艇舱内爆炸毁伤这一颇具挑战的研究，以载荷和本构为基础，明确了舱内爆炸准静态压力这一核心载荷的形成机制，建立了应力三轴度和罗德角参数为衡准的船用钢材料动态失效准则，进一步对不同舰艇结构毁伤机制进行系统分析。

(2) 防护机理方面。较为系统地阐明了水雾抗爆的物理机制，尤其是首次提出水介质对准静态压力的抑制作用，并分析液舱这类特殊舱室的防护机理，阐明水介质在舰艇舱内爆炸防护中的作用机理和绝佳效果。这是十分有益的探索。

近年来，在"先进结构技术科学"理念影响下，李营和课题组同事合作开展了抗爆抗弹隐身多功能一体化防护结构的设计、制备与表征工作，在综合防护领域取得诸多进展。虽然限于保密等原因，部分工作无法公开发表，但还是非常值得肯定。希望他们能进一步结合抗爆抗弹多功能防护国际学术前沿，对接国家重大战略需求，深入拓展舰艇舱内爆炸毁伤与防护研究内涵，并将有关研究成果应用于重大国防装备。

　　李营在爆炸多物理场毁伤与多尺度防护设计等领域表现出很强的学术创造力。看到他将近年来的研究成果出版，由衷为他感到高兴。多年研究，小有心得。希冀百尺竿头，更进一步!

　　斯为序。

前　　言

导弹、鱼雷、水雷等是现代舰艇面临的主要武器威胁。我国自 2000 年以来才开始重视舰艇的爆炸防护。早期研究以水雷为背景的水下远场爆炸冲击为主，取得了诸多成果。2010 年以来，以航母、大型驱逐舰、两栖攻击舰等为牵引，我国开始重视导弹和鱼雷近场爆炸毁伤及防护问题，但是对复杂载荷、材料与结构的动态响应及有效防护手段等方面的研究，一直严重滞后于军事需求。

随着命中精度的提高和装药量的增大，反舰导弹逐渐成为现代大型水面舰艇最重要的威胁之一。当代反舰导弹一般以半穿甲战斗部进入舱室内部，产生爆炸冲击波、准静态压力、高速破片群等多物理场载荷，对舰艇结构产生严重毁伤，其物理过程十分复杂。目前尚缺乏对其毁伤及防护机理的深入认识，给舰艇毁伤评估和防护设计带来巨大困难。

在军委科技委基础加强重点项目、国家重大基础研究基金、国家自然科学基金"高速弹体作用下手性夹芯多层防护液舱能量耗散机理与设计方法"、国防基础研究基金等课题的支持下，作者团队在舱内爆炸作用下舱室结构毁伤与防护方面开展了系统研究，有关研究成果写入多部相关标准。本书旨在介绍反舰导弹半穿甲侵彻舰艇舱室内部爆炸后的毁伤与防护机理，为船舶与海洋工程、兵器科学与技术、力学等专业的科技人员提供参考。

全书共 7 章，第 1 章绪论，第 2 章介绍战斗部舱内爆炸载荷研究，第 3 章介绍典型船用钢的动态本构关系，第 4 章介绍舱内爆炸作用下舱室结构的响应，第 5 章探讨水雾衰减舱内爆炸压力载荷的防护机理，第 6、7 章探讨液体舱室衰减舱内爆炸破片载荷及压力载荷的防护机理。

付梓之际，感谢方岱宁院士、吴卫教授、张磊高级工程师、李晓彬教授、张玮高级工程师的悉心指导，以及他们对我研究工作的大力支持。感谢海军研究院杜志鹏高级工程师一直以来的指导和帮助。感谢任宪奔博士对舱内爆炸载荷饱和冲量等研究工作的贡献，陈子豪博士对聚合物防护实验的贡献。特别感谢张小强博士对全书的校对和修改。

限于作者水平，书中难免有不妥之处，恳请读者批评指正。

李　营

2021 年 1 月 26 日

目　　录

第1章 绪　　论

1.1　研究背景及意义

自反舰导弹问世以来，其隐蔽性、命中精度和战斗部装药当量一直在不断提高。其中，专门针对大型水面舰艇的半穿甲爆破型反舰导弹能够掠海飞行，避开雷达的探测，开展攻击。击中舰艇后，反舰导弹能够穿透外板进入舱室内爆炸，产生爆炸冲击波、准静态压力、高速破片群和后续火灾等，导致舱室破损进水、舰船设备损毁、人员伤亡，甚至舰艇整体倾覆沉没，丧失战斗力[1]。

舰船结构以薄壁板架为主，防御反舰导弹舱内爆炸的难度较大，例如 1982 年"谢菲尔德"号导弹驱逐舰被"飞鱼"反舰导弹击中并最终沉没[2](图 1.1)。由此带来的军事和经济损失难以估计，引起世界各国对舰船抗反舰导弹能力的高度重视[3]。

图 1.1　"谢菲尔德"号导弹驱逐舰爆炸燃烧和倾覆沉没

1987 年，"斯塔克"号护卫舰被 2 枚"飞鱼"反舰导弹先后击中左舷第 2 甲板处[4,5](图 1.2)。第一枚导弹未爆炸，被分成两截，包含战斗部的前半截穿透 7 层舱壁后到达右舷，后半截的剩余推进燃料泼洒在舰员住舱，造成火灾。第二枚导弹命中稍靠前的部位，造成长约 7m、宽 4m 的破口，并使内部水密舱壁破损浸水，舰船倾斜 11.5°。

2000 年，"柯尔"号驱逐舰在亚丁湾海域遭到快艇攻击。其水线处受到 180～320kg 炸药近距离非接触爆炸作用，舷侧结构产生 12～18m 的破口[6]。2006 年，黎巴嫩真主党武装部队发射 2 枚伊朗仿制的 C-701 反舰导弹，其中 1 枚击中距离黎巴嫩海岸 16km 处水域执行任务的以色列"萨尔-5"型轻型导弹护卫舰，另 1 枚导弹丢失目标后，击中位于黎巴嫩海岸 60km 处的一艘埃及商船。相关媒体报道，"被击中的以军护卫舰船尾被装有 50kg 炸药的导弹直接命中，不但引起大火，而且破坏了战舰内部操作系统，使其严重受损"。

图 1.2　"斯塔克"号护卫舰被反舰导弹击中

2008 年，俄罗斯使用"圆点"单级固体战术短程弹道导弹空袭炸毁格鲁吉亚海岸警卫队的军舰和港内设施(图 1.3)。

图 1.3　格鲁吉亚海岸警卫队的军舰和港内设施被炸毁

据文献资料和战例统计[7]，20 世纪 80 年代以来，共有不少于 25 艘舰船在实战或打靶实验中被反舰导弹损毁或击沉。根据统计，约有 70%的导弹命中船舯或上层建筑，被反舰导弹命中的舰船均严重毁伤或者沉没。反舰导弹毁伤舰船的主要原因如下。

(1) 在爆炸冲击波与准静态压力等作用下，舷侧出现大破口，舱内大量进水，最终导致舰船沉没。

(2) 爆炸破片毁伤舰船重要设备，导致舰船战斗力丧失。

(3) 后续火灾造成舱内火势蔓延，导致舰船战斗力丧失，甚至由于温度升高，降低钢材承载能力，进而影响整体强度。

反舰导弹主要以半穿甲型为主。其进入大型水面舰艇(航空母舰、大型驱护舰等)舱室内部爆炸毁伤的物理过程及相关防护机理十分复杂,涉及炸药爆轰、燃烧,材料动态复杂应力状态下的失效,舱室结构在耦合载荷下的动塑性响应,水的碎裂、相变等多学科交叉问题,具有重要的基础科研价值。

为提高大型水面舰艇抗反舰导弹穿舱内爆炸毁伤的能力,各海军强国开展了大量研究工作。由于大型水面舰艇防护设计是高度机密,公开发表的文献、标准等资料极为匮乏。这给我国开展大型水面舰艇防反舰导弹舱内爆炸设计和评估带了巨大的困难。

1.2 舱内爆炸下舰船毁伤与防护机理研究现状

1.2.1 战斗部舱内爆炸载荷研究

战斗部在舰船舱内发生爆炸时,会形成初始冲击波、反射冲击波、准静态压力、爆炸破片群、火灾等载荷。战斗部在舱内爆炸时,壳体膨胀、碎裂并最终形成舱内爆炸破片载荷。初始冲击波、反射冲击波和准静态压力在本书中统称为舱内爆炸压力载荷。

1. 舱内爆炸破片载荷

舱内爆炸破片群载荷是反舰导弹战斗部舱内爆炸毁伤舰艇结构的一种十分重要的载荷。Mott[8]提出破片质量分布公式并应用至今。后续的均质环/壳体的理论分析对不同材料或含初始缺陷的战斗部碎裂特性有一些有价值的研究。Mercier等[9]拟合金属材料的 PTW(Preston-Tonks-Wallace)模型、ZA(Zerilli-Armstrong)模型和 Power 模型参数,通过实验观察了半球形金属壳的膨胀过程(速度约为 300m/s),并分析了多颈缩现象,提出一种分析模型,预测了不稳定发生时间及颈缩形成时间,分析结果与实验吻合较好。半球形壳体的碎裂现象如图 1.4 所示。

Rodriguez-Martínez 等[10]采用数值仿真方法分析了多颈缩过程中初始缺陷影响的临界波长,并指出应力状态和惯性效应是主要影响因素。Zhang 等[11, 12]通过电磁加载一维膨胀环的方式开展颈缩与碎裂的研究,讨论应变强化和应变率敏感性的影响,以及不同材料特性的影响。一维膨胀环中的多重颈缩如图 1.5 所示。

Grady[13]对动态碎裂进行了系统回顾。其中破片的主要模式如图 1.6 所示。汤铁钢等[14]采用分幅照相技术获得了爆轰驱动下金属壳的碎裂过程,并使用水介质回收破片。其研究表明,随着壳体厚度的增加,外壁出现裂纹的时间逐渐提前;壁厚较薄时,压应力维持时间长,同时抑制拉伸破坏,主要机理为内部剪切失稳扩展到外壁;壁厚较大时,外部拉应力破坏和内部剪切应力破坏在壳体中相遇,形成混合型破坏模式。

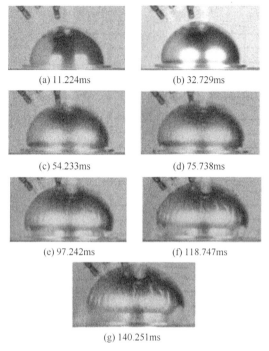

(a) 11.224ms　　　　　　(b) 32.729ms

(c) 54.233ms　　　　　　(d) 75.738ms

(e) 97.242ms　　　　　　(f) 118.747ms

(g) 140.251ms

图 1.4　半球形壳体的碎裂现象[9]

图 1.5　一维膨胀环中的多重颈缩[12]

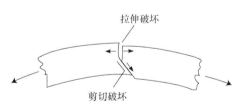

拉伸破坏

剪切破坏

图 1.6　破片的主要模式

　　Grady 等[15]利用电磁加载方法研究低速膨胀碎裂规律。胡八一等[16]开展柱壳结构在内爆作用下的破片质量分布。李伟等[17]研究破片的质量分布规律，并对破片等级进行划分。孔祥韶[18]研究圆柱形战斗部的破片飞散特性，得出速度梯度较大的地方易产生较小破片的结论，并讨论了起爆方式对破片分布的影响。郑宇轩[19]采用 ABAQUS 对低速膨胀环进行仿真计算。Manjit 等[20]研究壳体膨胀断裂的应变率效应，并解释了塑性峰现象。

高重阳等[21]确认了薄壁圆柱壳结构的内爆破坏模式主要为韧性破坏，绝热剪切较少出现。Rusineka 等[22]采用数值方法对低速一维膨胀环碎裂进行探讨，分析速度膨胀环的数量与应变率的关系。Goto 等[23]通过不同材料壳体的爆炸实验，回收爆炸破片，给出测量断裂应变的方法。回收的典型破片如图 1.7 所示。

图 1.7 回收的典型破片[23]

2. 舱内爆炸压力载荷

舱内爆炸与空中自由场爆炸有明显不同，由于舱室结构的反射和密闭作用，冲击波在舱内多次反射叠加，并且存在持续作用时间较长的准静态气体压力。Geretto 等[24]将空中爆炸按照边界条件和约束程度划分为自由场爆炸、空中爆炸、近壁面爆炸、完全泄出爆炸、部分泄出爆炸和完全约束爆炸。其中前 3 类属于非约束爆炸，后 3 类属于约束爆炸。舱内爆炸属于典型的约束爆炸。空中爆炸分类如图 1.8 所示。

舱内爆炸第一类压力载荷是反射冲击波。在空中爆炸研究的基础上，人们开始关注炸药在密闭环境内的冲击波载荷特性。Eamon[25]通过实验发现，舱室内爆压力曲线先急剧上升到一个峰值再迅速降低，然后随着时间推移收敛到零。Baker[26]认为炸药在一个结构内爆炸分为两个明显的阶段。第一阶段由初始的入射超压和持续时间短的反射波组成。反射波可能由几个不规则反射的脉冲叠加而成。由于波的不规则反射，无论空间是否密闭，结构内的反射过程都是复杂的。随着冲击波在内壁来回反射，结构内爆下的压力分布会变得十分复杂。侯海量等[27]的研究表明，舱内爆炸约束空间下与敞开环境下的爆炸有明显区别，由于舱壁多次反射的作用，角隅处的冲击波存在明显的汇聚作用。陈攀等[28]采用数值仿真方法对舱内爆炸载荷进行分析，研究表明爆点位置仅对距离爆点较近的区域冲量有明显影响。

约束爆炸与非约束爆炸的压力载荷有明显的不同。舱内爆炸压力载荷除了多次反射的冲击波以外，第二类载荷是峰值较低，但持续时间较长的准静态压力载荷，如图 1.9 所示。Feldgun 等[29]采用能量法则、JWL(Jones-Wilkins-Lee)方程法、热动力学方程等对准静态气体压力进行了分析。由此,英国劳氏船级社将准静态压力作为舰船设计的唯一载荷[30],其内在逻辑需要解读,适用性也需要实验验证。

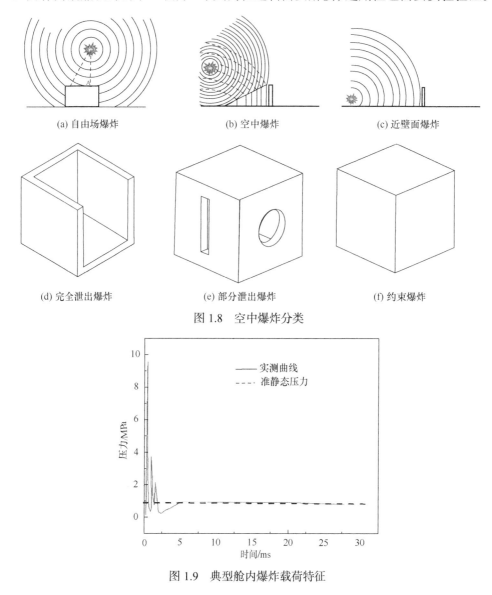

(a) 自由场爆炸　　　　　　　　(b) 空中爆炸　　　　　　　　(c) 近壁面爆炸

(d) 完全泄出爆炸　　　　　　(e) 部分泄出爆炸　　　　　　(f) 约束爆炸

图 1.8　空中爆炸分类

图 1.9　典型舱内爆炸载荷特征

劳氏军船规范[30]规定的舱内爆炸准静态气压可用下式表示,即

$$P_{qs}=2.25\left(W/V\right)^{0.72}\times10^{3} \tag{1.1}$$

式中,P_{qs} 为准静态压力,kN/m^2;W 为武器等效三硝基甲苯(tri nitro toluene, TNT)

重量，kg；V 为舱室容积，m^3。

Carlson 公式[31]给出了另外一种表达式，即

$$P_{qs}=1.3W/V \tag{1.2}$$

Moir 公式[32]给出了带误差范围的准静态气压描述，即

$$P_{qs}=(1.34\pm0.19)W/V \tag{1.3}$$

Anderson 等[33]通过实验数据的拟合给出了最大准静态压力和持续时间的表达式，即

$$P_{qs}=1.336\cdot P_0\cdot\left(\frac{E}{P_0V}\right)^{0.6117}-P_0,\quad \frac{E}{P_0V}\leqslant350 \tag{1.4}$$

$$P_{qs}=0.1388\cdot P_0\cdot\left(\frac{E}{P_0V}\right)-P_0,\quad \frac{E}{P_0V}>350 \tag{1.5}$$

式中，E 为每单位重量的炸药所含的能量，对于 TNT，$E=4.69\times10^6$ J/kg。

此外，孔祥韶[18]通过分析圆柱形战斗部的破片速度及等效裸装药特性，采用镜面法开展反射压力计算与实验验证，研究舱内爆炸作用下典型多层防护结构的动态响应特性。张晓伟等[34]采用数值方法，结合量纲分析原理对约束爆炸作用下建筑结构的等效载荷进行研究，并考虑有无泄出窗口的影响。Dragos 等[35]采用数值仿真方法对混凝土结构在约束爆炸作用下的载荷进行等效，并修正了美国标准的计算方法。Kurki 等[3]采用等效载荷方法对典型舰船结构舱室进行计算分析。

上述研究表明，尽管目前的研究已经对舱内爆炸载荷有了一定的认识，但破片群载荷形成的机理和规律、舱内爆炸准静态气体压力的形成机理、常规 200kg 标准 TNT 当量带壳战斗部等效裸装药等一系列问题尚不明晰。这给舰船防反舰导弹评估和设计的载荷输入带来了困难。

1.2.2 舰船用钢的动态失效特性研究

外部输入载荷确定后就要明确结构和材料特性。明确的船用钢材料失效准则和参数是开展理论分析与数值仿真计算的基础和前提。惯性效应(应力波效应)和材料的应变率效应是材料和结构动力学行为的两大基础[36]。材料的流动塑性应变变化和动态断裂历来为爆炸冲击防护领域的研究人员所重视。20 世纪 70 年代以来，有若干次重大改进。

1975 年，Gurson[37]以延性金属微孔洞形成、生长和相互影响的分析为基础，提出 Gurson 模型，并后续发展出多代改进模型。

20 世纪 80 年代，重大改进来自 CS(Cowper-Symonds)模型[38]、JC(Johnson-Cook)

模型(包括本构模型[39]和断裂准则[40])。其中 JC 模型综合考虑应力三轴度效应、应变率效应和温度效应，目前广泛应用于穿甲计算。

20 世纪 90 年代，爆炸冲击领域动态本构的重大改进是 ZA 模型[41-43]和 SG (Steinberg-Guinan)[44]模型。两种模型材料参数获取难度大，形式也较为复杂，极大地限制了应用，主要用于超高速碰撞等应变率超过 $10^5 s^{-1}$ 的领域。

2004 年，Bao 等[45,46]以 AL 2024-351 材料为例，对低应力三轴度下金属材料的断裂表征做出重大改进，因此应力状态对金属断裂的影响重新受到关注[47]。应力三轴度对断裂的影响如图 1.10 所示。Barsoum 等[48,49]开展了拉伸和剪切联合作用下的实验研究，并从微观机理上进行了阐述。Mirone 等[50]开展了 6 种材料在大范围应力三轴度空间内的实验研究，通过微观分析，定性解释了应力三轴度的影响。

Dunand 等[51]利用改进的材料实验机(图 1.11)实现材料试样的复合加载，并对改进的摩尔库仑准则和考虑剪切效应的 Gurson 模型进行了比较。Bai 等[52]提出一种新型蝶形试样，在较大范围应力三轴度和 Lode 角空间内开展材料特性实验，通过添加 Lode 角参数影响将摩尔库仑准则引入延性金属断裂表征中，引起国外学者的高度关注，成为塑性力学领域的研究热点。

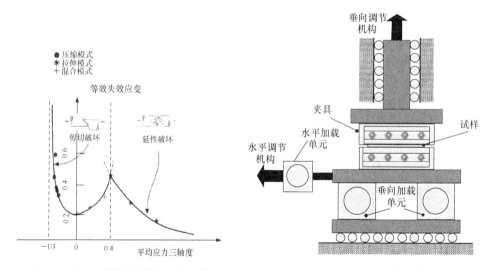

图 1.10 应力三轴度对断裂的影响[45]   图 1.11 复合加载装置[51]

与此同时，Cao 等[53]提出一种修正的 LEL(Lode-dependent enhanced Lemaitre)准则，主要考虑低应力三轴度下的 Lode 角效应，并对 2 种材料进行参数标定。Vershinin[54]通过开展靶板的侵彻实验，采用数值仿真方法开展不同厚度靶板的侵彻研究，数值仿真的终点速度误差小于 30%。Bai 等[55]在应力三轴度-Lode 参数-

断裂应变空间中对比分析了基于物理概念类模型、现象学类模型和实验类模型，并对 AL 2024-351 和 TRIP 780 两种材料进行了参数拟合。Lou 等[56]对 Cockcroft-Latham、Brozzo、Oh、Ko-Huh 等破坏准则在应力三轴度和 Lode 角空间进行了对比分析，并用 AL 2024-351 材料进行了参数拟合。

另外，Rousselier 等[57]提出一种混合模型，在低应力三轴度空间使用 Bai 改进的摩尔库仑准则，在高应力区间使用经典的空穴破坏模型，结果与实验具有良好的一致性。Roth 等[58]通过开展不同缺口试样的动态拉伸实验，对 JC 模型进行修正，将塑性强化的各向同性假设进行了修正，并用应变率权重函数的方法替代对温度场的求解，将应变率效应加入考虑温度效应的 Hosford-Coulomb 准则。Lou 等[59, 60]对 AL 2024-T351 材料在各类应变状态下开展材料特性实验，对传统塑性成形极限图(fracture forming limit diagram, FFLD)进行扩展，提出一种新的断裂准则。Gilioli 等[61]通过数值仿真方法开展摩尔库仑准则和 BW(Bao-Wierzbicki)模型预测破片侵彻靶板的破坏情况，仿真结果与实验对比较好。

但上述研究均未将应力状态变化与爆炸冲击响应中高应变率、高温等复杂动态响应结合考虑，给复杂应力状态下动态失效的预测带来困难。尤其在我国，专门针对舰船结构用钢的动态失效研究较少。朱锡[62]利用霍普金森杆技术开展了船用 921A 钢的动态力学特性实验研究，但仅分析了应变率对塑性流动应力的影响，未研究动态损伤特性。陈志坚等[63]、姜风春等[64, 65]研究了 450MPa 级钢的应变率效应实验，拟合得到材料参数，也未考虑动态失效特性。姚熊亮等[66]研究了舰用 917 钢的动塑性流动应力随应变和应变率的变化，并给出基于 JC 强度模型拟合的参数。这些研究主要针对应变率对塑性屈服的影响，对舰船用钢的动态失效关注较少[65, 67, 68]，且对不同损伤机理的分析相对缺乏。

1.2.3 舱内爆炸作用下舱室结构响应研究

在明确载荷和材料特性以后，需要对舱室结构的动态响应进行分析。板/板架是舰船舱室结构的基本结构单元。对舰船抗舱内爆炸毁伤及机理的分析首先要基于板/板架在舱内爆炸载荷作用下的分析。舱内爆炸作用下舱室结构按照战斗部爆点位置的不同，可以分为两类。

(1) 舱内非近爆板架，破片群密集程度较低，破片群和舱内爆炸压力载荷的联合作用不明显。

(2) 舱内近爆板架，破片较为密集，局部冲击波压力和冲量均较大，破片群和舱内爆炸压力载荷联合作用效应明显。

1. 舱内爆炸作用下板的动态响应

板架结构是舰船结构的基本单元。研究舱内爆炸载荷作用下板/板架结构的响应是基础问题。失效模式是进行理论分析的基础和前提。人们对失效模式的研究主要通过模型实验方法得到，过程分析辅以高速摄像机等进行数值仿真等[69-71]。

　　Nurick 等[72, 73]利用冲击摆开展爆炸作用下薄板的塑性变形和破坏模式，分析无量纲冲量与挠度的关系，指出随着无量纲冲量的增大，钢板破坏模式逐渐变化，但中点挠度值却并非一直增加。其中剪切失效的中点挠度最小，并以此为依据对破坏模式进一步细化。此外，Nurick 等[73]还分析了尖锐边界和过度边界的影响，讨论了爆炸作用下破坏模式的变化。Ramajeyathilagam 等[74]开展了水下爆炸作用下低碳钢板的破坏实验，并进行了数值仿真分析。均布爆炸作用下板的破坏模式如图 1.12 所示。数值仿真表明，考虑应变率效应的本构关系能更准确地预测钢板的变形。

(a) 大变形

(b) 边缘拉伸破坏

(c) 中心断裂

(d) 剪切拉伸联合破坏

图 1.12　均布爆炸作用下板的破坏模式

　　近年来，人们对局部爆炸作用下板的动态响应问题开展了大量研究。Nurick 等[75]开展了水下近距离爆炸作用下圆形板的失效模式研究。薄板在爆炸作用下的破坏形式如图 1.13 所示。随着局部爆炸强度的增加，破坏模式由大塑性变形、充塞逐渐过渡到花瓣开裂。Rajendran 等[76]开展了水下爆炸作用下高强合金钢板的动态响应实验研究，假设变形线的函数形式，通过分析隆起高度分析能量吸收关系。Jacob 等[77]开展了空中局部爆炸作用下矩形板的实验研究，通过对比不同厚度、长宽比、炸药形状等对钢板最终变形的影响，得到修正的无量纲数。Balden 等[78]采用数值仿真方法得到均布载荷和局部载荷爆炸作用下板失效模式，数值仿真有效再现了靶板的大塑性变形和失效。Longère 等[79]通过空中局部爆炸作用下船用钢板动态响应的实验和仿真研究，得到了板的不同失效模式，并通过数值仿真再现了整个物理过程。局部爆炸作用下的失效模式如图 1.14 所示。

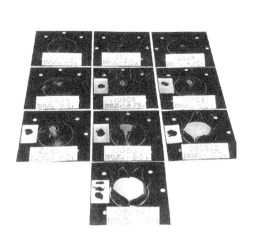

图 1.13　薄板在爆炸作用下的破坏形式

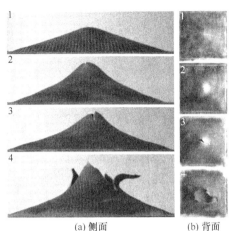

(a) 侧面　　　(b) 背面

图 1.14　局部爆炸作用下的失效模式

Jacob 等[80]系统总结了 Nurick 等[71-73]开展的均布及局部爆炸载荷作用下板的失效模式，如表 1.1 所示。

表 1.1　爆炸载荷作用下板的失效模式

破坏模式	描述	均布载荷	局部载荷
模式 I	塑性大变形	◆	◆
模式 I a	塑性大变形，边缘部分颈缩	◆	
模式 I b	塑性大变形，边缘部分颈缩	◆	◆
模式 I c	塑性大变形，中心减薄		◆
模式 II*	塑性大变形，边缘部分撕裂	◆	
模式 II*c	中心部分撕裂		◆
模式 II	边缘拉伸失效	◆	◆
模式 II a	边缘撕裂，中心挠度随冲量增加而增大	◆	
模式 II b	边缘撕裂，中心挠度随冲量增加而减小	◆	
模式 II c	中心充塞		◆
模式 III	边缘剪切失效	◆	
花瓣	花瓣开裂		◆

由于研究问题的复杂性，理论研究很难给出准确的解析解。Jones 对爆炸载荷作用下平板塑性变形的解析方法进行了系统归纳和梳理，将其分为控制方程法和能量法。控制方程法具有代表性的工作有：余同希等[81]根据轴力和弯矩联合作用

的屈服准则，提出膜力因子的概念，并利用动量守恒条件，结合材料的弹塑性假设，求解板的动态运动过程。该方法将膜力作用限制为弯矩的倍数关系，使求解相对简洁。刘敬喜等[82]运用动量守恒定律，分析了爆炸作用下单加筋板的动态响应过程，证实了加筋板塑性变形主要受薄膜应力的影响。能量法具有代表性的工作有：吴有生等[83]基于刚塑性本构模型，结合能量法给出船体板架塑性变形和临界破损预测方法，预测结果与实验对应较好，具有一定的实用价值。朱锡等[84]分析了爆炸载荷作用下板的应变增长，并结合理论分析给出了临界破坏压力值。Langdon 等[85]结合能量法给出了爆炸作用下板的塑性变形预测，并与实验及数值仿真进行了比对。郑成等[86,87]基于板的大挠度理论和能量守恒方法，结合拉格朗日运动微分方程对矩形板/板架在舱内爆炸载荷作用下的响应进行计算，理论预测结果与实验值吻合较好。

采用解析法对带破损结构的预测则相对较少，例如 Wierzbicki[88]提出花瓣能量模型，将局部变形曲线与撕裂能、弯曲能等联系起来定量给出撕裂值；Lee 等[89,90]通过分析局部爆炸作用下蝶形凹陷，给出临界破坏值并分析了薄板在局部爆炸载荷作用下的破坏；陈长海等[91]结合能量法，基于能量密度准则建立了非接触空爆载荷作用下初始孔大小的计算方法[92]。

此外，对于金属平板和加筋板的变形挠度预测，还有另外一种思路，即在大量实验数据的基础上建立无量纲数。无量纲损伤数的方法始于 20 世纪 70 年代，即 Johnson 损伤数[93] D_n，其表达式为

$$D_n = \frac{I^2}{\rho\sigma_0 H^2} = \frac{\rho V^2}{\sigma_0} \tag{1.6}$$

式中，I 为冲量；ρ、σ_0 和 H 分别为材料的密度、屈服应力和厚度；V 为速度。

Nurick 等[70]对 Johnson 损伤数进行扩展，得到了损伤数，即

$$\Phi_q = \frac{I}{2H(bl\rho\sigma_0)^{1/2}} \tag{1.7}$$

式中，b 为宽度；l 为长度。

根据实验结果，得到的经验公式为 $\frac{\delta}{H} = 0.48\Phi_q + 0.277$。

Zhao[94]根据梁和板的控制方程得到了响应数，即

$$R_n = \frac{\rho V^2}{\sigma_0}\left(\frac{L}{H}\right)^2 \tag{1.8}$$

式中，ρ 为密度；V 为初始速度；σ_0 为材料屈服强度；H 为特征厚度；L 为板特征长度。

Yao 等[95, 96]通过板动态响应控制方程，通过将压力形式分别置换成 W/R^3、$(V/L^3)E_e$，结合量纲分析理论得到的空中自由场爆炸和内部爆炸作用下的无量纲数为

$$D_{ex} = \frac{WE}{R\sigma_0}\left(\frac{L}{H}\right)^2 \tag{1.9}$$

$$D_{in} = \frac{Q}{\sigma_0 L^2 H} \tag{1.10}$$

式中，W 为炸药当量；σ_0 为材料屈服应力；E 为爆热；H 为厚度；L 为箱体特征长度。

2. 舱内爆炸作用下板架或舱室的动态响应

舰船基本结构为加筋板结构，相比平板要复杂。加筋的存在会影响结构的整体抗弯刚度，改变结构局部抗破损能力。Langdon 等[97]对平板和各类加筋板结构在均布及局部爆炸载荷作用下的响应开展实验研究，获得了加筋对结构整体和局部破损的影响。局部爆炸载荷变形、破坏图如图 1.15 所示[98]。

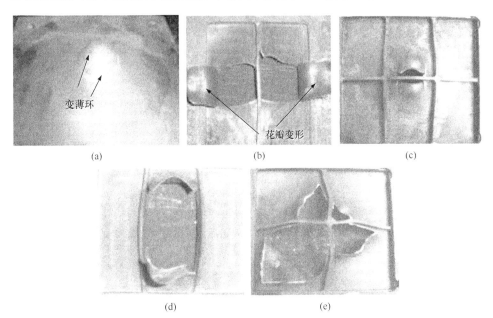

图 1.15 局部爆炸载荷变形、破坏图

刘润泉等[99]开展了水下接触爆炸作用下普通加筋板和加强加筋板的破坏模式实验，并基于实验结果提出相对刚度因子 C_j，即

$$C_j = 100 \times \frac{\sqrt[4]{I}}{\sqrt[3]{G}} \tag{1.11}$$

式中, I 为加强筋在板架弯曲方向上的剖面惯性矩; G 为炸药的 TNT 当量。

2003 年, 他们提出板架结构在水下接触爆炸作用下的破口计算公式[100], 即

$$L_p = 0.063 \times \frac{\sqrt{G}}{\sqrt[3]{h}\ \overline{I}^{0.153}} \tag{1.12}$$

式中, L_p 为破口的长轴长度; G 为装药的 TNT 当量; h 为相当板厚; $\overline{I}$ 为加强筋的相对刚度。

舱内爆炸作用下舰船结构毁伤的实验报道较少。侯海量等[101]采用数值仿真方法对典型舱室结构在舱内爆炸载荷下的失效模式进行分析, 提出舱室板架结构主要有 4 种失效模式, 指出加强筋布置在迎爆面有利于削弱角隅处的冲击波汇聚作用。李帆[102]开展了舰船结构舱室内部爆炸响应的数值仿真和实验研究, 给出多舱室结构典型破坏模式, 并根据数值仿真结果对加筋长舱、无加筋短舱和无加筋长舱等不同工况进行分析。Geretto 等[24]开展了不同约束自由度下内部爆炸时板动态响应的实验, 给出不同约束自由度下挠度随药量变化的关系。Pickerd 等[103]开展了舱内爆炸作用下单个舱室动态响应的实验, 结合三维数字图像相关(digital image correlation, DIC)法得到了试件的变形场, 同时与数值仿真结果进行了比较。孔祥韶[18]开展了舱内爆炸作用下含液多舱室结构动态响应的实验和数值仿真分析, 并讨论了爆炸冲击波与破片联合作用载荷及舱内液体的影响。

综上所述, 舱内爆炸作用下舰船板架结构毁伤方面的研究主要存在以下不足。

(1) 目前研究主要针对空中自由场爆炸, 与舱内爆炸有明显不同。

(2) 少有研究涉及破片群载荷与舱内爆炸压力载荷的联合作用。

1.2.4 舱内爆炸防护机理研究现状

舰船舱内爆炸防护技术有很多种(如泄爆装置、水雾消波技术、柔性抗爆门)。针对舱内爆炸压力载荷, 本书重点关注水雾对舱内爆炸压力载荷的防护作用与机理。主要原因是水雾在削弱舱内爆炸压力载荷方面有重要的应用前景, 也能较好地防止火灾蔓延。

此外, 针对舱内爆炸破片载荷, 重点关注防护液舱的防护机理。除了考虑液舱是航母多层防护结构中吸收爆炸破片最重要的一环, 同时旨在探讨驱护舰重要舱室附近合理布置水资源、设置薄液舱的可行性。

1. 水雾对爆舱内爆炸压力载荷防护机理研究

对驱护舰舱室来说, 舱室结构空间有限, 难以布置较为复杂的多层防护结构,

因此只能基于有限空间设置舱内爆炸防护措施。采用细水雾能有效防止舱内火灾蔓延，若削弱舱内爆炸压力载荷效果也较好，将具有广阔的应用前景。

早期研究主要针对水雾抑制气体爆炸，对舱内爆炸关注得不多。谢波等[104, 105]开展了主动和被动式水雾对气体爆炸的抑制作用。研究结果表明，主动和被动水雾均能较好地衰减爆炸冲击波，其中被动式水雾是由波振面和气流共同作用形成的。Johnson 等[106]在一个 0.6m×0.5m×3m 的容器内开展了混合液体对爆炸的衰减作用实验研究，结果表明在实验范围内超压峰值最大可衰减 40%。Couque[107]开展了水雾、薄水墙等多种水介质对爆炸衰减作用的研究，结果表明不同形式的水介质均对爆炸有一定的衰减作用。秦文茜等[108]通过尺寸为 100mm×100mm×600mm 长方体气体爆炸容器，研究不同体积的超细水雾对不同浓度瓦斯爆炸的抑制效果，结果表明超细水雾对爆炸峰值压力和爆炸升压速率具有显著的抑制作用，爆炸峰值压力和升压速率的降幅可达 50%以上。在特定的情况下，超细水雾可以完全抑制爆炸反应。高旭亮[109]开展了水雾完全抑制气体爆炸的实验研究。水雾抑制气体爆炸的实验装置及实验结果如图 1.16 所示。结果表明，当细水雾较多时，能完全抑制甲烷爆炸。当水雾量分别为 144mL 和 288mL 时，可完全抑制浓度分别为 9%和 11%的甲烷爆炸。Boeck 等[110]采用自行设计的封闭容器开展氢气爆炸实验，并分析了水雾对冲击波上升速度、冲击波峰值和物理过程的影响。结果表明，水雾能明显衰减空气超压峰值和压力上升速度，并延迟爆炸发生的时间。

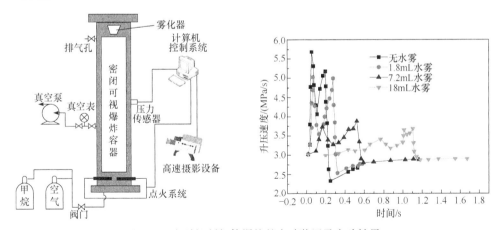

图 1.16　水雾抑制气体爆炸的实验装置及实验结果

在数值仿真方面，Schwer 等[111]采用数值仿真方法研究了非约束空间中细水雾对爆炸冲击的衰减作用。研究结果表明，细水雾对低温冲击波的衰减作用不明显。Schwer 等[112]在约束空间内开展的数值仿真结果表明，水雾对冲击波和准静态气压有一定的抑制作用，但采用高压气体球方式与爆炸过程存在一定差异。

Holborn 等[113]采用数值仿真方法对水雾衰减氢气-空气混合物爆炸进行了分析。结果表明，高密度水雾能有效衰减超压上升速度和峰值，数值仿真结果与实验吻合较好。

美国海军办公室、海军实验室和水面战研究中心[114-116]开展了细水雾抗舱内爆炸实验，实验装置主尺度分别为 4.6m×4.6m×3.1m 和 6.1m×6.1m×4.9m。细水雾使 TNT 和 Destex 两种高爆炸药舱内爆炸作用下的冲量、冲击波峰值、准静态气体压力分别减小 40%、36%、35% 和 43%、25%、33%。研究表明，细水雾是一种重要的舱内爆炸防护手段，但实验报告仅给出了结果并未给出机理分析。此外，雾滴直径和水量并未实现有效控制，对单一变量的影响分析缺乏可靠的数据支持。细水雾抗爆实验模型及实验结果如图 1.17 所示。图中 1PSI= 6.895kPa。

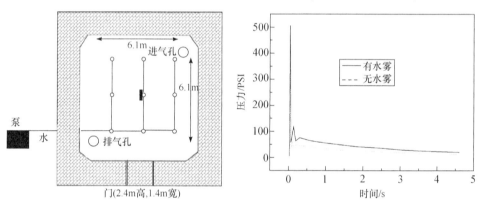

图 1.17　细水雾抗爆实验模型及实验结果[116]

2. 液舱对舱内爆炸破片载荷防护机理研究

反舰导弹爆炸破片[30]速度高(1500～2500m/s)、质量大(平均质量 50～100g)，容易对舰船设备、人员造成严重杀伤，防护难度非常高。常规防护采用高强装甲钢、凯夫拉、高强聚乙烯等装甲防护材料。本书旨在探索一种不额外增加重量，调配舰船用水/重油等液体的空间配置，实现吸收反舰导弹爆炸破片功能的方法。

液舱是吸收爆炸破片的有效结构形式，早期研究始于对飞机燃油舱的研究[117]，在国内外航母等大型水面舰船防雷舱中均有应用。其主要机理是将高速弹体/飞片的动能迅速转化为水中的势能和动能，形成冲击波[118]，将点载荷转化为面载荷，提高结构的整体防护效果。

破片进入液舱形成的载荷研究方面。根据有关研究[118]，水体中高速破片引起的载荷较为复杂，如初始碰撞载荷、滞后流、一次溃灭冲击波和二次溃灭冲击波。需要注意的是，在某些工况下，巨型气穴会发生溃灭(图 1.18)，滞后流和空穴溃灭冲击波甚至大于初始冲击波(图 1.19)。Lee 等[119, 120]基于不可压缩流体理论推导了初始冲击波理论公式。唐廷等[121]基于一维应力波理论给出大飞片高速撞击作用下初始冲击波在液体舱室内的衰减规律，并给出了拟合公式。Ji 等[122, 123]基于Rayleigh-Plesset 方程给出了巨型气穴在约束水箱内的动力学模型，距离高速弹体较近的区域，滞后流效应较为明显。张晓君等[124]提出水质点流速由瞬时流和滞后流组成，并指出瞬态流传播距离远但强度小，滞后流强度大但传播距离小，3 倍气泡半径内降至 1%。

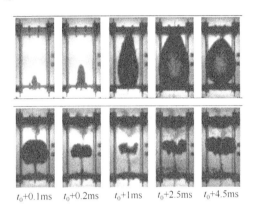

$t_0+0.1\mathrm{ms}$　$t_0+0.2\mathrm{ms}$　$t_0+1\mathrm{ms}$　$t_0+2.5\mathrm{ms}$　$t_0+4.5\mathrm{ms}$

图 1.18　液舱中巨型气穴溃灭[125]

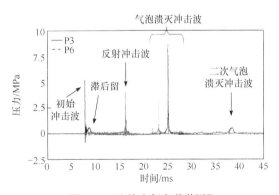

图 1.19　液舱内复杂载荷[125]

　　液舱结构毁伤与防护方面。Varas 等[126-129]基于气体枪开展了不同速度球状弹体打击盛水铝质和碳纤维增强聚合物(carbon fibre reinforced polymer，CFRP)方管的实验研究，获得了水中空穴及冲击波，讨论了有无液体对方形管失效模式的影响，并通过数值仿真方法讨论了液位高度的影响。Kazuo[130]开展了高速弹体打击圆柱形盛液容器的实验研究，分析了载荷特性。Lecysyn 等[131-133]开展了高速弹体撞击盛液容器的实验研究，并分析了液体飞溅特性等。Deletombe 等[125]开展了7.62mm 子弹高速撞击液体舱室的实验，分析了超空泡变形和破灭过程。Chen

等[134]发现接头连接处较容易损毁,对比了若干种液体容器复合材料接头的静态和动态响应,并测量了不同接头处的局部变形。Zhang 等[135]通过数值仿真方法分析了高速弹体打击作用下液位高度对抗弹性能的影响。孔祥韶[18]通过分阶段理论模型给出液舱失效判据。李亚智等[136]采用数值仿真方法分析了飞机燃油舱在弹体打击作用下的流固耦合作用。徐双喜等[137,138]分析了液舱舱壁对高速破片的阻碍作用,并给出分阶段的理论模型,与数值仿真对比较好。若液舱结构设计不合理,反而容易造成结构整体失效[139]。弹体高速打击液舱时,造成的舱室整体毁伤如图 1.20 所示。

　　Townsend 等[139]开展了空气层对冲击波的衰减作用研究,研究表明有空气层液舱的舱壁毁伤明显弱于无空气层的液舱。Disimile 等[118]采用三棱柱阵列进行衰减水中冲击波的实验,对比了不同排列的衰减效果,并测量了空泡溃灭冲击波的峰值。三角棒弥散冲击波效应如图 1.21 所示。

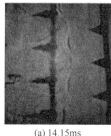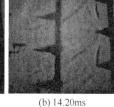

(a) 14.15ms　　　　(b) 14.20ms

图 1.20　高速弹体打击下舱室的毁伤[139]　　图 1.21　三角棒弥散冲击波效应[118]

　　目前,舱内爆炸毁伤防护的主要手段为各类装甲材料的使用,对舱内爆炸压力载荷的防御手段十分有限。大型舰船由于重量和空间限制,缺乏有效防御反舰导弹舱内爆炸的手段,给防舱内爆炸设计带来较大困难,需要从机理入手开展水雾、液舱抗舱内爆炸等新型防护技术研究。

1.3　各国舰艇防护技术研究现状

1.3.1　实船爆炸实验研究

　　1989 年,美国海军为了获取护卫舰内部爆炸的定性和定量信息,对两级护卫舰进行了一系列舱内爆炸实验[140-143]。炸药当量分别为 2kg、5.5kg 和 15kg TNT裸炸药,重点关注水密门抗爆强度(2kg、3kg、5.5kg)、结构抗爆强度(12kg)和结构单元撕裂(15kg)。通过实验增强了抗爆结构认识,进而改进隔离与防护技术。

　　2000 年以来,国外开展的反舰导弹爆炸作用下的实船毁伤实验不少于 25 艘。美军两栖坦克登陆舰被"鱼叉"攻击后的状态如图 1.22 所示。

图 1.22 美军两栖坦克登陆舰被 "鱼叉" 攻击后的状态

2014 年 7 月，我国海军研究院组织 514 舰实船打靶实验(图 1.23)，并对毁伤过程和效果进行了测量和分析。反舰导弹命中上层建筑，最终造成主甲板以下至少 2 个士兵舱的完全毁伤，舷侧外板外翻，丧失战斗力。

图 1.23 中国 514 舰实船打靶实验

1.3.2 引导衰减冲击波

1. 泄爆、导爆结构

美国 DDG1000 驱逐舰双层壳及其爆炸实验如图 1.24 所示。DDG1000 驱逐舰[144]舷侧采用新型双层壳防护结构，以及牺牲外壳的泄爆技术(图 1.24(a))，当垂发中的反舰导弹因意外或被击中而爆炸时，外板瞬间飞出(图 1.24(b))，爆炸压力瞬间释放，可以避免内层舱室受损，有效减小舰船的毁伤范围。

(a) 结构图   (b) 爆炸过程图

图 1.24 美国 DDG1000 驱逐舰双层壳及其爆炸实验[144]

2. 水雾抗爆消波装置

细水雾是一种新型水消防灭火系统，能够在短时间内喷淋大量微小(几十微米)水雾颗粒，使火场迅速隔热、降温，且无毒、无污染，是国外重点发展的水消防灭火系统，如德国的雾特系统、丹麦斯米柯系统等。国外在细水雾研究过程中发现，其对火灾引起的油气二次爆炸具有一定的抑制作用[145]。2009 年，美国海军研究实验室安全与生命力技术中心[146]开展了水雾对封闭空间内爆炸冲击波和准静态压力的衰减作用研究。实验结果表明，油气在尺寸为 6.1m×6.1m×4.9m 的封闭空间内爆炸时(水雾发生装置工作 60s，水雾颗粒直径 54μm)，冲击波的冲量、初始冲击波压力、准静态超压较未喷淋水雾情况分别降低 40%、36%和 35%。

1.3.3　降低结构毁伤

1. 箱型梁抗爆技术

如图 1.25 所示，联邦德国于 1987 年开始设计 F123 型护卫舰(5600t，143m)，其强力甲板设有 3 道连续的纵向箱型梁，约占全船总长的 80%，并设 6 道防火防爆水密双层横舱壁[147, 148]。箱型梁的作用是当反舰导弹爆炸将强力甲板炸毁后，替代强力甲板维持整船总纵强度。双层横舱壁的作用是限制来袭反舰导弹爆炸冲击波和破片的破坏范围，使破损后浸水和火灾范围控制在两道横舱壁之间。经过这种设计的 F123 型护卫舰成为当时唯一能抵抗 150kg TNT 当量武器攻击而不丧失生命力的护卫舰。

图 1.25　联邦德国 F123 型护卫舰的箱型梁双层舱壁

2. 抗爆炸双层舱壁和舱门结构

利用"膜板"结构原理可以提高防气浪冲击与抗破片打击能力，即在固定边缘允许变形的条件下，板的荷载上升至其屈服强度的过程中，舱壁的抵抗力随着变形的大小相应增加。双层舱壁具有良好的抗爆性能[149]，该技术已在德国 F124

型护卫舰和荷兰 LCF 级护卫舰上应用。英国的 45 型驱逐舰[150]也采用类似形式的双层舱壁和防爆门、气密门、水密门。该防护结构起效的前提是固定边界结构允许大变形，而我国目前的结构设计标准并不支持这种结构设计。

2000 年后，美国海军发明了一种基于弯曲应力和膜应力效应的新型抗爆舱壁和抗爆门[151]，可以显著提高舱壁抗爆性能，大大减小舰船整体的爆炸影响区域。通过单双复合舱壁设计和局部大挠曲构件，开展多个尺度舱壁抗爆实验和实尺度验证实验，可以有效解决弹性范围内设计的舱壁抗爆能力不足问题。新型抗爆舱壁原理与验证实验如图 1.26 所示。

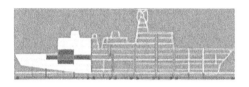

防护前物理毁伤

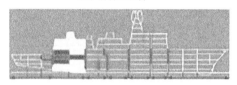

防护后物理毁伤

图 1.26　新型抗爆舱壁原理与验证实验[151]

"尼米兹"号航母舰体和甲板采用高强度钢，飞行甲板完全封闭，可抵御半穿甲弹的攻击；弹药库和机舱装有 63.5mm 的凯夫拉装甲，舰内设有 23 道水密横舱壁和 10 道防火隔壁，消防、损管和抗冲击等防护措施完备[152]。"林肯"号航母除保留了以往航母的建造风格外，还采用一些更为先进的设计方法。例如，该舰在设计上更充分地考虑对反舰导弹的防护问题，两舷从舰底到机库甲板都是双层船体结构，双层船体之间用 X 形构件连接，这样可使外部传入的冲击或破坏能量通过舰体外部结构和 X 形构件的变形加以吸收，限制向舰体内部扩散，达到保护内部关键部位安全的目的。

3. 夹层板或双层板结构

与传统的均质板或没有夹心层的复合板相比，夹层板具有较高的强度、刚度，以及较轻的重量，并且在隔声、隔热、散热和冲击防护等方面具有优良特性。金属基夹层板结构应用于舰船结构可以节省重量 25%～40%。美国海军目前在各型号舰船的局部区域(如居住区域的甲板和壁板、甲板边缘升降机门、机库房分割门，以及天线平台等)都成功应用了夹层板技术。法国"戴高乐"号航母[153]的关键部位,如反应堆、机舱、指挥中心、弹药库等采用凯夫拉装甲,舷侧水下部分为多层结构,底部为双层结构,从而具有很强的抗爆炸、抗冲击性能;机库甲板以下的四层甲板中第一层为水密甲板;弹药舱和燃油舱布置在机舱两舷的舭部。美军舰船舷侧夹层板防护结构如图 1.27 所示。

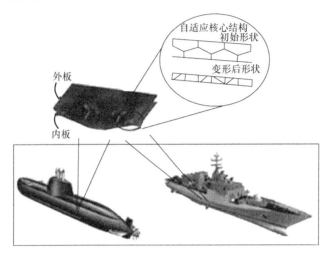

图 1.27　美军舰船舷侧夹层板防护结构[154]

1.3.4　爆炸破片防御

反舰导弹不但产生爆炸冲击波,而且产生高速爆炸破片群[155]。发展较快、应用较广的防护装甲材料是纤维增强复合材料(fiber reinforced polymer,FRP),已经经历了高性能玻纤复合装甲材料、芳纶纤维复合装甲材料、高性能聚乙烯纤维复合装甲材料几个阶段[156]。此外,还有人建议使用陶瓷装甲[157, 158]。芳纶纤维复合装甲[159]主要有美国的凯夫拉及其二代产品凯夫拉 HT、荷兰的 Twaron 及其二代产品 Twaron CT、俄罗斯的 APMOC 和 CBM 等,已在各种大中型水面舰船上广泛应用。例如,美国的"阿利伯克"级驱逐舰在一些重要的部位(弹药舱、机舱、电子设备舱、相控阵雷达)设置了 130t 防护装甲。国内的海军工程大学[156, 160]、中船重工 725 所也研制了轻型防护装甲。近期,美军开展了对弹性体防护涂层抗侵彻性能的研究[161],以及液态装甲、剪切增稠装甲的研究[140, 162]。

1.3.5　标准规范制定

以美国为代表的西方海军强国高度重视舰船抗反舰导弹能力,在生命力标准、军用标准、民用标准中反复提及对反舰导弹内爆炸毁伤的防御。1988 年,美国海军[138]在《作战生命力标准》就明确提出:"1 枚反舰导弹击中后必须能够继续战斗，2 枚反舰导弹击中后必须能够生存"。其他海军强国在规范标准制定和评估手段研究方面也开展了大量研究工作。

舰船抗反舰导弹规范以公开发行的劳氏军船规范为代表。劳氏军船规范将反舰导弹作用归类为内部冲击[30]，并确认了内爆炸作用下的冲击波特点。理想化的压力设计曲线如图 1.28(a)所示。劳氏军船规范针对爆炸破片防御，明确了重点防御区域，如图 1.28(b)所示。

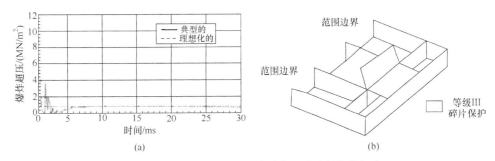

图 1.28　劳氏军船规范对爆炸载荷和破片的相关规定

北约标准协议 4164 对破片威胁进行了分类，明确了不同武器对应的破片速度、质量，并根据破片能量对威胁种类进行了划分。

美军海陆空三军制订的《UFC-340-02 抗意外爆炸效应共同规范》[163]规定了一般原则、反舰导弹内爆炸载荷等效方法等一系列等效评估方法和设计手段，适用于海陆空三军及民用抗爆设计。

1.3.6　计算评估方法

1. 反舰导弹内爆炸毁伤评估方法

据入藏文献(accessioned document，AD)报告[164](编号 759002)披露，美军 20 世纪 70 年代就开发了针对内爆炸的评估程序。该程序能有效评估爆炸冲击波与准静态压力对结构的毁伤效果。通过某种修改，这个程序能用于任何内部爆炸，不论何种舱室结构，如船体舱室、陆地交通工具、建筑物结构。这个程序具备一般适用性，其内容包含编码中的可用输入选项和计算方法的技术要领，用于决定冲击载荷函数，如计算准静态气体压力、密闭气体的泄漏过程、破坏传播到飞行器其他区域的过程等。

2. 爆炸冲击波与破片耦合效应评估方法

破片战斗部和半穿甲战斗部在空中或舱室内爆炸的情况下，由于空间尺度大、破片和舱壁的网格不匹配等问题，通常无法进行三维有限元模拟。在这种情况下，必须利用破片飞行弹道模型、破片和射弹侵彻模型，结合计算机图形技术来建立全空间的破片/射弹群毁伤仿真模型。这种技术可以使对破片群的毁伤过程进行计算机仿真变得可行和高效。目前这种技术在欧美等国已经得到应用，并形成SURVIVE 和 FATEPEN 等仿真程序。

1.4 本章小结

通过对反舰导弹舱内爆炸作用下舰船毁伤与防护机理研究现状的全面梳理和归纳总结。舱内爆炸作用下的舰船毁伤与防护可以划分为 4 个典型逻辑过程(载荷-特性-响应-防护)，即舱内爆炸载荷-冲击载荷作用下舰船材料的动态特性-舱室结构动态响应-舰船结构防护。目前的研究尚存在诸多不足，给指标论证、舰船设计与评估等带来了诸多困难。为解决上述困难，需要重点解决以下关键问题。

(1) 舱内爆炸载荷特性与形成机理。明确载荷是开展结构响应分析的前提。战斗部进入舱室内部爆炸是一个高度非线性的问题，涉及战斗部壳体膨胀碎裂并最终形成高速破片群。此外，舱内爆炸压力载荷也十分复杂，包括舱室内部多次反射的冲击波压力和准静态气体压力两种压力载荷。两种载荷时间尺度上的差异较大，哪种载荷占主导地位，以及如何等效是关键问题。目前对破片形成机理的解释研究尚不清晰，对带壳战斗部载荷如何等效也没有明确的说法。

(2) 准确描述材料动态本构关系及断裂准则。无论是数值仿真还是理论分析，都需要准确的材料动态力学特性表征。舱内爆炸过程中，舰船结构材料受应力的状态十分复杂，与普通材料实验机和霍普金森杆的单轴应力状态有明显不同。如何将应力状态对材料力学行为的影响通过失效本构模型的形式进行表征，并获得准确的参数，是亟待解决的问题。

(3) 典型舰船结构在舱内爆炸作用下的动态响应。目前的研究主要针对空中自由场爆炸作用下平板、板架的响应，但是对舱内爆炸这种特殊载荷下的研究极少。此外，舱内爆炸作用时，除了反射冲击波和准静态压力的载荷外，还有破片群载荷，联合作用机理和破坏模式均较为复杂，给舰船毁伤评估和防护设计带来困难。

(4) 新型防护技术及防护机理揭示不够，给防护设计带来困难。在尽量少增加船体重量，甚至不增加船体重量的前提下，提高防御舱内爆炸载荷能力十分困难。对水雾衰减舱内爆炸压力载荷，尤其是准静态压力载荷的机理分析不够。针对航母舷侧防护结构中最重要的液舱，其抗破片载荷的机理揭示不明，使舷侧防护设计主要依靠国外经验，给自主设计带来困难。此外，对于没有空间条件的驱护舰通过设置薄液舱，仅通过调整液体空间配置而不增加舰船负载，是否能有效衰减爆炸破片，需要进行机理探索和分析。

参 考 文 献

[1] 朱锡，张振华，梅志远，等. 舰船结构毁伤力学[M]. 北京: 国防工业出版社, 2013.

[2] 龚惠明. "飞鱼"导弹是怎样击中英国谢菲尔德号的[J]. 外国海军导弹动态, 1983, (1): 64-69.

[3] Kurki T. Contained explosion inside a naval vessel-evaluation of the structural response[D]. Helsinki: Department of Mechanical Engineering, Helsinki University of Technology, 2007.

[4] Liang C C, Chiang C F. A study on biodynamic models of seated human subjects exposed to vertical vibration[J]. International Journal of Industrial Ergonomics, 2006, 36(10): 869-890.

[5] Dong R C, He L, Du W, et al. Effect of sitting posture and seat on biodynamic responses of internal human body simulated by finite element modeling of body-seat system[J]. Journal of Sound and Vibration, 2019, 438: 543-554.

[6] 李营，张磊，杜志鹏，等. 反舰导弹舱内爆炸作用下舰船结构毁伤机理研究进展[J]. 中国造船, 2018, 59(3): 185-202.

[7] 于文满，何顺禄，关世义. 舰船毁伤图鉴[M]. 北京: 国防工业出版社, 1991.

[8] Mott N F. Fragmentation of shell cases[J]. Mathematical and Physical and Engineering Science, 1947, 8: 300-309.

[9] Mercier S, Granier N, Molinari A, et al. Multiple necking during the dynamic expansion of hemispherical metallic shells, from experiments to modelling[J]. Journal of the Mechanics and Physics of Solids, 2010, 58: 955-982.

[10] Rodriguez-Martínez J A, Vadillo G, Zaera R, et al. On the complete extinction of selected imperfection wavelengths in dynamically expanded ductile rings[J]. Mechanics of Materials, 2013, 60: 107-120.

[11] Zhang H, Ravi-Chandar K. On the dynamics of necking and fragmentation-I. real-time and post-mortem observations in Al 6061-O[J]. Journal of Fracture, 2006, 142: 183-217.

[12] Zhang H, Ravi-Chandar K. On the dynamics of necking and fragmentation-II effect of material properties, geometrical constraints and absolute size[J]. Journal of Fracture, 2008, 150: 3-36.

[13] Grady D E. Fragmentation of Rings and Shells: The Legacy of NF Mott[M]. Berlin: Spring, 2006.

[14] 汤铁钢，谷岸，李庆忠，等. 爆轰加载下金属柱壳膨胀破裂过程研究[J]. 爆炸与冲击, 2003, 23(6): 529.

[15] Grady D E, Benson D A. Fragmentation of metal rings by electromagnetic loading[J]. Experimental Mechanics, 1983, 12: 393-400.

[16] 胡八一，董庆东，韩长生，等. 内部爆轰加载下的钢管膨胀断裂研究[J]. 爆炸与冲击, 1998, 13(1): 49-54.

[17] 李伟，朱锡，梅志远，等. 战斗部破片毁伤能力的等级划分实验研究[J]. 振动与冲击, 2008, 27(3): 47-52.

[18] 孔祥韶. 爆炸载荷及复合多层防护结构响应特性研究[D]. 武汉: 武汉理工大学, 2013.

[19] 郑宇轩. 韧性材料的动态碎裂特性研究[D]. 合肥: 中国科技大学, 2013.

[20] Manjit S, Suneja H R. Dynamic tensile deformation and fracture of metal cylinders at high strain

rates[J]. International Journal of Impact Engineering, 2002, 27: 939-954.

[21] 高重阳, 施惠基, 姚振汉, 等. 薄壁柱壳在内部爆炸载荷下膨胀断裂的研究[J]. 爆炸与冲击, 2000, 20(2): 160-167.

[22] Rusineka A, Zaera R. Finite element simulation of steel ring fragmentation under radial expansion[J]. International Journal of Impact Engineering, 2007, 7: 799-822.

[23] Goto D M, Becker R, Orzechowski T J, et al. Investigation of the fracture and fragmentation of explosively driven rings and cylinders[J]. International Journal of Impact Engineering, 2008, 35: 1547-1556.

[24] Geretto C, Yuen S C K, Nurick G N. An experimental study of the effects of degrees of confinement on the response of square mild steel plates subjected to blast loading[J]. International Journal of Impact Engineering, 2014, 7: 1-13.

[25] Eamon C D. Reliability of concrete masonry unit walls subjected to explosive loads[J]. Journal of Structural Engineering, 2007, 133(7): 935-944.

[26] Baker W E. Explosion Hazards and Evaluation[M]. Amsterdam: Elsevier, 1983.

[27] 侯海量, 朱锡, 李伟, 等. 舱内爆炸冲击载荷特性实验研究[J]. 船舶力学, 2010, 14(8): 901-907.

[28] 陈攀, 刘志忠. 舱室内爆冲击波载荷特性及影响因素分析[J]. 舰船科学技术, 2016, 38(2): 43-48.

[29] Feldgun V R, Karinski Y S. Prediction of the quasi-static pressure in confined and partially confined explosions and its application to blast response simulation of flexible structures[J]. International Journal of Impact Engineering, 2016, 90: 46-60.

[30] Anthony J R, Foster P A. Explosive containment study[R]. MH-sup-85-04, 1985.

[31] Carlson R W. Confinement of an explosion by a steel vessel[R]. LA-390, 1945.

[32] Moir D C. Safety analysis of the M-2 confinement systems[R]. LA-TM-264, 1979.

[33] Anderson J, Charles E, Baker W E, et al. Quasi-static pressure, duration, and impulse for explosions(e. g. HE)in structures[J]. International Journal of Mechanical Sciences, 1983, 25(6): 455-464.

[34] 张晓伟, 张庆明, 施鹏, 等. 内爆炸条件下建筑物等效载荷研究[J]. 北京理工大学学报, 2013, 33(2): 133-138.

[35] Dragos J, Wu C, Oehlers D J. Simplification of fully confined blasts for structural response analysis[J]. Engineering Structures, 2013, 56: 312-326.

[36] 王礼立. 应力波基础[M]. 2 版. 北京: 国防工业出版社, 2005.

[37] Gurson A L. Plastic flow and fracture behavior of ductile meterials incorporating void nucleation, growth and interaction[D]. Providence: Brown University, 1975.

[38] Jones N. Structure Impact[M]. Cambridge: Cambridge University Press, 1989.

[39] Johnson G R, Cook W H. A constitutive model and data for metals subjected to large strains, high strain rates and high temperature[C]//Proceedings of the Seventh International Symposium on Ballistics, Netherland, 1983: 541-548.

[40] Johnson G R, Cook W H. Fracture characteristics of three metals subjected to various strains, strain rates, temperatures and pressures[J]. Engineering Fracture Mechanics, 1985, 21: 31-48.

[41] Zerilli F J, Armstrong R W. Disloeation-mechanics-based constitutive relations for material dynamies calculations[J]. Journal of Applied Physics, 1987, 61(5): 1816-1825.

[42] Zerilli F J, Armstrong R W. Description of tantalum deformation behavior by dislocation mechanics based constitutive relations[J]. Journal of Applied Physics, 1990, 68(4): 1580-1591.

[43] Zerilli F J, Armstrong R W. The effects of dislocation drag on the stress-strain behavior of FCC metals[J]. Acta Metall Mater, 1992, 40(8): 1803-1808.

[44] Burakovsky L, Carl W G, Dean L P. Generalized Guinan-Steinberg formula for the shear modulus at all pressures[J]. Physical Review B, 2005, 71(18): 184118.

[45] Bao Y, Wierzbicki T. On fracture locus in the equivalent strain and stress triaxiality space[J]. International Journal of Mechanical Sciences, 2004, 46(1): 81-98.

[46] Bao Y, Wierzbicki T. On the cut-off value of negative triaxiality for fracture[J]. Engineering Fracture Mechanics, 2005, 72: 1049-1069.

[47] Papasidero J, Doquet V, Mohr D. Ductile fracture of aluminum 2024-T351 under proportional and non-proportional multi-axial loading: Bao-Wierzbicki results revisited[J]. International Journal of Solids and Structures, 2015, 69: 459-474.

[48] Barsoum I, Faleskog J. Rupture mechanisms in combined tension and shear-Experiments[J]. International Journal of Solids and Structures, 2007, 44: 1768-1786.

[49] Barsoum I, Faleskog J. Rupture mechanisms in combined tension and shear-Micromechanics[J]. International Journal of Solids and Structures, 2007, 44: 5481-5498.

[50] Mirone G. Role of stress triaxiality in elastoplastic characterization and ductile failure prediction[J]. Engineering Fracture Mechanics, 2007, 74: 1203-1221.

[51] Dunand M, Mohr D. On the predictive capabilities of the shear modified Gurson and the modified Mohr-Coulomb fracture models over a wide range of stresstriaxialities and Lode angles[J]. Journal of the Mechanics and Physics of Solids, 2011, 59: 1374-1394.

[52] Bai Y, Wierzbicki T. A new model of metal plasticity and fracture with pressure and Lode dependence[J]. International Journal of Plasticity, 2008, 24: 1071-1096.

[53] Cao T S, Gachet J M, Montmitonnet P, et al. A Lode-dependent enhanced Lemaitre model for ductile fracture prediction at low stress triaxiality[J]. Engineering Fracture Mechanics, 2014, 124-125: 80-96.

[54] Vershinin V V. Validation of metal plasticity and fracture models through numerical simulation of high velocity perforation[J]. International Journal of Solids and Structures, 2015, 67-68: 127-138.

[55] Bai Y, Wierzbicki T. A comparative study of three groups of ductile fracture loci in the 3D space[J]. Engineering Fracture Mechanics, 2015, 135: 147-167.

[56] Lou Y, Huh H. Evaluation of ductile fracture criteria in a general three-dimensional stress state considering the stress triaxiality and the lode parameter[J]. Acta Mechanica Solida Sinica, 2013, 26(6): 642-958.

[57] Rousselier G, Luo M. A fully coupled void damage and Mohr-Coulomb based ductile fracture model in the framework of a reduced texture methodology[J]. International Journal of Plasticity, 2014, 55: 1-24.

[58] Roth C C, Mohr D. Effect of strain rate on ductile fracture initiation in advanced high strength steel sheets: experiments and modeling[J]. International Journal of Plasticity, 2014, 56: 19-44.

[59] Lou Y, Huh H. Extension of a shear-controlled ductile fracture model considering the stress triaxiality and the Lode parameter[J]. International Journal of Solids and Structures, 2013, 50: 447-455.

[60] Lou Y, Yoon J W, Huh H. Modeling of shear ductile fracture considering a changeable cut-off value for stress triaxiality[J]. International Journal of Plasticity, 2014, 54: 56-80.

[61] Gilioli A, Manes A, Giglio M, et al. Predicting ballistic impact failure of aluminium 6061-T6 with the rate-independent Baoe Wierzbicki fracture model[J]. International Journal of Impact Engineering, 2015, 76: 207-220.

[62] 朱锡. 921A 钢动态屈服应力的实验研究[J]. 海军工程学院学报, 1991, 2: 43-48.

[63] 陈志坚, 袁建红, 赵耀. 450MPa 级船用钢冲击实验研究及 Cowper-Symonds 本构模型[J]. 船舶力学, 2007, 11(6): 933-941.

[64] 姜风春, 刘瑞堂, 张晓欣. 船用 945 钢的动态力学性能研究[J]. 兵工学报, 2000, 21(3): 257-260.

[65] 姜风春, 刘瑞堂, 刘殿奎. 船用 921A 钢动态断裂韧性测试研究[J]. 实验力学, 1999, 14(1): 96-101.

[66] 姚熊亮, 徐小刚, 许维军. 船用 917 钢抗冲击性能实验[J]. 中国造船, 2004, 45(4): 35-41.

[67] 刘瑞堂, 姜风春. 船用 907 钢动态断裂韧性测试研究[J]. 哈尔滨工程大学学报, 1998, 19(4): 19-23.

[68] 刘瑞堂, 姜风春, 张晓欣. 船用 945 钢动态断裂行为的温度效应[J]. 实验力学, 2001, 16(1): 113-118.

[69] Jones N. Structural Impact[M]. Cambridge: Cambridge University Press, 2012.

[70] Nurick G N, Martin J B. Deformation of thin plates subjected to impulsive loading- a review. part I: theoretical considerations[J]. International Journal of Impact Engineering, 1989, 8(2): 159-169.

[71] Nurick G N, Martin J B. Deformation of thin plates subjected to impulsive loading-a review. part II: experimental study[J]. International Journal of Impact Engineering, 1989, 8(2): 171-186.

[72] Nurick G N, Shave G C. The deformation and tearing of thin square plates subjected to impulsive loads-an experimental study[J]. International Journal of Impact Engineering, 1996, 18(1): 99-116.

[73] Nuick G N, Gelman M E, Marshall N S. Tearing of blast loaded plates with clamped boundary conditions[J]. International Journal of Impact Engineering, 1996, 18(7-8): 807-827.

[74] Ramajeyathilagam K, Vendhan C P. Deformation and rupture of thin rectangular plates to underwater shock[J]. International Journal of Impact Engineering, 2004, 30: 699-719.

[75] Nurick G N, Radford A M. Deformation and tearing of clamped circular plates subjected to localized central blastloads[C]//Recent Developments in Computational and Applied Mechanics, Barcelona, Spain. 1997: 276-301.

[76] Rajendran R, Narasimhan K. Damage prediction of clamed circular plates subjected to contact underwater explosion[J]. International Journal of Impact Engineering, 2001, 25(4): 373-386.

[77] Jacob N, Yuen S C K, Nurick G N. Scaling aspects of quadrangular plates subjected to localized blast loads-experiments and predictions[J]. International Journal of Impact Engineering, 2004, 30: 1179-1208.

[78] Balden V H, Nurick G N. Numerical simulation of the post-failure motion of steel plates subjected to blast loading[J]. International Journal of Impact Engineering, 2005, 32: 14-34.

[79] Longère P, Geffroy-Grèze A G, Leblé B, et al. Ship structure steel plate failure under near-field air-blast loading: numerical simulations vs experiment[J]. International Journal of Impact Engineering, 2013, 62: 88-98.

[80] Jacob N, Nurick G N, Langdon G S. The effect of stand-off distance on the failure of fully clamped circular mild steel plates subjected to blast loads[J]. Engineering Structures, 2007, 29: 2723-2736.

[81] 余同希, 陈发良. 用"膜力因子法"分析简支刚塑性圆板的大挠度动力响应[J]. 力学学报, 1990, 5: 555-565.

[82] 刘敬喜, 刘尧, 汤皓泉, 等. 爆炸载荷作用下单向加筋方板的大挠度塑性动力响应分析[J]. 振动与冲击, 2011, 4: 182-187.

[83] 吴有生, 彭兴宁, 赵本立. 爆炸载荷作用下舰船板架的变形与破损[J]. 中国造船, 1995, 4: 55-61.

[84] 朱锡, 冯刚, 张振华. 爆炸载荷作用下固支方板的应变场及破坏分析[J]. 船舶力学, 2005, 19(2): 83-89.

[85] Langdon G S, Schleyer G K. Inelastic deformation and failure of profiled stainless steel blast wall panels part II: analytical modelling considerations[J]. International Journal of Impact Engineering, 2005, 31: 371-399.

[86] 郑成, 孔祥韶, 吴卫国. 爆炸载荷下矩形板弹塑性动态响应研究[J]. 中国造船, 2015, 56(3): 20-31.

[87] Zheng C, Kong X S, Wu W G, et al. The elastic-plastic dynamic response of stiffened plates under confined blast load[J]. International Journal of Impact Engineering, 2016, 95: 141-153.

[88] Wierzbicki T. Petalling of plates under explosive and impact loading[J]. International Journal of Impact Engineering, 1999, 22: 935-954.

[89] Lee Y W, Bicki T. Fracture prediction of thin plates under localized impulsive loading. part I: dishing[J]. International Journal of Impact Engineering, 2005, 31: 1253-1276.

[90] Lee Y W, Bicki T. Fracture prediction of thin plates under localized impulsive loading. part II: discing and petalling[J]. International Journal of Impact Engineering, 2005, 31: 1277-1308.

[91] 陈长海, 朱锡, 侯海量, 等. 近距空爆载荷作用下固支方板的变形及破坏模式[J]. 爆炸与冲击, 2012, 32(4): 368-375.

[92] Xiao D, Chen X, Li Y, et al. The structure response of sandwich beams with metallic auxetic honeycomb cores under localized impulsive loading-experiments and finite element analysis[J]. Materials & Design, 2019, 176: 107840.

[93] Johnson W. Impact Strength of Material[M]. London: Hodder Arnold, 1972.

[94] Zhao Y. Suggestion of a new dimensionless number for dynamic plastic response of beams and plates[J]. Archive of Applied Mechanics, 1998, 68: 524-538.

[95] Yao S, Zhang D, Lu F. Dimensionless number for dynamic response analysis of box-shaped structures under internal blast loading[J]. International Journal of Impact Engineering, 2016, 98: 13-18.

[96] Yao S, Zhang D, Lu F. Dimensionless numbers for dynamic response analysis of clamped square plates subjected to blast loading[J]. Archive of Applied Mechanics, 2015, 85: 735-744.

[97] Langdona G S, Yuenb S C K, Nurick G N. Experimental and numerical studies on the response of quadrangular stiffened plates. part II: localized blast loading[J]. International Journal of Impact Engineering, 2005, 31: 85-111.

[98] Yuen S C K, Nurick G N. Experimental and numerical studies on the response of quadrangular stiffened plates part I: subjected to uniform blast load[J]. International Journal of Impact Engineering, 2005, 31: 55-83.

[99] 刘润泉, 白雪飞, 朱锡. 舰船单元结构模型水下接触爆炸破口实验研究[J]. 海军工程大学学报, 2001, 13(5): 41-47.

[100] Li Y, Chen Z, Xiao D, et al. The dynamic response of shallow sandwich arch with auxetic metallic honeycomb core under localized impulsive loading[J]. International Journal of Impact Engineering, 2020, 137: 103442.

[101] 侯海量, 朱锡, 梅志远. 舱内爆炸载荷及舱室板架结构的失效模式分析[J]. 爆炸与冲击, 2007, 27(2): 151-158.

[102] 李帆. 舰船舱室内爆炸破坏的数值模拟和实验研究[D]. 长沙: 国防科技大学, 2012.

[103] Pickerd V, Bornstein H, McCarthy P, et al. Analysis of the structural response and failure of containers subjected to internal blast loading[J]. International Journal of Impact Engineering, 2016, 95: 40-53.

[104] 谢波, 范宝春, 王克全. 大型通道中被动式水雾抑爆效果的实验研究[J]. 实验力学, 2002, 17(4): 511-516.

[105] 谢波, 范宝春. 大型通道中主动式水雾抑爆现象的实验研究[J]. 爆炸与冲击, 2003, 23(2): 151-156.

[106] Johnson G R, Holmquist T J. Evaluation of cylinder-impact test data for constitutive model constants [J]. Journal of Applied Physics, 1988, 64(8): 3901-3910.

[107] Couque H. On the use of the symmetric Taylor test to evaluate dynamic ductile compression fracture properties of metals[C]//Proceedings of the 5th International Conference on Structures Under Shock and Impact, Billerica, 1998: 579-589.

[108] 秦文茜, 王喜世, 谷睿, 等. 超细水雾作用下瓦斯的爆炸压力及升压速率[J]. 燃烧科学与技术, 2012, 18(1): 90-95.

[109] 高旭亮. 超细水雾抑制甲烷爆炸实验与数值模拟[D]. 大连: 大连理工大学, 2014.

[110] Boeck L R, Kink A, Oezdin D, et al. Influence of water mist on flame acceleration, DDT and detonation in H 2-air mixtures[J]. International Journal of Hydrogen Energy, 2015, 40(21): 6995-7004.

[111] Schwer D A, Kailasanath K. Numerical simulations of the mitigation of unconfined explosions using water-mist[J]. Proceedings of the Combustion Institute, 2007, 31(2): 2361-2369.

[112] Schwer D A, Kailasanath K. Water-mist mitigation of quasi-static pressure buildup in

enclosures subjected to an explosion[C]//Proceedings of the 20th International Colloquium on the Dynamics of Explosions & Reactive Systems, New York, 2005: 64.

[113] Holborn P G, Battersby P, Ingram J M, et al. Modelling the mitigation of lean hydrogen deflagrations in a vented cylindrical rig with water fog[J]. International Journal of Hydrogen Energy, 2012, 37(20): 15406-15422.

[114] Bailey J L, Farley J P, Williams F W, et al. Blast mitigation using water mist[R]. Washington D. C. : Naval Research Lab, 2006.

[115] Willauer H D, Bailey J L, Williams F W. Water mist suppression system analysis[R]. Washington D. C. : Naval Research Lab, 2006.

[116] Willauer H D, Ananth R, Farley J P, et al. Mitigation of TNT and Destex explosion effects using water mist[J]. Journal of Hazardous Materials, 2009, 165(1): 1068-1073.

[117] Chou P C, Schaller R, Hoburg J. Analytical study of the fracture of liquid-filled tanks impacted by hypervelocity particles[R]. Washington, D. C. : National Aeronautics and Space Administration, 1967.

[118] Disimile P J, Davis J, Toy N. Mitigation of shock waves within a liquid filled tank[J]. International Journal of Impact Engineering, 2011, 38: 61-72.

[119] Lee M, Longoria R G, Wilson D E. Ballistic wave in high-speed water entry[J]. Journal of Fluid and Structure, 1997, 11: 819-844.

[120] Lee M, Longoria R G, Wilson D E. Cavity dynamics in high-speed water entry[J]. Phys Fluids, 1997, 9(3): 540-550.

[121] 唐廷, 朱锡, 侯海量, 等. 高速破片在防雷舱结构中引起的冲击荷载的理论研究[J]. 振动与冲击, 2013, 6(3): 12-15.

[122] Ji Y, Li X, Zhou L, et al. Comparison of the hydrodynamic ram caused by one and two projectiles impacting water-filled containers[J]. International Journal of Impact Engineering, 2020, 137: 103467.

[123] Ji Y, Li X, Zhou L, et al. Experimental and numerical study on the cumulative damage of water-filled containers impacted by two projectiles[J]. Thin-Walled Structures, 2019, 135: 45-64.

[124] 张晓君, 杜志鹏, 谢永和. 水下爆炸引起的水质点运动效应研究[J]. 浙江海洋学院学报(自然科学版), 2012, 31(2): 161-164.

[125] Deletombe E, Fabis J, Dupasn J, et al. Experimental analysis of 7. 62 mm hydrodynamicram in containers[J]. Journal of Fluids and Structures, 2013, 37: 1-21.

[126] Varas D, López-Puente J, Zaera R. Experimental analysis of fluid-filled aluminium tubes subjected to high-velocity impact [J]. International Journal of Impact Engineering, 2009, 36(1): 81-91.

[127] Varas D, Zaera R, López-Puente J. Numerical modelling of the hydrodynamic RAM phenomenon[J]. International Journal of Impact Engineering, 2009, 36(3): 363-374.

[128] Varas D, Zaera R, López-Puente J. Experimental study of CFRP fluid-filled tubes subjected to high-velocity impact[J]. Composite Structures, 2011, 93(10): 2598-2609.

[129] Varas D, Zaera R, López-Puente J. Numerical modelling of partially filled aircraft fuel tanks

submitted to hydrodynamic ram [J]. Aerospace Science and Technology, 2012, 16(1): 19-28.

[130] Kazuo S T O. Study of water entry of high-speed projectile[J]. Procedia Engineering, 2013, 58: 232-239.

[131] Lecysyn N, Dandrieuxet A. Preliminary study of ballistic impact on an industrial tank: projectile velocity decay[J]. Journal of Loss Prevention in the process Industries, 2008, 21: 627-634.

[132] Lecysyn N, Dandrieux A, Heymesa F. Ballistic impact on an industrial tank: study and modeling of consequences[J]. Journal of Hazardous Materials, 2009, 172: 587-594.

[133] Lecysyn N, Dandrieux A. Experimental study of hydraulic ram effects on a liquid storage tank: analysis of overpressure and cavitation induced by a high-speed projectile[J]. Journal of Hazardous Materials, 2010, 178: 635-643.

[134] Chen T, Huang W, Zhang W, et al. Experimental investigation on trajectory stability of high-speed water entry projectiles[J]. Ocean Engineering, 2019, 175: 16-24.

[135] Zhang A M, Yang S T, Yao X L. Numerical simulation of the penetration of fuel-filled tank by a high-speed projectile[J]. Journal of Ship Mechanics, 2010, 14(9): 998.

[136] 李亚智, 陈钢. 充液箱体受弹丸撞击下动态响应的数值模拟[J]. 机械强度, 2007, 29(1): 143-147.

[137] 徐双喜, 吴卫国, 李晓彬, 等. 舰船舷侧防护液舱舱壁对爆炸破片的防御作用[J]. 爆炸与冲击, 2010, 30(4): 395-400.

[138] 徐双喜. 大型水面舰船舷侧复合多层防护结构研究[D]. 武汉: 武汉理工大学, 2010.

[139] Townsend D, Park N M. Devall P. Failure of fluid filled structure due to high velocity fragment impact[J]. International Journal of Impact Engineering, 2003, 29: 723-733.

[140] Jin Z, Yin C, Chen Y, et al. Dynamics of an underwater explosion bubble near a sandwich structure[J]. Journal of Fluids and Structures, 2019, 86: 247-265.

[141] Yun S H, Jeon H K, Park T. Parallel blast simulation of nonlinear dynamics for concrete retrofitted with steel plate using multi-solver coupling[J]. International Journal of Impact Engineering, 2013, 60: 10-23.

[142] Zhang J, Shi X H, Soares C G. Experimental study on the response of multi-layered protective structure subjected to underwater contact explosions[J]. International Journal of Impact Engineering, 2017, 100: 23-34.

[143] Yao X L, Guo J, Feng L H, et al. Comparability research on impulsive response of double stiffened cylindrical shells subjected to underwater explosion[J]. International Journal of Impact Engineering, 2009, 36(5): 754-762.

[144] 陈佳海, 胡明, 徐成, 等. 模拟舰艇冲击运动对不同姿势伤情的实验研究[J]. 转化医学杂志, 2018, 7(2): 109-113.

[145] Yao S, Zhang D, Lu F, et al. A combined experimental and numerical investigation on the scaling laws for steel box structures subjected to internal blast loading[J]. International Journal of Impact Engineering, 2017, 102: 36-46.

[146] Panzer M B, Myers B S, Capehart B P, et al. Development of a finite element model for blast brain injury and the effects of CSF cavitation[J]. Annals of Biomedical Engineering, 2012,

40(7): 1530-1544.

[147] Halzen F. High-energy neutrino astrophysics[J]. Nature Physics, 2016, 13: 232.

[148] 乐秀鸿, 柯文棋, 杨军, 等. 垂直受压下人体下肢骨骼损伤特点的研究[J]. 中国运动医学杂志, 1987, (6): 4-6.

[149] M M R. Man's response to ship shock motions[R]. AD928891, 1966.

[150] Zhou T, Cheng Y, Zhao Y, et al. Experimental investigation on the performance of PVC foam core sandwich panels subjected to contact underwater explosion[J]. Composite Structures, 2020, 235: 111796.

[151] Aartsen M G, Hill G C, Kyriacou A, et al. Neutrino interferometry for high-precision tests of Lorentz symmetry with ice cube[J]. Nature Physics, 2018, 14(9): 961-966.

[152] Wang X H, Zhang S R, Wang C, et al. Blast-induced damage and evaluation method of concrete gravity dam subjected to near-field underwater explosion[J]. Engineering Structures, 2020, 209: 109996.

[153] Gao F, Ji C, Long Y, et al. Numerical investigation of the dynamic response of CWC structures subjected to underwater explosion loading[J]. Ocean Engineering, 2020, 203: 107214.

[154] Yao S, Zhang D, Lu F, et al. Experimental and numerical studies on the failure modes of steel cabin structure subjected to internal blast loading[J]. International Journal of Impact Engineering, 2017, 110: 279-287.

[155] Hutchinson M D. With-fracture gurney model to estimate both fragment and blast impulses[J]. Central European Journal of Energetic Materials, 2010, 7(2): 175-186.

[156] 王国喜. 人体跟骨冲击损伤的生物力学研究[J]. 医用生物力学, 2004, 19(4): 240-244.

[157] Loez P J, Arias A, Zaera R, et al. The effect of the thickness of the adhesive layer on the ballistic limit of ceramic/metal armours: an experimental and numerical study[J]. International Journal of Impact Engineering, 2005, 32(1-4): 321-336.

[158] Bürger D, Faria A R, Almeida S F M D, et al. Ballistic impact simulation of an armour-piercing projectile on hybrid ceramic/fiber reinforced composite armours[J]. International Journal of Impact Engineering, 2012, 43: 63-77.

[159] Anonymous. ANSYS AUTODYN 14. 0 theory manual[Z]. Pittsburgh: ANSYS, Inc. , 2016.

[160] 梅志远, 朱锡, 张立军. 高速破片穿透船用钢靶剩余特性研究[J]. 工程力学, 2005, 22(4): 235-240.

[161] Wang Y, Lee S C. Experimental study of water tank under impulsive loading[J]. Archives of Civil and Mechanical Engineering, 2015, 15(4): 986-996.

[162] 李营. 液舱防爆炸破片侵彻作用机理研究[D]. 武汉: 武汉理工大学, 2014.

[163] Anonymous. Structures to resist the effect of accidental explosions[R]. US Department of the Army, Navy and Air Force Technical Manual, 2008.

[164] Geretto C, Yuen S C K, Nurick G N. An experimental study of the effects of degrees of confinement on the response of square mild steel plates subjected to blast loading[J]. International Journal of Impact Engineering, 2014, 79: 32-44.

第2章 战斗部舱内爆炸载荷研究

2.1 引 言

合理确定载荷输入是舰船结构抗爆设计的基础和前提。战斗部在舱室内部爆炸作用下产生高速破片群、爆炸冲击波、准静态压力和火灾。高速破片群和准静态气压通常被认为是抗爆/抗冲击防护中最重要的两个指标。

战斗部爆炸形成碎片的过程研究较早,近年来 Grady[1]利用电磁加载方法研究低速膨胀碎裂规律;胡八一等[2]开展了柱壳结构在内爆作用下的破片质量分布研究;李伟等[3]研究了破片的质量分布规律,并对破片等级进行了划分;孔祥韶[4]研究了圆柱形战斗部的破片飞散特性,并讨论了起爆方式的影响;郑宇轩[5]对低速膨胀环进行了仿真计算,但对高速碎裂特性涉及较少。

作为舱内爆炸最重要的载荷形式,准静态压力尚缺乏形成机理的理论和实验研究。目前的研究主要针对多次反射带来的冲量叠加,准静态气压这一舱内爆炸特有的载荷形式并未引起足够的重视,对舰船抗反舰导弹舱内爆炸机理研究和防护设计带来困难。由于内部爆炸作用下载荷作用时间较长,压力曲线积分获得的冲量值将不断增大,理论上存在一个最大有效值。这一现象最早由 Zhao 等[6]从冲击载荷作用下大挠度梁的变形预测中提出,并称为冲量饱和现象,并将有关概念拓展到圆板、方板等结构。Zhu 等[7, 8]进一步发展了饱和冲量的概念,并对三角波、指数衰减波开展了最大变形和最终变形的理论分析。但上述研究主要针对特定冲击波载荷,无法应用于内部爆炸响应分析。UFC-3-340-02[9]针对内部爆炸提出简化压力时程曲线,被广泛应用于内爆炸工程防护设计[10]。本书以饱和冲量的概念和舱内爆炸载荷为基础,进一步拓展到冲击波与准静态压力联合作用的内部爆炸领域。

此外,带壳战斗部舱内爆炸与裸装药爆炸有一定的不同,壳体对爆炸压力载荷有明显影响。研究表明,壳体的存在调整了炸药能量的分配[11],Fisher[12]、Zhang等[13, 14]、Crowley[15]等研究了外部壳体对战斗部装药爆炸冲击波的影响,给出带壳战斗部等效装药计算方法。孔祥韶等[16]讨论了圆柱形战斗部的等效裸装药特性。Hutchinson[17]的研究表明,战斗部壳体强度对等效裸装药质量有一定的影响。Dunnett 等[18]给出 5 种等效装药计算公式,并指出等效裸装药与炸药、壳体材料有关。但这些方法均是基于冲击波或冲量等效的,而舱内爆炸最为重要的是准静态压力，相关理论和实验研究较少，基于准静态压力的带壳战斗部等效裸装药计算方法的研究尚未见到。

本章采用数值仿真方法结合一维膨胀环膨胀碎裂过程解释战斗部爆炸破片形成的机理，探讨 Mott 卸载波在战斗部破片控制中的重要作用，研究膨胀速度对破片质量分布特性的影响规律，分析壳体厚度变化对战斗部碎裂特性影响的规律。基于炸药的化学反应方程分析后续燃烧对舱内爆炸准静态压力的重要影响，结合 JWL 方程给出准静态压力的预测公式，并进行实验验证。以内爆载荷模型为基础，着重研究舱内爆炸载荷的有效作用时间。基于舱壁结构在内爆载荷下的动态响应，推导得到密闭空间内爆载荷的饱和作用时间和饱和挠度公式，将理论结果和数值模拟结果进行比较。开展战斗部空中和舱内爆炸实验，验证破片速度、质量计算公式，结合实验结果确认基于冲量的等效裸装药计算公式，并验证基于准静态压力的理论公式。

2.2　战斗部舱内爆炸破片载荷研究

战斗部爆炸形成破片是一个较为复杂的物理过程。采用一维膨胀环进行机理分析，能有效避免对爆轰物理等过程的分析，突出壳体碎裂形成高速破片的物理本质，是一种较为有效的分析手段[19]。本书采用一维膨胀环开展对反舰导弹舱内爆炸形成破片物理过程的机理分析。

2.2.1　战斗部碎裂理论分析

1947 年，Mott[19]给出膨胀环破片的基本理论。战斗部碎裂示意图如图 2.1 所示。设圆环在冲击瞬间膨胀半径为 r、速度为 V_0，此时的应变率为

$$\dot{\varepsilon} = \frac{V_0}{r} \tag{2.1}$$

假设有一初始断口，该断口处形成自由界面，并形成卸载波。卸载波向两侧传播，并形成一段无应力区。该卸载波的波速为

$$\frac{\mathrm{d}x}{\mathrm{d}t} = \left(\frac{r\sigma_\mathrm{f}}{2\rho v}\right)^{1/2} t^{-1/2} \tag{2.2}$$

Mott 给出的平均破片长度预测公式为[19]

$$x_0 = \left(2P_\mathrm{F}/\rho\gamma\right)^{\frac{1}{2}} r/V_0 \tag{2.3}$$

式中，P_F 为相应应变率下的流动断裂应力；ρ 为材料密度；r 为膨胀环半径；v 为膨胀速度。

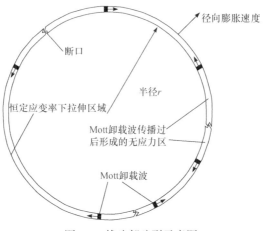

图 2.1　战斗部碎裂示意图

三维圆柱壳体破片质量的计算常用的是 Mott 公式为[20]

$$\mu^{0.5} = Kt_0(t_0 + d_i)^{1.5}\left(1 + \frac{M_0}{2m_t}\right)^{0.5}\bigg/d_i \tag{2.4}$$

$$m_p = 2\mu \tag{2.5}$$

式中，m_t 为战斗部质量；m_p 为破片的平均质量；t_0 为弹壳壁厚；d_i 为弹壳内直径；K 为取决于炸药的系数，单位 $\mathrm{kg}^{1/2}/\mathrm{m}^{3/2}$。

2.2.2　战斗部碎裂机理分析

1. 数值模型

设圆环内径 r=20mm、外径 R=21mm，高度 h=1mm，可以利用 ABAQUS 建立膨胀环的计算模型(图 2.2)。模型划分为 10000 个 C3D8R 单元，其中膨胀环厚

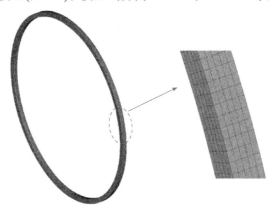

图 2.2　计算模型示意图

度方向上划分 5 个单元。ABAQUS 中总体坐标系为笛卡儿坐标，无法直接加载径向速度，通过编程可以实现初始膨胀速度 V_0。

2. 材料本构模型及参数

1) 塑性流动准则

Johnson-Cook 强度模型[20]是一种黏热塑性本构关系。这种模型能较好地描述金属材料的加工硬化效应、应变率效应和温度软化效应。Johnson-Cook 强度模型的形式为

$$\sigma = (A + B\varepsilon^n)(1 + C\ln\dot{\varepsilon}^*)(1 - T^{*m}) \tag{2.6}$$

式中，σ 为等效应力；ε 为等效应变；$\dot{\varepsilon}^* = \dot{\varepsilon}/\dot{\varepsilon}_0$ 为无量纲的塑性应变率，取 $\dot{\varepsilon}_0$ 为准静态实验的应变率；$T^* = (T - T_r)/(T_m - T_r)$，$T$ 为样品环境温度，T_r 为室温，T_m 为熔点。

塑性温度升高为

$$\Delta T = \frac{\beta}{\rho c}\int_0^\varepsilon \sigma \mathrm{d}\varepsilon \tag{2.7}$$

式中，ρ 和 c 分别为材料的密度和比热；β 为 Taylor-quinney 常数，取为 0.9。

2) 内聚力损伤准则

BW 模型在 JC 模型[21]的基础上对应力三轴度区间进行了修正，将应力三轴度对断裂应变的影响进行分段处理，即

$$\varepsilon_f = \begin{cases} \infty \\ D_{01}\mathrm{e}^{(D_{02}\eta)} \\ D_{01} + D_{03}\eta \\ D_1 + D_2\mathrm{e}^{(D_3\eta)} \end{cases} \tag{2.8}$$

式中，D_{01}、D_{02}、D_{03} 为材料参数，可以通过不同材料试样获得。

本书作者团队开展了不同温度、不同应变率、多种应力状态下的材料断裂实验，对应力率效应和温度效应进行修正，得到采用修正的 B-W 内聚力失稳断裂准则[22]。用等效塑性应变作为损伤因子 D 的开动准则，损伤开动的临界应变 ε_d 是一个与应力三轴度、应变率、温度相关的量，可以表示为

$$\varepsilon_d = \begin{cases} D_{01}\mathrm{e}^{(D_{02}\eta)}\left(1 + D_4\ln\dot{\varepsilon}^*\right)\left(1 + D_5 T^*\right), & -1/3 < \eta \leqslant 0 \\ \left(D_{01} + D_{03}\eta\right)\left(1 + D_4\ln\dot{\varepsilon}^*\right)\left(1 + D_5 T^*\right), & 0 < \eta \leqslant 1/3 \\ \left(D_1 + D_2\mathrm{e}^{(D_3\eta)}\right)\left(1 + D_4\ln\dot{\varepsilon}^*\right)\left(1 + D_5 T^*\right), & \eta > 1/3 \\ \infty, & \text{其他} \end{cases} \tag{2.9}$$

式中，D_{01}、D_{02}、D_{03} 与式(2.8)相同；D_1、D_2、D_3、D_4、D_5 为材料的断裂参数，可以通过材料实验获得。

一旦损伤开动，假定损伤发展随单元内部塑性变形的发展而线性增加，即

$$D = \frac{\sigma_0}{2G_c} u^p, \quad 0 \leqslant u^p \leqslant \frac{2G_c}{\sigma_0} \tag{2.10}$$

式中，σ_0 为损伤开动时刻的单元应力；G_c 为损伤开动到材料完全失效（$D=1$）时需要的断裂能量；u^p 为损伤开动后单元的塑性位移，即

$$u^p = L_{mesh} \left(\Delta \varepsilon^p \right) \tag{2.11}$$

式中，L_{mesh} 为网格特征尺寸；$\Delta \varepsilon^p$ 为塑性应变增量。

由此可见，若发生相同的等效塑性应变，大单元尺寸的损伤将超过小尺寸的损伤。事实上，当材料发生以裂纹演化为主的破坏时，局部塑性应变往往集中在小单元内，公式描述的损伤发展模型将材料的抗损伤发展通过材料的断裂能表征，既可以描述材料的分离过程，又可以减少数值计算对网格尺寸的依赖。

含损伤的材料应力 σ 与无损伤的材料等效应力 $\bar{\sigma}$ 之间的关系为

$$\sigma = (1-D)\bar{\sigma} \tag{2.12}$$

一旦损伤达到1，材料会失去承载力，可以利用单元消除技术将失效单元消除。

3. 材料模型验证

采用 ABAQUS 进行数值仿真计算，实验文献和数值仿真的比对表明，改进的 BW 模型可以较好再现 Taylor 杆高速撞击后较为复杂的花瓣状破坏模式。Taylor 杆撞击与文献实验验证如图 2.3 所示。这说明，改进的 BW 模型能较好地预测低碳钢在高应变率、复杂应力状态下的失效行为，为进一步开展膨胀环碎裂计算奠定基础。

图 2.3　Taylor 杆撞击与文献实验验证

定义应力张量的 6 个分量，更新各时间步中的应力应变参量，通过编写 VUMAT 材料程序代码，定义应力三轴度、应变率和温度对材料动态损伤特性的影响。低碳钢力学材料参数如表 2.1 所示。在 ABAQUS 开展计算时，调用子程序开展动态过程计算，最终可以得到材料动态碎裂过程及终点效应。

表 2.1　低碳钢力学材料参数[23]

A/MPa	B/MPa	n	C	m	G_c/(kN/m)	D_{01}
249.2	889	0.746	0.058	0.94	25	−6.743
D_{02}	D_{03}	D_1	D_2	D_3	D_4	D_5
0.045	1.325	0.296	1.184	−1.465	0.005	8.07

4. 膨胀碎裂过程

以初速度 100m/s 的膨胀环的膨胀过程为例，整个膨胀过程分为四个典型阶段(图 2.4)。(Ⅰ)为整体塑性阶段(0～18.03μs)：随着膨胀环膨胀，整体均匀变形，并产生较大塑性，塑性温升可达到 204K。(Ⅱ)为稳定颈缩阶段(18.03～25.2μs)：局部区域塑性变形急剧增加，并形成一系列颈缩；非颈缩区域的塑性变形停止，温度不再升高(图 2.5 中 B 点)。(Ⅲ)为局部颈缩发展阶段(25.2～29.4μs)：随着时间的推移，部分颈缩区域快速发展，温度升高进一步加快(图 2.5 中 C 点)；一部分颈缩由相邻快速发展颈缩区形成卸载波，使塑性变形受到抑制，并最终成为破片中的残余颈缩(图 2.5 中 A 点)；(Ⅳ)为最终碎裂阶段(29.4μs 以后)，局部断口形成，碎裂形成。

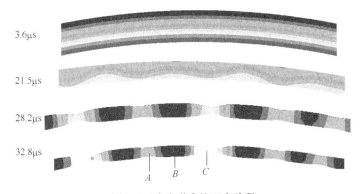

图 2.4　破片形成的四个阶段

图 2.6 所示为膨胀过程中的局部颈缩发展图。当膨胀速度为 400m/s 时，单位无量纲周长(该点沿周长方向的距离/膨胀环半径)上的颈缩为 7 个，其中有 2 个颈缩位置后期持续发展，并最终形成断口。局部颈缩发展越快，对周围颈缩区域的

抑制作用越强。当膨胀速度达到 1000m/s 时，单位无量纲周长上的颈缩为 13 个，其中 5 个在后期形成断口。断口形成的自由界面产生 Mott 卸载波，其余颈缩受其作用，应力卸载，塑性变形不再增加。由此可以验证 Mott 卸载波在破片形成过程中的重要作用。

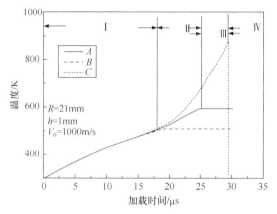

图 2.5　局部区域的塑性温升

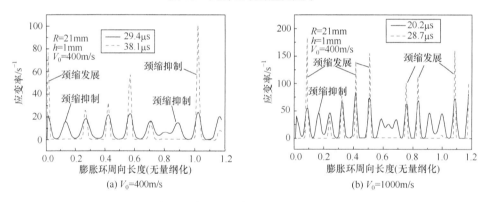

(a) V_0=400m/s　　　　　　　　　　　(b) V_0=1000m/s

图 2.6　膨胀过程中的局部颈缩发展

2.2.3　初始膨胀速度的影响

随着初始膨胀速度的增加，膨胀环的应变率呈线性增加，材料临界断裂应变增大。同时，式(2.2)表明，Mott 卸载波的传播速度降低会对最终碎裂形态产生影响。

如图 2.7 所示，不同速度的破片形态是初始膨胀速度为 400m/s、600m/s、800m/s 和 1000m/s 的膨胀环碎裂最终形态。随着初始膨胀速度的增大，破片数量逐渐增多，碎片体积逐渐减小。

表 2.2 表明，相同膨胀速度的膨胀环，最终破片数量接近但不完全相同，每

个速度计算 5 组，可以统计得到该速度下的破片总数，分别为 26、106、147 和 180 个。破片数量与初速度的关系如图 2.8 所示。

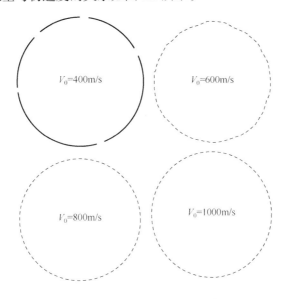

图 2.7　不同速度的破片形态

表 2.2　破片数量统计表

初速度/(m/s)	环 1 破片数	环 2 破片数	环 3 破片数	环 4 破片数	环 5 破片数	破片样本数
400	6	4	5	6	5	26
600	22	21	21	20	22	106
800	26	31	29	29	32	147
1000	35	35	33	38	39	180

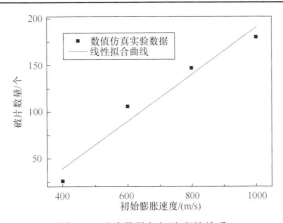

图 2.8　破片数量与初速度的关系

不同初速度膨胀环的破片分布统计如图 2.9 所示。采用 $n=2$ 的 Weibull 分布，即 Rayleigh 分布可以较好地表示其破片分布特性[5]，即

$$N(>s) = N_0 \exp\left[-\left(\frac{s - s_{\min}}{s_0}\right)^2\right], \quad s>s_{\min} \tag{2.13}$$

相应地，Rayleigh 概率密度函数为

$$n(s) = \left[\frac{2(s - s_{\min})}{s_0^2}\right]\exp\left[-\left(\frac{s - s_{\min}}{s_0}\right)^2\right], \quad s>s_{\min} \tag{2.14}$$

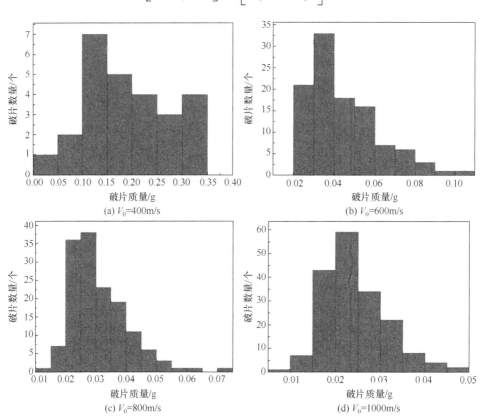

图 2.9　不同初速度膨胀环的破片分布统计

2.2.4　厚度对碎裂机理的影响

研究表明，薄壳战斗部的破坏模式主要以拉伸失效为主，但也有实验中出现剪切为主的失效模式[16]。由于侵彻舷侧外板的需要，反舰导弹战斗部外部壳体一般为中厚壳，因此需要研究战斗部厚度对战斗部碎裂机理的影响。

下面开展径厚比 $\alpha = R/(R-r)$ 分别为 0.05、0.33 和 0.4，初始膨胀速度为 500m/s 的膨胀碎裂过程的模拟。破片碎裂模式转变如图 2.10 所示。三种工况分别代表三种典型破坏模式，即局部颈缩、混合损伤、剪切损伤。

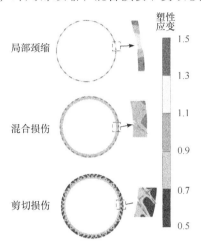

图 2.10　破片碎裂模式转变

如图 2.11 所示，随着 α 的变化，膨胀环在变形过程中应力状态发生较大改变。在变形初期，膨胀环与单轴拉伸应力状态类似，应力三轴度一直维持在 1/3。变形后期，径厚比较小(α=0.05)的环应力三轴度逐渐超过 1/3，呈现多轴拉伸趋势；径厚比较大的环应力三轴度逐渐开始下降，并低于 0。

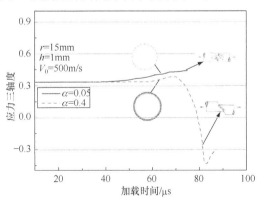

图 2.11　膨胀过程中应力三轴度的变化

应力三轴度对损伤模式转变的影响如图 2.12 所示。研究表明[24]，$\eta<-1/3$ (记为区间 1)时，材料受纯压作用，材料不发生损伤；$-1/3<\eta<0$ (记为区间 2)时，材料受力从纯压向纯剪过度，为压剪联合作用阶段，主要破坏机理为剪切破坏；$0<\eta<1/3$ (记为区间 3)时，材料受力从纯剪切向拉伸过度，为拉剪联合作用阶段，

破坏模式为延性扩孔与剪切混合模式；$\eta>1/3$(记为区间 4)时，损伤机理为延性损伤。在区间 1 中，已经从实验和理论上证明，金属材料不会发生损伤和破坏；在区间 2、3 中，金属材料主要发生剪切型损伤破坏；在区间 4 中，金属材料主要发生延性损伤破坏。

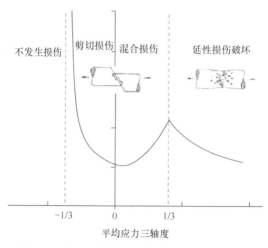

图 2.12　应力三轴度对损伤模式转变的影响[24]

上述研究表明，径厚比主要改变膨胀环变形后期的应力状态，进而改变材料的微观损伤断裂机理。中等厚度的战斗部壳体会出现拉伸-剪切混合破坏模式。

2.3　战斗部舱内爆炸压力载荷研究

舱室内部爆炸压力载荷与敞开环境有明显不同，主要体现在以下两点。

(1) 舱室壁面形成多次反射压力，作用到舱壁上的等效冲量大大增加。

(2) 爆轰产物气体无法泄出，在舱室内部形成作用时间较长的准静态气体压力载荷。

准静态气体压力对于舱室内部爆炸具有非常重要的影响，是舱内爆炸中最为重要的载荷，甚至被某些标准简化为唯一载荷[23]。国内针对舱内爆炸的研究长期以来重点关注冲击波反射与叠加，对准静态压力关注不够。

第二次世界大战以后，西方军事强国对各类封闭、半封闭结构内的爆炸进行了大量研究。早期研究认为冲击波，尤其是多次反射的冲击波是破坏结构的主要因素[24, 25]。20 世纪 60 年代以后，爆炸压力容器的研究发现[26]，准静态气体压力是容器破坏的主要原因，而非多次反射的冲击波。Weibull[27]的研究表明，准静态气体压力载荷峰值只与装药量和容积之比(W/V)有关。

2.3.1　准静态气压的理论分析

1. 化学反应基本过程

常规工程计算评估过程以标准高爆炸药 TNT 为例进行炸药化学反应过程分析。TNT 在空气中爆炸时的反应方程式为

$$C_7H_5N_3O_6 \rightarrow 2.0H_2O + 0.188CO + 5.15C + 1.66CO_2 + 1.5N_2 \tag{2.15}$$

式(2.15)表明，TNT 在空中爆炸后会产生大量的气体和燃料。在环境适宜的条件下，高温产物会与周围环境中的氧气混合发生燃烧，持续释放能量，并使封闭舱室内温度升高。通过化学平衡计算，可以得到爆炸过程释放的能量为 4.47MJ/kg，与测定的 TNT 爆炸能量(4.495～4.595MJ/kg)实验值吻合较好。

当氧气充足时，发生的化学反应为[28]

$$C_7H_5N_3O_6 + 5.25O_2 \rightarrow 1.5N_2 + 2.5H_2O + 7CO_2 \tag{2.16}$$

式(2.16)的化学平衡过程释放的能量远大于式(2.15)，说明 TNT 炸药在氧气丰富时能释放更多能量，即后续燃烧能。

研究表明，后续准静态压力的升高原因如下。

(1) 爆轰过程及后续燃烧过程均会产生大量的气体，即封闭空间的气体总量增加。

(2) 爆炸及后续燃烧效应持续放热，使封闭气体温度升高。

炸药总能量释放过程如图 2.13 所示。爆炸过程反应速度快，但作用时间较短。后续燃烧反应速度较慢，但作用时间长。在空中自由场爆炸时，后续燃烧作用释放的能量缓慢释放到大气中，对结构作用较弱，但在舱内爆炸作用时，后续燃烧持续释放大量气体并对气体加热，逐渐形成舱内爆炸准静态气体压力，并作用于舱室结构。

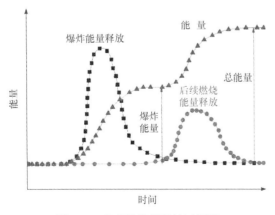

图 2.13　炸药总能量释放过程[29]

2. 基于状态方程的理论分析

TNT 炸药爆轰产物满足 JWL 方程，即

$$p = A\left(1 - \frac{\omega}{R_1\theta}\right)\exp(-R_1\theta) + B\left(1 - \frac{\omega}{R_2\theta}\right)\exp(-R_2\theta) + \omega\frac{E_V}{\theta} \tag{2.17}$$

式中，E_V 为炸药单位体积的初始内能；$\omega = \gamma - 1 = 0.35$；$A$、$B$、$R_1$ 和 R_2 均为材料常数(分别为 3770MPa、3747.1MPa、4.15 和 0.9)；θ 为体积比，即

$$\theta = \frac{V}{V_E} = \frac{\rho_E}{\rho} \tag{2.18}$$

式中，V 和 ρ 爆轰产物体积和密度；V_E 和 ρ_E 是炸药的初始体积和内能($\rho_E = 1630\text{kg}/\text{m}^3$)。

炸药与封闭箱体结构示意图如图 2.14 所示。

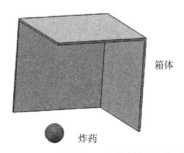

图 2.14　炸药与封闭箱体结构示意图

假设舱室密封，根据舱室内部炸药和空气的能量平衡关系，有

$$\frac{p_0}{p_0(\gamma_0 - 1)}\rho_0(V - V_E) + \Delta E_{\text{TOTAL}}\rho_E V_E = \frac{p}{(\gamma - 1)\rho}\rho V \tag{2.19}$$

式中，V_E 为炸药体积；ρ_E 为炸药密度；p_0 为大气压力，取 0.101MPa；γ_0 和 γ 为空气和爆炸混合气体的绝热指数，分别为 1.4 和 1.35；V 和 V_E 为舱室体积和炸药体积；ΔE_{TOTAL} 为炸药化学能，即

$$\Delta E_{\text{TOTAL}} = \Delta E_{\text{DET}} + \Delta E_{\text{ab}} \tag{2.20}$$

式中，ΔE_{DET} 和 ΔE_{ab} 为单位质量炸药的爆炸能和后续燃烧能，分别为 4.495 MJ/kg 和 10.01 MJ/kg，两者共同构成爆炸总能量。

对式(2.19)、式(2.20)进行变换，得到的准静态气体压力 p 为

$$p = \left[\frac{p_0}{\gamma_0 - 1}(V - V_E) + (\Delta E_{\text{DET}} + \Delta E_{\text{ab}})\rho_E V_E\right]\frac{\gamma - 1}{V} \tag{2.21}$$

进一步代入式(2.17)，可得

$$p = \left[\frac{p_0}{\gamma_0 - 1}(V - V_E) + E\rho_E V_E \right] \frac{\omega^2}{\theta V} + A\left(1 - \frac{\omega}{R_1 \theta}\right)\exp(-R_1\theta) + B\left(1 - \frac{\omega}{R_2 \theta}\right)\exp(-R_2\theta)$$

$$(2.22)$$

当舱室内氧气量充足($W/V < 0.387$)时，炸药可完全反应，即

$$E = E_{TOTAL} = \Delta E_{DET} + \Delta E_{ab} \tag{2.23}$$

当舱室内氧气量不充足($W/V \geqslant 0.387$)时，$E = \Delta E_{DET} + \mu \Delta E_{ab}$，$\mu$ 为氧参数系数，不同的炸药有一定的差异，温压炸药的值较高。不同炸药的氧参数系数应通过实验标定。

2.3.2　准静态气体压力的实验研究

1. 实验设置与实施

为研究舱内爆炸作用下装药量与舱容之比对准静态气体压力的影响规律，本节开展准静态压力实验，设计了 3 个组合式实验舱室。舱内尺寸分别为 400mm×400mm×400mm、400mm×400mm×300mm 和 400mm×400mm×200mm，既可以单独使用，也可以自由组合。400mm×400mm×400mm 的准静态压力测量实验装置及装药如图 2.15 所示。舱室设置有导线引出孔。实验所用的炸药为长径比为 1 的圆柱形 TNT 炸药，药量分别为 50g、100g 和 200g 三种规格。炸药采用 8 号雷管起爆。压力传感器采用压电式压力传感器，通过带有缓流孔的基座安装在侧壁上。

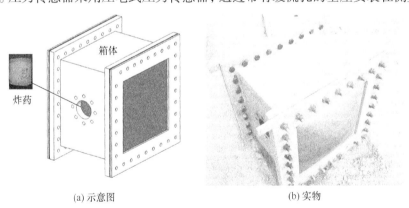

(a) 示意图　　　　　　　　　　　　　　　　(b) 实物

图 2.15　准静态压力测量实验装置及装药

为测量准静态压力，传感器量程均不大。为防止初始冲击波峰值对传感器的破坏，采用凹陷式安装方式，并在前方设置遮挡。缓流孔的存在会改变测量系统的谐振频率。缓流孔的谐振频率为[30]

$$f_n = \frac{c}{4\left(l + \frac{8d}{3\pi}\right)} \tag{2.24}$$

式中，d=3mm 为孔直径；l=3mm 为孔深度，c=340m/s 为空气中的声速。

采用式(2.24)计算得到的缓流孔谐振频率为 15.3kHz。信号上升时间 τ_r 为

$$\tau_r = \frac{1}{3f_n} \tag{2.25}$$

经计算其值为 0.022ms，满足实验要求。

2. 实验结果及分析

带缓流孔压力传感器的典型压力测试信号如图 2.16 所示。信号仍有明显的初始冲击波峰值，但由于缓流孔的存在，此时的压力并非壁面所受的真实冲击波峰值。此后，压力迅速衰减，在 12ms 左右又开始略有升高。结合对化学反应速度的分析，此处为炸药后续燃烧效应引起的气体温度升高。实验结果与公式的比对如图 2.17 所示。

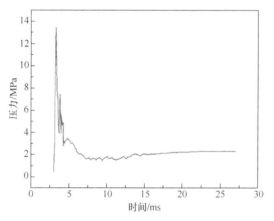

图 2.16　典型压力测试信号

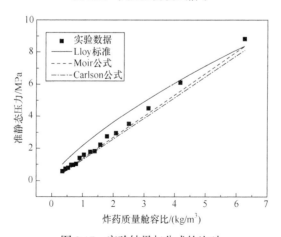

图 2.17　实验结果与公式的比对

准静态压力测试实验结果如表 2.3 所示。

表 2.3　准静态压力测试实验结果

序号	W/g	V/m³	W/V/(kg/m³)	p_{qs} / MPa
1	50	0.144	0.347	0.57
2	50	0.112	0.446	0.74
3	50	0.096	0.521	0.78
4	50	0.08	0.625	0.98
5	50	0.064	0.781	1.04
6	50	0.048	1.042	1.55
7	50	0.032	1.563	2.23
8	100	0.144	0.694	0.99
9	100	0.112	0.893	1.42
10	100	0.096	1.042	1.62
11	100	0.08	1.250	1.78
12	100	0.064	1.563	2.23
13	100	0.048	2.083	2.94
14	100	0.032	3.125	4.50
15	200	0.144	1.389	1.82
16	200	0.112	1.786	2.76
17	200	0.096	2.083	2.96
18	200	0.08	2.500	3.54
19	200	0.064	3.125	4.51
20	200	0.048	4.167	6.13
21	200	0.032	6.250	8.85

为进一步验证推论，分析炸药后续燃烧效应对准静态压力的贡献。我们采用压缩氮气瓶向舱内充入氮气的方式排出舱内空气中的氧气。采用压力传感器测量得到的有无氧气的差异如表 2.4 所示。定义氧气增益系数为空气中的准静态压力与氮气中准静态压力的比值。氧气增益系数与炸药质量舱容比的关系如图 2.18 所示。由此可知，随着炸药量不断增大，舱室空气中的氧气含量相对越来越不足。

表 2.4　有无氧气的差异

W/V/(kg/m³)	空气中 p_{qs}/MPa	氮气中 p_{qs}/MPa	比值
0.521	0.78	0.31	2.55
1.563	2.23	1.19	1.87
2.083	2.96	1.77	1.67
4.167	6.13	5.24	1.17

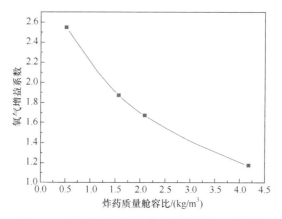

图 2.18　氧气增益系数与炸药质量舱容比的关系

2.3.3　舱内爆炸等效裸装药计算

1. 现有计算方法的不足

以某型导弹战斗部为例[4]，设战斗部总质量为 230kg，内部装填 89.1kg 炸药。以 Fisher 和修正的 Fisher 公式[12]为例，则有

$$\frac{M_{\text{EB}}}{M_{\text{charge}}} = \begin{cases} 0.2 + 0.8\big/\left(1 + M_{\text{case}}\,/\,M_{\text{charge}}\right), & \text{Fisher公式} \\ 0.6 + 0.4\big/\left(1 + M_{\text{case}}\,/\,M_{\text{charge}}\right), & \text{修正的Fisher公式} \end{cases} \tag{2.26}$$

式中，M_{EB} 为等效裸装药；M_{charge} 为实际装药量；M_{case} 为壳体质量。

不同等效裸装药计算公式如图 2.19 所示。虚线和各曲线的交点为该战斗部的裸装药等效比。

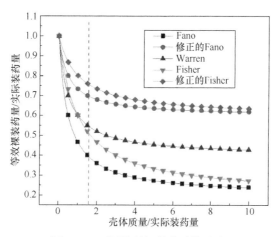

图 2.19　不同等效裸装药计算公式

不同公式计算得到的等效裸装药与原装药的比值为 0.4～0.76，差异较大。等效裸装药的评估基本都是基于冲量等效[18]，与舱内爆炸以准静态压力载荷为主有本质的区别，因此作为舱室爆炸评估和设计的依据并不妥当。

本书认为，评估舱内爆炸作用下带壳战斗部等效裸装药，衡量距离爆点最近的舱壁变形或破损可以冲量等效为原则，非近距离爆炸舱壁可以准静态压力等效为原则。

2. 基于准静态压力的等效计算

基于准静态压力的带壳战斗部等效裸装药计算采用以下基本假设。

(1) 忽略战斗部碎裂过程中的材料变形和碎裂的能量消耗。

(2) 不考虑炸药爆轰物理过程带来的时间差。

(3) 忽略战斗部壳体的端头部分，假定圆柱壳部分弹体初速度大小相同。

装药爆炸舱内爆炸能量主要由爆轰部分 ΔE_{DET} 和后续燃烧部分 ΔE_{ab} 组成，两者均对准静态气压有明显贡献。其中爆轰部分的能量并未全部形成冲击波，具体为

$$\Delta E_{\text{DET}} = E_k + E_0 + E_1 + E_2 \tag{2.27}$$

式中，E_k 为破片总动能；E_0 为破片加速过程中爆空中冲击波总能量；E_1 和 E_2 为破片加速结束后生成气体的动能和势能，它们最终转变为准静态气压作用到结构上。

此时，定义带壳战斗部舱内能量贡献因子 λ 为

$$\lambda = \frac{E_a}{\Delta E_{\text{DET}}} = \frac{E_0 + E_1 + E_2}{E_k + E_0 + E_1 + E_2} \tag{2.28}$$

式中，E_a 为带壳战斗部作用到舱内气体中的总能量。

战斗部装药内径为 a。假设爆轰过程结束后，战斗部壳体初速度为 v_0。如图 2.20 所示，在任意半径 r 处，其速度为

$$v = v_0 \frac{r}{a} \tag{2.29}$$

总动能 E_{kT} 为战斗部外部壳体和爆轰产物动能之和，即

$$E_{\text{kT}} = \frac{1}{2} \sum m_i v_0^2 + \frac{1}{2} \int v^2 \mathrm{d}m_g \tag{2.30}$$

假设破片质量为 m_i。对于爆轰产物，质量单元 $\mathrm{d}m_g$ 为

$$\mathrm{d}m_g = \rho \mathrm{d}v = 2\pi r \rho \mathrm{d}r \tag{2.31}$$

式中，ρ 为炸药密度。

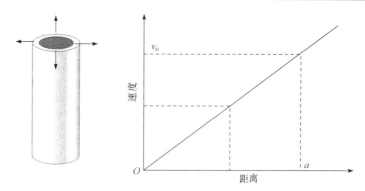

图 2.20　战斗部壳体初速度形成过程示意图

根据假设，所有破片的初速度相同。将式(2.31)代入式(2.29)，根据忽略战斗部端头质量的假设，有

$$\sum m_i = M_{\text{case}} \tag{2.32}$$

式中，M_{case} 为战斗部外壳质量。

此时有

$$E_{\text{kT}} = \frac{1}{2} M_{\text{case}} v_0^2 + \frac{1}{2} \int_0^a v_0^2 \frac{r^2}{a^2} 2\pi r \rho \mathrm{d}r \tag{2.33}$$

又由 $\pi a^2 \rho = M_{\text{charge}}$，此时有

$$E_{\text{kT}} = \frac{1}{2} M_{\text{case}} v_0^2 + \frac{1}{4} M_{\text{charge}} v_0^2 \tag{2.34}$$

对式(2.34)处理，得到的圆柱形装药 Gurney 公式为[31]

$$v_0 = \sqrt{2E} \sqrt{\frac{M_{\text{charge}} / M_{\text{case}}}{1 + 0.5 M_{\text{charge}} / M_{\text{case}}}} \tag{2.35}$$

式中，v_0 为破片初速；M_{charge} 为装药量；$\sqrt{2E}$ 为 Gurney 常数或 Gurney 比能，即式(2.34)中的 E_{kT}。

Gurney 比能 $\sqrt{2E}$ 与炸药的爆速 D_e 呈线性关系，其方程为

$$\sqrt{2E} = 520 + 0.28 D_e \tag{2.36}$$

破片部分消耗的动能为

$$E_k = \frac{1}{2} M_{\text{case}} v_0^2 \tag{2.37}$$

式中，v_0 为破片初始速度。

将式(2.37)、式(2.30)代入式(2.22)，整理后有

$$\frac{M_{EB}}{M_{charge}} = \frac{\left[\dfrac{p_0}{\gamma_0-1}(V-V_E)+(\Delta E_{DET}+\Delta E_{ab})\rho_E V_E\right]\dfrac{\omega^2}{\theta V}+A\left(1-\dfrac{\omega}{R_1\theta}\right)\exp(-R_1\theta)+B\left(1-\dfrac{\omega}{R_2\theta}\right)\exp(-R_2\theta)}{\left[\dfrac{p_0}{\gamma_0-1}(V-V_E)+(\lambda\Delta E_{DET}+\Delta E_{ab})\rho_E V_E\right]\dfrac{\omega^2}{\theta V}+A\left(1-\dfrac{\omega}{R_1\theta}\right)\exp(-R_1\theta)+B\left(1-\dfrac{\omega}{R_2\theta}\right)\exp(-R_2\theta)}$$

$$(2.38)$$

2.4　基于冲量饱和的等效压力载荷

2.4.1　载荷模型及破坏模式

1. 舱内爆炸载荷模型

　　反舰导弹在舰船舱室内部爆炸时，首先会产生幅值极高，作用时间很短的冲击波载荷。冲击波载荷过后，产生的幅值较低，但存在时间很长的准静态压力载荷[32]。UFC-3-340-02[9]把内部爆炸载荷简化为两折线的载荷。舱内爆炸载荷简化模型如图 2.21 所示。

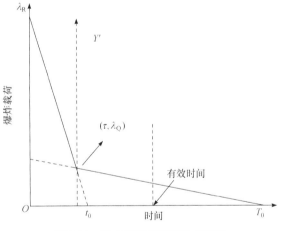

图 2.21　舱内爆炸载荷简化模型[9]

　　如图 2.21 所示，$\lambda_R = P_R / P_y$，是冲击波载荷峰值 P_R 与舱壁板最小压溃静力 P_y 的比值，在冲击波载荷作用时间 τ，冲击波加载阶段结束，进入准静态压力作用阶段，$\lambda_Q = P_Q / P_y$，是准静态压力峰值 P_Q 与舱壁板最小压溃静力 P_y 的比值。冲击波载荷与时间轴的交点在 t_0 时刻，准静态载荷与时间轴交点在 T_0 时刻。

　　2. 矩形板破坏模式及屈服条件

　　设受内部爆炸载荷的矩形板长为 $2L$，宽度为 $2B$，厚度为 H，固支矩形板破坏模式图如图 2.22 所示[33]。矩形板四周固支，W 是板中心的横向塑性位移，$\dot{W}$ 是板中心的最大横向速度，ϕ 表征矩形板塑性铰形成的位置，由矩形板尺寸控制。塑性铰线将矩形板分成四个部分，根据对称性原理，研究对象为三角形区域 I 和梯形区域 II。

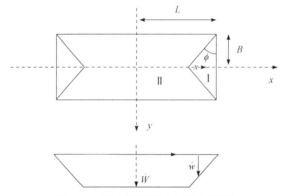

图 2.22　固支矩形板破坏模式图[33]

材料采用理想刚塑性模型，屈服强度为 σ_y，屈服条件采用 Mises 外接正方形屈服条件简化分析。材料的屈服曲线如图 2.23 所示[34]。

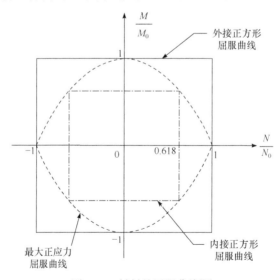

图 2.23　材料的屈服曲线[34]

2.4.2　冲击加载阶段分析

爆炸载荷使舱壁结构发生塑性变形，在这个过程中，弯曲应力和膜应力都会做功。在图 2.22 所示的破坏模式中，屈服条件为 $M=M_0$、$N=N_0$，M 和 N 分别为作用于过塑性铰线且垂直于中面的膜力和弯矩。M_0 是单位宽度舱壁的极限弯矩，N_0 是单位宽度的极限应力，即

$$M_0 = \sigma_y H^2 / 4 \tag{2.39}$$

$$N_0 = \sigma_y H = 4M_0 / H \tag{2.40}$$

式中，H 为矩形板厚度；σ_y 为材料的屈服应力。

对于初始平坦、变形后形成由 r 条长度为 l_m 的直塑性铰线分隔离的几个刚性区域的理想刚塑性平板，能量的控制方程表达式为[35]

$$\int_A (P - \mu\ddot{w})\dot{w}\mathrm{d}A = \sum_{m=1}^{r} \int_{l_m} (M_0 + N_0 w)\dot{\theta}_m \mathrm{d}l_m \tag{2.41}$$

式中，P 为爆炸载荷；μ 为单位面积舱壁的质量；w 为铰链处的横向位移；A 为受载区域的面积；r 为塑性铰线的数量；$\dot{\theta}_m$ 为塑性铰线的相对角速度；l_m 为对应塑性铰线的长度。

积分计算可以得到舱壁的变形控制方程，即

$$n_1\ddot{W} + n_2 W = 2(\lambda - 1) \tag{2.42}$$

式中，λ 为外载荷 P 与舱壁板最小压溃静力 P_y 的比值，$\lambda = P / P_y$；n_1 和 n_2 为

$$n_1 = \frac{\mu B^2 (2 - \beta \tan\phi)}{3M_0 (1 + \beta \cot\phi)} \tag{2.43}$$

$$n_2 = \frac{4\left[1 + (1 - \beta\tan\phi)/(1+\beta\cot\phi)\right]}{H} \tag{2.44}$$

式中，$\beta = B / L$。

舱内爆炸载荷简化模型中的第一段直线代表冲击波载荷，幅值极高，作用时间很短。如图 2.21 所示，简化冲击波载荷表达式为

$$P = \left(1 - \frac{t}{t_0}\right) P_R \tag{2.45}$$

代入舱壁的变形控制方程中，可得

$$n_1\ddot{W}_1 + n_2 W_1 = 2\left[\left(1 - \frac{t}{t_0}\right)\lambda_R - 1\right] \tag{2.46}$$

舱壁变形控制微分方程通解的形式为

$$W_1 = C_1 \cos kt + C_2 \sin kt \tag{2.47}$$

舱壁变形初始条件为 $W_1 = 0$、$\dot{W}_1 = 0$，微分方程特解取 $W = 2[(1 - t/t_0)\lambda_R - 1] / n_2$，

求解微分方程，可得冲击波加载阶段的控制方程表达式，即

$$\frac{n_2}{2}W_1 = (1-\lambda_R)\cos n_3 t + (\lambda_R / n_3 t_0)\sin n_3 t + (1 - t/t_0)\lambda_R - 1 \tag{2.48}$$

式中，$n_3 = \sqrt{n_2 / n_1} = \sqrt{\dfrac{12M_0\left(2 + \beta\cot\phi - \beta\tan\phi\right)}{\mu HB^2\left(2 - \beta\tan\phi\right)}}$。

当 $\dot{W}_1 = 0$ 时，舱壁变形取最大值，设该时刻对应的时间为有效作用时间 t^{sat}，因此有

$$\frac{n_2}{2}\dot{W}_1 = -n_3(1-\lambda_R)\sin n_3 t^{\mathrm{sat}} + (\lambda_R / t_0)\cos n_3 t^{\mathrm{sat}} - \frac{\lambda_R - 1}{t_0} = 0 \tag{2.49}$$

利用三角函数恒等变换可得

$$\tan\frac{n_3 t^{\mathrm{sat}}}{2} = \frac{\left(\lambda_R - 1\right)n_3 t_0}{\lambda_R} \tag{2.50}$$

有效作用时间 t^{sat} 的表达式为

$$n_3 t^{\mathrm{sat}} = 2\arctan[n_3 t_0(\lambda_R - 1)/\lambda_R] \tag{2.51}$$

当细长比 $\beta = 1$，即舱壁板是方板时，取 N_3 是长度为 $2B$，厚度为 H 的方板 n_3 的计算值，即

$$N_3 = \sqrt{\frac{24M_0}{\mu HB^2}} \tag{2.52}$$

不同峰值载荷(λ_R)下 $N_3 t^{\mathrm{sat}}$ 与 $N_3 t_0$ 的关系如图 2.24 所示。

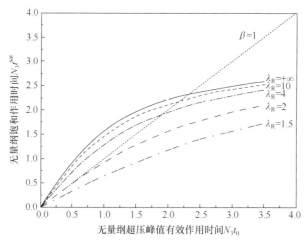

图 2.24   不同峰值载荷(λ_R)下 $N_3 t^{\mathrm{sat}}$ 与 $N_3 t_0$ 的关系

图中绘制了一条 $N_3 t^{\text{sat}} = N_3 t_0$ 的虚线，将平面分成两部分，当结果分布在右下区域，即 $N_3 t^{\text{sat}} < N_3 t_0$ 时，舱壁在冲击波作用阶段冲量达到饱和，存在饱和作用时间；当结果分布在左上区域，即 $N_3 t^{\text{sat}} > N_3 t_0$ 时，舱壁在冲击波作用阶段冲量不饱和。可以看出，对于同一舱壁，无量纲饱和作用时间 $N_3 t^{\text{sat}}$ 随着无量纲超压峰值 λ_{R} 的增大而增加，但最大值不会超过 π / N_3；当 $\lambda_{\text{R}} \leqslant 2$ 时，随时间线性衰减的冲击波载荷总是存在有效作用时间发生冲量饱和现象。当 $N_3 t_0 > 2.332$ 时，总会存在一个有效作用时间发生总冲量饱和现象。无量纲峰值载荷 λ_{R} 和无量纲载荷有效作用时间 $N_3 t_0$ 对冲量饱和区域的影响如图 2.25 所示。

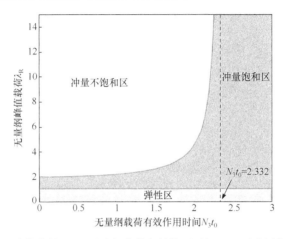

图 2.25　无量纲峰值载荷 λ_{R} 和无量纲载荷有效作用时间 $N_3 t_0$ 对冲量饱和区域的影响

在 $0 < \lambda_{\text{R}} < 1$ 区域，舱壁不会发生塑性变形；在 $1 < \lambda_{\text{R}} \leqslant 2$ 区域，冲量饱和现象总是存在；在 $\lambda_{\text{R}} > 2$ 区域，仅在 $N_3 t_0$ 足够大，即冲击波脉宽较长时，才发生冲量饱和现象。当 $N_3 t_0 > 2.332$ 时，冲量饱和现象一直存在，若 $N_3 t_0$ 趋近无穷大，冲击波载荷曲线将成为一条平行于时间轴的直线，意义是冲击波载荷不随时间变化，恒为 λ_{R}，此时有效作用时间为 π / N_3，和冲击波幅值 λ_{R} 无关。

对于普通的矩形舱壁，假设冲击波峰值一定，可以把舱壁形状对有效作用时间的影响以图像表示，如图 2.26 所示。其中，β 是舱壁宽度与长度的比值。

可以看出，随着 β 减小，舱壁达到冲量饱和的时间会增加。在载荷持续时间足够大时，宽度为 $2B$，两端固支梁($\beta = 0$)的冲量饱和时间是长度为 $2B$ 方板冲量饱和时间的 $\sqrt{2}$ 倍，取值 $t^{\text{sat}} = \sqrt{2}\pi / N_3$。在 $\lambda_{\text{R}} = 10$ 的情形下，长宽比 β 和无量纲载荷有效作用时间 $N_3 t_0$ 对冲量饱和区域的影响如图 2.27 所示。

可以看出，在相同爆炸冲击载荷下，载荷持续时间足够长时，不同细长比的舱壁都会出现冲量饱和现象。

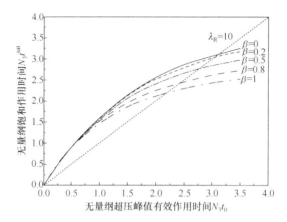

图 2.26　不同长宽比(β)下 $N_3 t^{\text{sat}}$ 与 $N_3 t_0$ 的关系

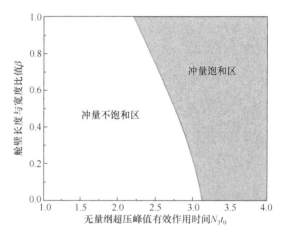

图 2.27　长宽比 β 和无量纲载荷有效作用时间 $N_3 t_0$ 对冲量饱和区域的影响

2.4.3　准静态加载阶段分析

1. 理论分析

考虑舰船舱室内部爆炸冲击波峰值作用时间极短，峰值超压很大，由图 2.25 可知，舱内爆炸冲击波加载阶段一般不会发生饱和冲量现象。随着冲击波加载结束，舱内爆炸载荷主要是准静态压力载荷，等效模型中第二段直线代表准静态压力载荷。准静态压力载荷的特点是幅值较小，存在时间很长，在准静态加载阶段会发生冲量饱和现象。

冲击波加载阶段结束后，进入准静态加载阶段。利用舱内爆炸载荷简化模型中的局部坐标系 Y'，可以把准静态加载阶段舱壁变形的控制方程写为

$$\frac{n_2}{2}W_2 = C_3 \cos n_3 t + C_4 \sin n_3 t + \left(1 - \frac{t}{T_0}\right)\lambda_Q - 1 \tag{2.53}$$

式中，C_3 和 C_4 为常数，由微分控制方程的初始条件解得；t 为局部坐标系中的时间。

由于运动的连续性，在 $t = 0$ 时刻，$W_2 = W_1$、$\dot{W}_2 = \dot{W}_1$，W_1 和 $\dot{W}_1$ 为冲击波加载结束时刻舱壁的位移和速度。代入式(2.15)可得

$$\frac{n_2}{2}W_2 = \left(1 - \lambda_Q + \frac{n_2}{2}W_1\right)\cos n_3 t + \frac{\frac{n_2}{2}\dot{W}_1 T_0 + \lambda_Q}{n_3 T_0}\sin n_3 t + \left(1 - \frac{t}{T_0}\right)\lambda_Q - 1 \tag{2.54}$$

在准静态加载阶段，变形控制方程如式(2.16)所示。根据变形控制方程，固支方板的无量纲挠度 n_2W 随无量纲时间 $N_3 t$ 的变化如图 2.28 所示，随着冲击波作用时间的增加，板的最大挠度也逐渐增加。

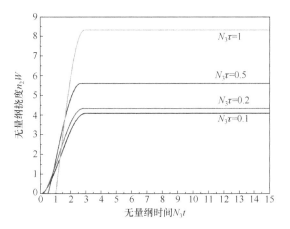

图 2.28　无量纲挠度 n_2W 随无量纲时间 $N_3 t$ 的变化

令 $\partial W_2 / \partial t = 0$，可以得到舱壁速度为零的时刻，即总冲量到达饱和的时刻。为了简化计算，根据舱内爆炸载荷的特点，这里做以下两个假设。

(1) 冲击波作用时间极短，加载结束后舱壁变形对后续位移结果不产生影响，初始速度变为 $\dot{W}_1$。

(2) 密闭舱室内准静态压力载荷存在的时间 $T_0 \gg t_0$。

此时，式(2.16)中，$\dot{W}_1 = \dfrac{(P_R + P_Q)\tau}{2\mu}$。由此可以得到准静态加载阶段冲量饱和时间，即

$$n_3 t^{\text{sat}} = \arctan \frac{n_2 \dot{W}_1}{2n_3(\lambda_Q - 1)} \tag{2.55}$$

式中，t^{sat} 和局部坐标系中准静态压力载荷发生冲量饱和现象的时刻；τ 为舱内爆炸冲击波载荷作用的时间。

2. 有限元分析

下面利用 ABAQUS 显式研究典型舱内爆炸压力作用下固支弹塑性方板的饱和现象。方形板仿真计算结构和材料参数如表 2.5 所示。在有限元模型中，材料定义为双线性各向同性硬化材料。板被网格划分为 50×50 的壳单元。

表 2.5　方形板仿真计算结构和材料参数

参数	取值
板边长 2B	1000mm
板厚 H	10mm
密度 ρ	7800kg/m³
杨氏模量 E	210GPa
屈服应力	235MPa

参考图 2.28 无量纲挠度 n_2W 随无量纲时间 N_3t 的变化，仿真计算压力载荷设置与理论分析时相同，$\lambda_R = 10$，$\lambda_Q = 2$，$N_3\tau = 0.1$、0.2、0.5、1，计算结果如图 2.29 所示。图 2.29 给出了不同加载条件下，固支方板的无量纲挠度 n_2W 随无量纲时间 N_3t 的变化规律。与理论计算不同，仿真计算在板中心点达到最大挠度后开始出现弹性变形，仿真计算的无量纲挠度 n_2W 包含最大饱和挠度 $n_2W_m^{sat}$ 和最终饱和挠度 $n_2W_f^{sat}$，其中最终饱和挠度取值为板中心点变形的平均值，分别以空心圆点和

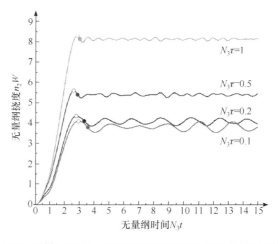

图 2.29　无量纲挠度 n_2W 随无量纲时间 N_3t 的变化(仿真计算)

实心圆点表示。可以看出，板在舱内爆炸载荷下的最大饱和挠度 $n_2W_m^{sat}$ 和最终饱和挠度 $n_2W_f^{sat}$ 均出现在准静态加载阶段，且达到最大饱和挠度后，板的挠度不再随无量纲时间 N_3t 的增大而增大。

2.4.4   参数影响

影响饱和作用时间 N_3t^{sat} 和饱和位移 n_2W^{sat} 的载荷参数包括 λ_R、λ_Q、$N_3\tau$。下面分开讨论载荷参数对饱和作用时间 N_3t^{sat} 和饱和位移 n_2W^{sat} 的影响。

1. 载荷参数 λ_R 对饱和作用时间 N_3t^{sat} 和饱和位移 n_2W^{sat} 的影响

如图 2.30 所示，随着 λ_R 的增大，饱和作用时间 N_3t^{sat} 逐渐减小。当 $N_3\tau = 0.2$ 时，饱和作用时间 N_3t^{sat} 随 λ_Q 的增加而增加。当 $\lambda_Q = 2$ 时，λ_R 较小时，饱和作用时间较为接近，随着 λ_R 的增大，饱和作用时间降低较快。当 $\lambda_R > 20$ 时，饱和作用时间的下降速度逐渐平缓，且不同 $N_3\tau$ 下的饱和作用时间的差距逐渐增大。当 $N_3\tau = 0.2$ 时，饱和作用时间 N_3t^{sat} 随 λ_R 的变化趋势有所区别，当 λ_R 较小时，饱和作用时间大于其他情况；当 λ_R 足够大时，饱和作用时间小于其他情况，饱和作用时间 N_3t^{sat} 随 $N_3\tau$ 的增加而增加。

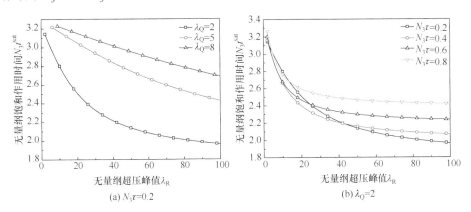

(a) $N_3\tau=0.2$ (b) $\lambda_Q=2$

图 2.30   无量纲饱和作用时间 N_3t^{sat} 随无量纲超压峰值 λ_R 的变化

如图 2.31 所示，随着 λ_R 的增大，无量纲饱和挠度 n_2W^{sat} 逐渐增大。当 $N_3\tau = 0.2$ 时，无量纲饱和挠度 n_2W^{sat} 随 λ_Q 的增加而增加，曲线增长趋势近似。当 $\lambda_Q = 2$ 时，无量纲饱和挠度 n_2W^{sat} 与 λ_R 具有近似线性关系，n_2W^{sat} 的增长率随 $N_3\tau$ 的增加而增加。当 $\lambda_Q = 2$ 时，n_2W^{sat} 基本一致，随着 λ_R 的增大，n_2W^{sat} 的差距逐渐增大。

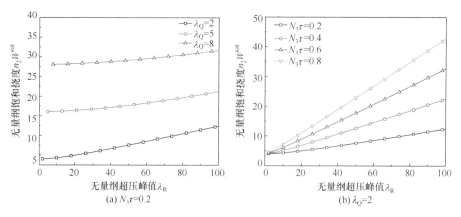

图 2.31　无量纲饱和挠度 $n_2 W^{\mathrm{sat}}$ 随无量纲超压峰值 λ_R 的变化

2. 载荷参数 λ_Q 对饱和作用时间 $N_3 t^{\mathrm{sat}}$ 和饱和位移 $n_2 W^{\mathrm{sat}}$ 的影响

如图 2.32 所示,无量纲饱和作用时间 $N_3 t^{\mathrm{sat}}$ 随无量纲超压峰值 λ_Q 的增加而增加。随着 λ_Q 的增大,饱和作用时间 $N_3 t^{\mathrm{sat}}$ 的增长趋势逐渐平缓,当 $\lambda_Q > 10$ 时,曲线接近水平,即随着 λ_Q 的增大,$N_3 t^{\mathrm{sat}}$ 不再增加。当 $N_3 \tau = 0.2$ 时,不同 λ_R 下 $N_3 t^{\mathrm{sat}}$ 的变化趋势基本一致,$N_3 t^{\mathrm{sat}}$ 与 λ_R 成反比。当 $\lambda_R = 10$ 时,λ_Q 较小时,$N_3 t^{\mathrm{sat}}$ 随着 $N_3 \tau$ 的变化先减小后增大,随着 λ_Q 的增大,$N_3 t^{\mathrm{sat}}$ 随 $N_3 \tau$ 的增大而增大。

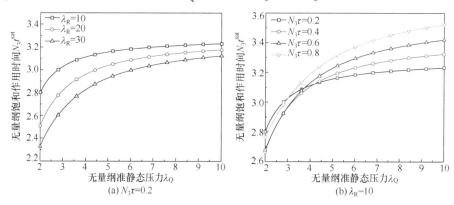

图 2.32　无量纲饱和作用时间 $N_3 t^{\mathrm{sat}}$ 随无量纲准静态压力 λ_Q 的变化

如图 2.33 所示,随着 λ_Q 的增大,无量纲饱和挠度 $n_2 W^{\mathrm{sat}}$ 逐渐增大。当 $N_3 \tau = 0.2$ 时,不同 λ_R 时的无量纲饱和挠度 $n_2 W^{\mathrm{sat}}$ 基本重合。当 $\lambda_R = 10$ 时,无量纲饱和挠度 $n_2 W^{\mathrm{sat}}$ 与 λ_Q 近似正比关系。

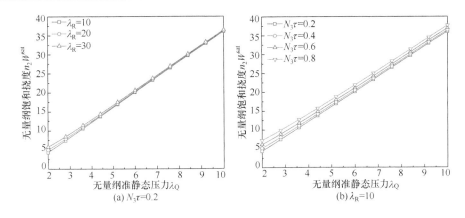

图 2.33 无量纲饱和挠度 n_2W^{sat} 随无量纲准静态压力 λ_Q 的变化

3. 载荷参数 $N_3\tau$ 对饱和作用时间 N_3t^{sat} 和饱和位移 n_2W^{sat} 的影响

如图 2.34 所示，当 $\lambda_R=10$，$\lambda_Q=2$ 时，无量纲饱和作用时间 N_3t^{sat} 随无量纲峰值作用时间 $N_3\tau$ 的增加先减小后增加。随着 λ_Q 的增大，N_3t^{sat} 的变化趋势逐渐变为单调递增，即当 $\lambda_Q=5,8$ 时，无量纲饱和作用时间 N_3t^{sat} 随无量纲峰值作用时间 $N_3\tau$ 的增加而增加。当 $\lambda_Q=2$ 时，随无量纲峰值作用时间 $N_3\tau$ 的增加，无量纲饱和作用时间 N_3t^{sat} 呈现先减小后增加的趋势。随着 λ_R 的增大，N_3t^{sat} 逐渐减小。

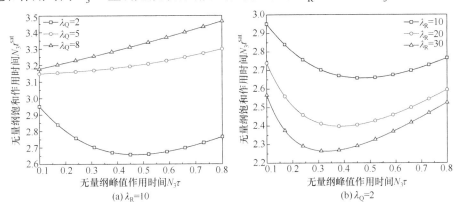

图 2.34 无量纲饱和作用时间 N_3t^{sat} 随无量纲峰值作用时间 $N_3\tau$ 的变化

如图 2.35 所示，无量纲饱和挠度 n_2W^{sat} 均随无量纲峰值作用时间 $N_3\tau$ 的增加而增加。当 $\lambda_R=10$ 时，n_2W^{sat} 的增长趋势基本一致，随着 λ_R 的增大，n_2W^{sat} 逐渐增加。当 $\lambda_Q=2$ 时，n_2W^{sat} 的增长率随 λ_R 的增大而增加。

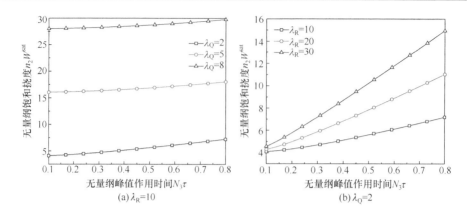

(a) $\lambda_R=10$　　　　　　　　　　(b) $\lambda_Q=2$

图 2.35　无量纲饱和挠度 $n_2 W^{sat}$ 随无量纲峰值作用时间 $N_3 \tau$ 的变化

2.5　战斗部整体载荷特性实验研究

2.5.1　实验设置与实施

为分析战斗部舱内爆炸的载荷特性，验证基于冲量等效和基于准静态压力等效的等效裸装药计算方法，开展两种带壳战斗部实验(6 种工况)。两种实验用的带壳战斗部分别为 76mm 和 113mm(图 2.36)。其中，113mm 战斗部内部装填高聚物黏结炸药(Polymer bonded explosive，PBX)，76mm 战斗部内部装填 TNT 炸药，外部壳体均采用 30CrMnNi2A 热处理材料。实验采用 8 号雷管引爆。

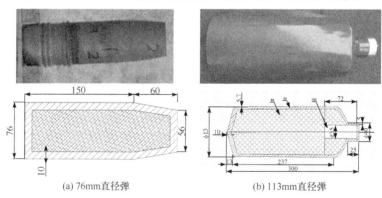

(a) 76mm 直径弹　　　　　　　　(b) 113mm 直径弹

图 2.36　实验用带壳战斗部(单位：mm)

为测量爆炸破片速度，获取更多爆炸破片测量平均质量，部分工况采用空中自由场爆炸。实验采用间隔式通断网靶测量破片速度，用压力传感器测量压力。带壳战斗部实验工况如表 2.6 所示。

表 2.6 带壳战斗部实验工况

工况	战斗部	爆炸形式	舱室形式
1	76mm 弹	空中爆炸	—
2	76mm 弹	空中爆炸	—
3	76mm 弹	舱内爆炸	2m×2.5m×4m
4	76mm 弹	舱内爆炸	2m×2.5m×4m
5	113mm 弹	舱内爆炸	0.8m×6m×4m
6	113mm 弹	舱内爆炸	0.8m×3m×4m

2.5.2 战斗部爆炸物理过程

76mm 带壳战斗部空中爆炸毁伤靶板的过程(工况 1)如图 2.37 所示，分为 4 个阶段。

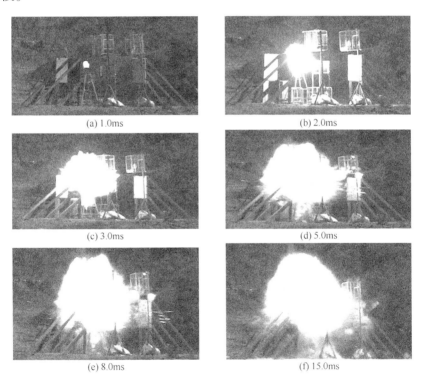

图 2.37 战斗部爆炸物理过程(工况 1)

(1) 战斗部点火后，内部装药迅速爆轰，驱动外部壳体膨胀、碎裂，并形成爆炸破片，内部爆轰产物泄出，之后出现一个小火球。

(2) 火球迅速膨胀，与此同时，爆炸破片驱动完成并在空气中飞行，依次穿过前测速网靶和后测速网靶，爆炸冲击波形成并向外传播。

(3) 爆炸冲击波先到达靶板，爆炸破片随后到达并侵彻混凝土板，在混凝土板前溅起大量碎屑。

(4) 爆炸破片侵彻靶板，火球到达并作用于靶板，整个作用过程结束。

2.5.3 战斗部爆炸破片载荷

回收的爆炸破片如图 2.38 所示。爆炸破片质量大小不一，且形状各异。断口表面主要有拉伸型破片和剪切型破片两种不同形式。76mm 弹通过软木和沙土回收爆炸破片 1236 颗，回收到的破片平均质量约为 14.6g。113mm 弹共收集到 314 块，平均每块破片质量为 7.6g；质量大于 15g 的破片数量为 7，质量大于 8g 小于 15g 的破片数量为 85，质量小于 8g 的破片数量为 222。

(a) 76 mm弹回收破片

(b) 113 mm弹大质量破片

(c) 113 mm弹中等质量破片

(d) 113 mm弹小质量破片

图 2.38　回收的爆炸破片

对比发现，采用理论公式计算的大质量破片数量结果误差较大，误差为 242%。原理论公式主要基于圆柱形壳体进行推导，而大质量破片主要来自端头，当一端起爆时，端头相当于一维加速，速度梯度较小[36]，不易形成破片，导致大质量破片数量少但单个质量较大，实验现象与文献实验结论一致[37]。中等质量破片误差为 41.1%。小质量破片计算较准确，误差仅为 10.5%。回收破片质量区间对比如表 2.7 所示。

表 2.7 回收破片质量区间对比

质量区间	理论公式/块	实验结果/块	误差/%
>15g	24	7	242
8g～15g	120	85	41.1
<8g	180	222	18.1
平均质量	6.8	7.6	10.5

通断网靶信号如图 2.39 所示。点 1 和点 2 分别为爆炸破片撞断前后通断网靶的时刻，通过计算两者的时间间隔和固定距离，可以计算得到爆炸破片的速度。图 2.39(a)中前后网靶之间的距离为 0.35m，时间间隔为 0.338ms，爆炸破片速度为 1035.5m/s；点 3 和点 4 分别为前后测速网靶在爆炸冲击波和破片作用下，导线瞬时接通。图 2.39(b)为 113mm 弹测速网靶的通断信号，计算得到的破片速度为 1820.7m/s，与理论计算值 2218m/s，误差为 17.9%。这说明，理论公式对于预测圆柱形战斗部破片速度具有一定的准确性，可用于工程计算与评估。

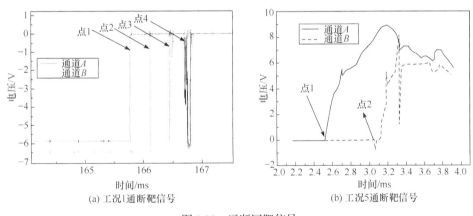

(a) 工况1通断靶信号　　　　(b) 工况5通断靶信号

图 2.39 通断网靶信号

2.5.4 战斗部爆炸压力载荷

对于工况 1，距离 4m 处的爆炸冲击波如图 2.40 所示。2.44ms 时，出现一个类似于加速度信号的干扰，分析为爆炸破片击中传感器基础引起的压力传感器冲击振动。3.16ms 时，出现的压力峰值为 202.6kPa，此后呈指数衰减，并进入持续

时间较长的负压区，负压峰值出现在 5.84ms，值为–22.51kPa。冲量曲线表明，在
3.16ms 时迅速增加，并在 4.76ms 时达到峰值 78.6Pa·s，此后由于负压作用逐渐
衰减，并在 17.08ms 达到波谷值–103.80Pa·s。距离爆炸冲击 4m 时，爆炸破片先
于冲击波到达。

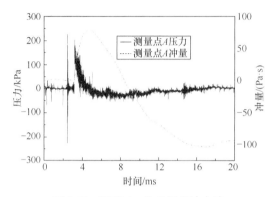

图 2.40　距离 4m 处的爆炸冲击波

对于工况 1，距离 5m 处的爆炸冲击波如图 2.41 所示。峰值出现在 4.21ms，
峰值为 134.25kPa，此后指数衰减进入一个持续时间较长的负压区，波谷值出现在
8.77ms，其值为–21.16kPa，并逐渐归于大气压力。冲量曲线表明，冲量从 4.21ms
处开始明显增加，并在 6.24ms 达到峰值 124.05kPa，此后逐渐减小至 0。对比表
明，距离越远，冲击波峰值越小，且正压作用时间越大。

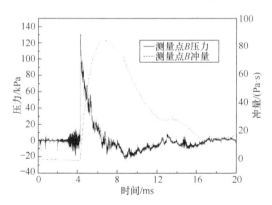

图 2.41　距离 5m 处的爆炸冲击波

爆炸能量一部分产生爆炸冲击波，另一部分驱动外部壳体碎裂并形成高速破
片群。此时，等效冲击波的强度低于裸装药的冲击波强度。通过基于冲量等效的
方法对实验数据进行处理，冲量等效的等效裸装药计算公式验证如图 2.42 所示。
这说明，改进的 Fisher 公式对带壳战斗部爆炸冲击波强度的预测更为准确。

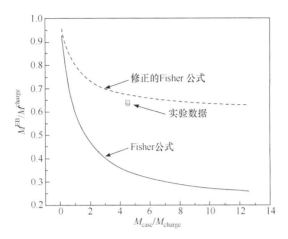

图 2.42　冲量等效的等效裸装药计算公式验证

以工况 3 和工况 4 为参照，计算得到的等效裸装药约为 0.655kg。等效裸装药效果验证实验以模型侧面舱壁典型强肋骨最大挠度为参考对象，取 $\chi = d_{EB} / d_{charge}$，其中 d_{EB} 为等效裸装药爆炸时测点变形值，d_{charge} 为带壳弹爆炸时测点变形值。经验证，$\chi = 1.05$，接近 1。这说明，等效裸装药计算方法有一定的准确性。

2.6　本　章　小　结

本章采用数值仿真方法结合一维膨胀环膨胀碎裂过程揭示战斗部爆炸破片形成机理，探讨 Mott 卸载波在战斗部破片控制中的重要作用，研究膨胀速度对破片质量分布特性的影响规律，分析壳体厚度变化对战斗部碎裂特性影响的规律。基于炸药的化学反应方程分析后续燃烧对舱内爆炸准静态压力的重要影响，结合 JWL 方程给出准静态方程的预测公式，进行实验验证；开展战斗部空中和舱内爆炸实验，验证破片速度、质量计算公式，结合实验结果确认基于冲量的等效裸装药计算公式，验证基于准静态压力的理论公式。

(1) 战斗部膨胀碎裂过程可分为整体塑性阶段、稳定颈缩阶段、局部颈缩发展阶段和最终碎裂形成阶段。局部颈缩发展形成的 Mott 卸载波对邻近区域的应力卸载作用明显，会抑制邻近颈缩的进一步发展。随着初始膨胀速度的增大，破片数量呈线性增加，且破片质量分布服从 Rayleigh 分布。

(2) 径厚比能显著影响碎裂机理，随着径厚比的增大，碎裂模式逐渐从延性颈缩失稳破坏过渡到延性破坏与剪切破坏交替的混合破坏模式，并最终过渡到剪切带破坏。破坏模式改变的主要原因是膨胀环变形后期应力状态的差异。

(3) 准静态压力作为舱内爆炸最重要的压力载荷，既与炸药爆炸过程直接相关，也受后续燃烧效应的影响。随着炸药舱容比的增大，氧气增益系数逐渐减小。

（4）舱内爆炸载荷总冲量会发生饱和现象，矩形板冲量达到饱和后，虽然舱内爆炸载荷继续作用，但是舱壁变形不会进一步增大。初始冲击波作用阶段，即载荷为线性衰减压力脉冲，矩形板的饱和作用时间随峰值载荷的增加而增加，但最大值不会超过 π/N_3。矩形板的饱和作用时间随长宽比的增加而减小，两端固支梁（$\beta=0$）的冲量饱和时间是长度为 $2B$ 方板冲量饱和时间的 $\sqrt{2}$ 倍。在宽度相同时，矩形舱壁有效作用时间比方形舱壁长，受到的总冲量较大，在结构设计时应该对矩形舱壁进行针对性加强。准静态压力作用阶段，饱和作用时间和饱和挠度与载荷参数关系密切，随着载荷参数规律性变化。

（5）经实验验证，战斗部端头破片质量较大，是影响破片质量分布预测的主要原因。在基于冲量等效的方法中，修正的 Fisher 公式明显优于 Fisher 公式，非近爆舱壁的响应计算宜选用基于准静态压力等效的等效裸装药计算方法。

参 考 文 献

[1] Grady D A B. Fragmentation of metal rings by electromagnetic loading[J]. Experimental Mechanics, 1983, 6: 393-400.

[2] 胡八一, 董庆东, 韩长生, 等. 内部爆轰加载下的钢管膨胀断裂研究[J]. 爆炸与冲击, 1998, 13(1): 49-54.

[3] 李伟, 朱锡, 梅志远, 等. 战斗部破片毁伤能力的等级划分实验研究[J]. 振动与冲击, 2008, 27(3): 47-52.

[4] 孔祥韶. 爆炸载荷及复合多层防护结构响应特性研究[D]. 武汉: 武汉理工大学, 2013.

[5] 郑宇轩. 韧性材料的动态碎裂特性研究[D]. 合肥: 中国科技大学, 2013.

[6] Zhao Y P, Yu T X, Fang J. Large dynamic plastic deflection of a simply supported beam subjected to rectangular pressure pulse[J]. Archive of Applied Mechanics, 1994, 64(3): 223-232.

[7] Zhu L, Bai X, Yu T X. The saturated impulse of fully clamped square plates subjected to linearly decaying pressure pulse[J]. International Journal of Impact Engineering, 2017, 110: 198-207.

[8] Zhu L, Yu T X. Saturated impulse for pulse-loaded elastic-plastic square plates[J]. International Journal of Solids and Structures, 1997, 34(14): 1709-1718.

[9] Wierzbicki T, Bao Y, Lee Y W, et al. Calibration and evaluation of seven fracture models[J]. International Journal of Mechanical Sciences, 2005, 47(4-5): 719-743.

[10] Dragos J, Wu C, Oehlers D J. Simplification of fully confined blasts for structural response analysis[J]. Engineering Structures, 2013, 56: 312-326.

[11] 项大林, 荣吉利, 李健, 等. 装药壳体对含铝炸药水下爆炸性能影响研究[J]. 兵工学报, 2013, 32(5): 81-86.

[12] Fisher E M. The effect of the steel case on the air blast from high explosives[R]. White Oak: Naval Ordnance Laboratory, 1953.

[13] Zhang Q, Miao C Q, Lin D C, et al. Relation of fragment with air shock wave intensity for explosion in a shell[J]. International Journal of Impact Engineering, 2003, 28(10): 1129-1141.

[14] 张奇, 苗常青, 白春华, 等. 壳体对爆炸空气冲击波强度的影响[J]. 应用力学学报, 2003, 20(3): 145-147.

[15] Crowley A B. The effect of munition casings on reducing blast overpressures[C]//Proceedings of the Insensitive Munitions and Energetic Materials Technical Symposium, Bristol, 2006: 1-10.

[16] 孔祥韶, 吴卫国, 李晓彬, 等. 圆柱形战斗部破片速度及等效装药特性研究[J]. 振动与冲击, 2013, 32(9): 146-149.

[17] Hutchinson M D. With-fracture gurney model to estimate both fragment and blast impulses[J]. Central European Journal of Energetic Materials, 2010, 7(2): 175-186.

[18] Dunnett J, Flynn D, Wharton J. Blast algorithm development: definiation of modified blast algorithms for PBX based explosives[R]. Bristol: Insensitive Munitions European Manufactures Group, 2006.

[19] Mott N F. Fragmentation of shell cases[J]. Proceedings of the Royal Society of London Series A: Mathematical and Physical Sciences, 1947, 189: 300-308.

[20] Johnson G R, Cook W H. A constitutive model and data for metals subjected to large strains, high strain rates and high temperature[C]//Proceedings of the Seventh International Symposium on Ballistics, Netherland, 1983: 541-547.

[21] Johnson G R, Cook W H. Fracture characteristics of three metals subjected to various strains, strain rates, temperatures and pressures[J]. Engineering Fracture Mechanics, 1985, 21: 31-48.

[22] 李营. 液舱防爆炸破片侵彻作用机理研究[D]. 武汉: 武汉理工大学, 2014.

[23] Rules L R. Guidance Notes for the Calculation for Probabilistic Explosion Loads[M]. London: Lloyd's Register, 2015.

[24] Lou Y, Huh H, Lim S, et al. New ductile fracture criterion for prediction of fracture forming limit diagrams of sheet metals[J]. International Journal of Solids and Structures, 2012, 79: 3605-3615.

[25] Л. П. 奥尔连科. 爆炸物理学[M]. 孙承纬, 译. 北京: 科学出版社, 2011.

[26] Guo Z, Zhang W, Xiao X, et al. An investigation into horizontal water entry behaviors of projectiles with different nose shapes[J]. International Journal of Impact Engineering, 2012, (49): 43-60.

[27] Weibull H R. Pressures recorded in partially closed chambers at explosion of TNT charges[J]. Annals of the New York Academy of Sciences, 1968, 152(1): 357-361.

[28] Cooper P W. Explosives Engineering[M]. Toronto: Wiley, 1996.

[29] 胡宏伟, 宋浦, 赵省向, 等. 有限空间内部爆炸研究进展[J]. 含能材料, 2013, 21(4): 539-546.

[30] 王等旺, 张德志, 李焰, 等. 爆炸容器内准静态气压实验研究[J]. 兵工学报, 2012, 22(12): 1493-1497.

[31] Meyers M A. Dynamic Behavior of Materials[M]. Toronto: Wiley, 1994.

[32] Li Y, Zhang L, Xiao D, et al. Experiment and numerical study on dynamic response of liquid cabin under internal blast loading[J]. Thin-Walled Structures, 2019, 145: 106405.

[33] Sawczuk A. Plastic behavior of simply supported reinforced concrete plates at moderately large deflections[J]. International Journal of Solids Structures, 1965, 1: 97-111.

[34] Jones N. Structural Impact[M]. Cambridge: Cambridge University Press, 1997.

[35] Jones N. A theoretical study of the dynamic plastic behavior of beams and plates with finite-deflections[J]. International Journal of Solids Structures, 1971, 7: 1007-1029.

[36] 孔祥韶, 吴卫国, 杜志鹏, 等. 圆柱形战斗部爆炸破片特性研究[J]. 工程力学, 2014, 31(1): 243-249.

[37] 李伟, 朱锡, 梅志远, 等. 战斗部破片毁伤能力的等级划分实验研究[J]. 振动与冲击, 2008, 27(3): 47-52.

第3章　典型船用钢的动态本构关系

3.1　引　言

在碰撞、爆炸等动载荷作用下，船舶[1]、建筑等结构会以较高的应变率发生大塑性变形，甚至发生结构破损断裂，造成严重的经济损失。开展结构抗爆抗冲击研究主要采取实验、理论和数值仿真三种方式。其中，实验数据可靠，但花费巨大；理论分析简便易行，但适用范围有限；数值仿真方便易行，但可靠性需要严格确认。从国外的发展经验来看，越来越多的研究采用小模型机理验证与数值仿真相结合的方法，而且数值仿真的比重越来越大[2]。

材料的动态塑性响应特性与静态有明显不同。准确的本构模型和参数是开展数值仿真计算的基础和前提，需要高度重视。为了获得材料动态力学特性，一般采用霍普金森杆对材料进行恒应变率加载的方法，然后以特定的材料本构模型进行参数拟合，获得相应的参数。例如，Johnson 等[3, 4]和 Rohr 等[5]基于霍普金森压杆实验获得 JC 本构模型，并采用 Taylor 杆确认动态材料本构的有效性。朱锡[6]基于霍普金森压杆实验获得船用 921A 钢的动态本构模型。李营等[7, 8]基于霍普金森压杆方法获得船用低碳钢的动态本构参数，并研究大塑性变形、中心延性损伤、边缘剪切失效等典型破坏模式。Taylor 杆实验是用圆柱体试样高速撞击一个刚性壁，并发生一定塑性变形的实验方法[9]。因实验边界条件简单，能获得较高的应变率($10^4 \sim 10^6 s^{-1}$)且应力状态丰富，逐渐成为验证各类动塑性本构关系的经典实验方法，广泛应用于材料动态本构及断裂准则[10, 11]的确认。目前较少见到直接使用 Taylor 杆实验反推材料动塑性本构模型参数的力学反问题研究。

应力三轴度对延性材料损伤的影响早就受到学者的关注[12]。目前爆炸冲击领域应用较为广泛的 JC 断裂模型[13]采用 D_1、D_2、D_3 这 3 个参数对三轴度影响进行表征。Bao 等[14, 15]以 2024-T 351 材料试样为基础对断裂准则在低应力三轴度区间(小于 0.33)的预测进行改进，发现该材料在低应力三轴度区间存在断裂应变"断崖"现象[16-18]。陈刚[19]、郭子涛[20]在不同材料中也发现了类似现象，但未给出合理解释。Bai 等[21]将 Lode 角对韧性材料的影响引入韧性材料断裂特性的研究中，逐渐成为研究热点。目前尚未见到公开报道考虑复杂应力状态的船用钢动态失效特性的研究。

本章开展准静态拉伸实验、分离式霍普金森压杆(split Hopkinson pressure bar,

SHPB)实验对船用 945 钢的力学性能进行测试,给出修正的 CS 模型参数,为研究舰船在动载荷下的响应提供依据。开展压缩、压剪、剪切、拉剪、单轴拉伸、双轴拉伸等试样的断裂特性实验,重现船用钢在低应力三轴度的"断崖"现象,推导(应力三轴度-Lode 角参数-失效应变)空间的应力状态转换关系,设计平板缺口拉伸实验、拉伸和剪切联合作用实验、双轴拉伸实验等,结合早期开展的高应变率、高温实验结果,给出断裂准则参数并解释低应力三轴度区间的"断崖"现象。基于 ABAQUS 平台进行子材料二次开发,通过穿甲实验和局部爆炸作用下花瓣形成过程分析验证失效模型的有效性。

3.2 船用钢动态力学性能的霍普金森杆法

3.2.1 实验方法

1. 准静态拉伸实验

常温准静态的本构关系由单轴拉伸实验获得。试件参照《GB/T 228—2002》制作。常温拉伸试样如图 3.1 所示。试件为板状,厚度为 2.7mm,设计实验段长度为 40mm。

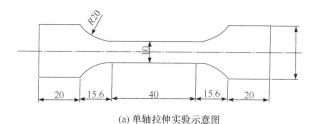

(a) 单轴拉伸实验示意图

(b) 单轴拉伸试样

图 3.1 常温拉伸试样(单位:mm)

实验包括 2 组,共 6 个试样。拉断的试样及力-位移曲线的对比如图 3.2 所示。为了得到较为准确的应力应变曲线,除了利用 Bridgman 的方法进行颈缩校正以外,还可以通过迭代有限元参数输入的方法对比力-位移曲线,不断校正应力应变关系,得到拉伸试样实验和数值仿真的力-位移曲线。

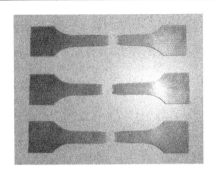
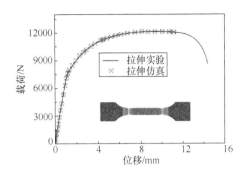

图 3.2　拉断的试样及力-位移曲线的对比

2. SHPB 实验原理

船用低碳钢的中等应变率实验采用 SHPB 开展。对于中应变率($10^2 \sim 10^4 \mathrm{s}^{-1}$)的测试，Hopkinson 压杆已经得到普遍认可。子弹撞击输入杆，会在输入杆产生一个宽度比试件长度还大的脉冲。弹性波传过输入杆，然后传入试件。试件夹在输入杆和输出杆之间，如图 3.3 所示。弹性波的幅值足以使试件发生塑性变形。在输入杆和透射杆中分别粘贴应变片传感器，这样就可以直接测定入射脉冲、反射脉冲和透射脉冲，其幅值分别为 ε_{I}、ε_{R}、ε_{T}。试样入射、反射和透射脉冲如图 3.4 所示。

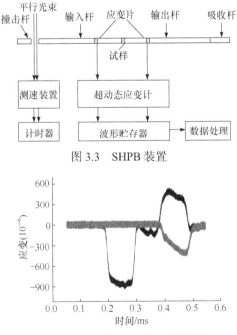

图 3.3　SHPB 装置

图 3.4　试样入射、反射和透射脉冲

利用一维应力假设和应力均匀性假设，可以得到试件的应变率应力 $\sigma(t)$、$\dot{\varepsilon}(t)$ 和应变 $\varepsilon(t)$，即

$$\begin{cases} \sigma(t) = E_0 \dfrac{A_0}{A} \varepsilon_{\mathrm{T}}(t) \\[2mm] \dot{\varepsilon}(t) = -\dfrac{2c_0}{l} \varepsilon_{\mathrm{R}}(t) \\[2mm] \varepsilon(t) = -\dfrac{2c_0}{l} \int_0^t \varepsilon_{\mathrm{R}}(\tau) \mathrm{d}\tau \end{cases} \tag{3.1}$$

3. SHPB 试样设计

SHPB 的基础在于满足一维应力和均匀性假设。因此，实验所用试样长径比的选择要充分考虑试样的惯性效应、断面摩擦效应和二维效应等。为了满足一维应力假设，减小压杆与试件间摩擦的影响，试件的长径比不宜太小。为了满足均匀性假设，减小波动效应引起的误差，要求试件尽量薄。综合考虑各因素，本书设计试样尺寸为 8mm×6mm，如图 3.5 所示。

图 3.5　SHPB 试样

3.2.2　实验结果与分析

1. 实验结果

实验分 6 组完成，应变率从 3.3×10^{-4} ~ $2760\mathrm{s}^{-1}$，准静态拉伸在 MTS 公司提供的万能材料试验机上开展，中等应变率实验在 SHPB 装置上开展。在准静态拉伸实验中，试件产生颈缩后，横截面不再均匀变化，颈缩处的材料处于三向应力状态，因此需要对真实应力应变用 Bridgeman 方法进行修正。对 SHPB 装置测得的入射、反射和透射脉冲，运用式(3.1)进行计算，可以得到相应的应力、应变和应变率。船用 945 钢的动态力学性能如表 3.1 所示。

不同应变率下的应力应变曲线如图 3.6 所示。在准静态加载情况下，屈服强度为 449.1MPa，随着应变率的增加，材料屈服应力不断增大。当应变率为 $2760\mathrm{s}^{-1}$ 时，屈服应力达到 718.2Mpa，强化为原来的 1.6 倍。

表 3.1　船用 945 钢的动态力学性能

应变率/s⁻¹	3.3×10^{-4}	556	958	1470	2080	2760
加载方式	MTS	SHPB	SHPB	SHPB	SHPB	SHPB
屈服应力 /MPa	449.1	589.2	619.6	662.4	681.3	718.2
强化比	1	1.31	1.38	1.47	1.52	1.60

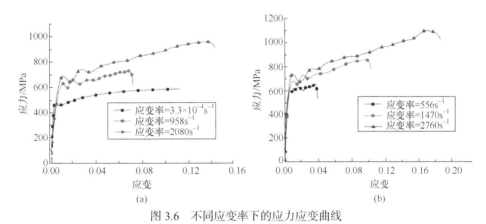

图 3.6　不同应变率下的应力应变曲线

2. 应变率强化模型与参数拟合

材料的高应变率塑性变形通常采用应力与应变、应变率、温度等本构方程来描述，即

$$\sigma = f\left(\varepsilon,\dot{\varepsilon},T\right) \tag{3.2}$$

式中，ε 为应变；$\dot{\varepsilon}$ 为应变率；T 为温度。

此外，塑性变形是不可逆过程，一般还与变形路径有关。如果仅考虑动态过程，忽略其他因素，那么塑性流动应力仅为应变与应变率的函数。

应力和应变为二阶张量，而一般的本构方程可以表示成一维形式，因此需要进行均一化处理，即用等效应力和等效应变的方式表示为

$$\sigma_{\text{eff}} = \frac{\sqrt{2}}{2}\Big[\left(\sigma_1 - \sigma_2\right)^2 + \left(\sigma_2 - \sigma_3\right)^2 + \left(\sigma_1 - \sigma_3\right)^2\Big]^{1/2} \tag{3.3}$$

$$\varepsilon_{\text{eff}} = \frac{\sqrt{2}}{3}\Big[\left(\varepsilon_1 - \varepsilon_2\right)^2 + \left(\varepsilon_2 - \varepsilon_3\right)^2 + \left(\varepsilon_1 - \varepsilon_3\right)^2\Big]^{1/2} \tag{3.4}$$

常用的表示材料动态力学行为的本构方程有 CS 模型、JC 模型，基于物理机制的模型有 ZA 模型、SG 模型等。在舰船抗爆抗冲击领域，应用较多的是 CS 模型和 JC 模型[3, 13]。CS 本构模型的表达式为

$$\dot{\varepsilon}_{\text{p}} = D\left(\frac{\sigma_s}{\sigma_0} - 1\right)^q \text{ 或者 } \frac{\sigma_s}{\sigma_0} = 1 + \left(\frac{\dot{\varepsilon}_{\text{p}}}{D}\right)^{\frac{1}{q}} \tag{3.5}$$

式中，$\dot{\varepsilon}_p$ 为塑性应变率；σ_0 为准静态屈服应力；σ_s 为动态屈服应力；D 和 q 为常数。

拟合得到的 $D = 9870\text{s}^{-1}$，$q = 2.43$。

JC 模型[3, 13]的基本关系为

$$\dot{\varepsilon}_p = \dot{\varepsilon}_0 \exp\left[\frac{1}{C}\left(\frac{\sigma_s}{\sigma_0} - 1\right)\right] \text{或者} \frac{\sigma_s}{\sigma_0} = 1 + C\ln\left(\frac{\dot{\varepsilon}_p}{\dot{\varepsilon}_0}\right) \tag{3.6}$$

与式(3.5)略不相同，式(3.6)采用对数关系。此外，式(3.6)需要制定一个参考应变率，即 $\dot{\varepsilon}_0$，通常可以取 1。拟合得到的 $C = 0.539$。

对比图 3.7 和图 3.8 所示的模型拟合结果可以看出，CS 模型比 JC 模型预测船用 945 钢的应变率强化效应的能力更强。

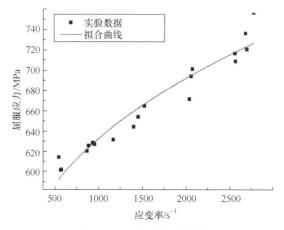

图 3.7　CS 模型拟合结果

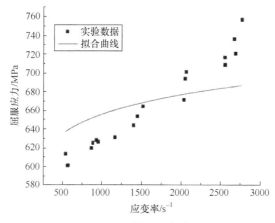

图 3.8　JC 模型拟合结果

3. 模型的修正与验证

传统的 CS 模型未考虑应变硬化效应, 而 JC 模型采用乘积的形式耦合应变硬化效应和应变率强化效应。

参考 JC 模型, 积形式的应变硬化模型可表示为

$$\sigma = \left(\sigma_0 + B\varepsilon^n\right)\left[1 + \left(\dot{\varepsilon}/D\right)^{1/q}\right] \tag{3.7}$$

和形式的应变硬化模型可表示为

$$\sigma = B\varepsilon^n + \sigma_0\left(\dot{\varepsilon}/D\right)^{1/q} \tag{3.8}$$

式中, σ 为流动应力; $\sigma_0 = 449.1\text{MPa}$; $B = 574\text{MPa}$; $n = 0.605$。

如图 3.9 所示, 和形式的修正 CS 模型对应变率小于 1000s^{-1} 的流动应力预测比积形式的改进 CS 模型准确, 因此对于应变率不太高的低速碰撞等问题, 建议采用和形式的模型; 积形式的修正 CS 模型对于应变率高于 1000s^{-1} 的流动应力预测比和形式的修正 CS 模型准确, 对于近场水下爆炸等问题, 建议采用积形式的修正 CS 模型。

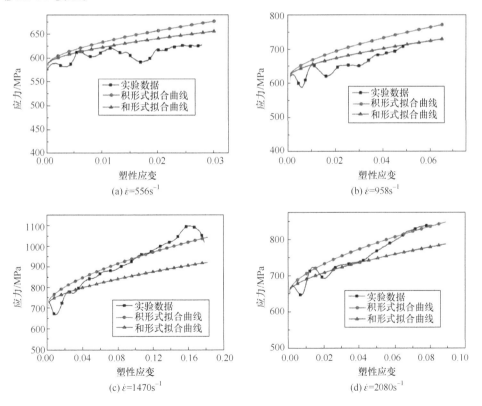

(a) $\dot{\varepsilon} = 556\text{s}^{-1}$

(b) $\dot{\varepsilon} = 958\text{s}^{-1}$

(c) $\dot{\varepsilon} = 1470\text{s}^{-1}$

(d) $\dot{\varepsilon} = 2080\text{s}^{-1}$

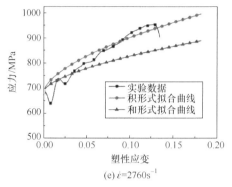

(e) $\dot{\varepsilon}=2760\text{s}^{-1}$

图 3.9　修正 CS 模型的对比

3.2.3　模型适用性讨论

1. 应变率适用范围

金属在低应变率下的塑性变形通常处理为等温过程，而在高应变率时的变形往往是绝热过程，塑性变形功约 90%转化为热量[22]。材料内部的温度升高可以用下式表示，即

$$\Delta T = \frac{\beta}{\rho C_P} \int_0^{\varepsilon_f} \sigma \, \mathrm{d}\varepsilon \tag{3.9}$$

式中，ΔT 为绝热温升；β 为功热转化系数，取 0.9；ρ 为低碳钢密度，取 $7.85\times10^3\text{kg/m}^3$；$C_P$ 为船用钢的比热容，取 $0.45\times10^3\text{J/(kg·℃)}$。

在高应变速率下，不考虑热传导的影响，计算塑性变形功引起的温度上升，如图 3.10 所示。室温条件下，当低碳钢以应变率为 2000s^{-1} 发生塑性应变为 1 的大变形时，温度升高为 694K；当低碳钢以应变率为 3000s^{-1} 发生塑性应变为 1 的

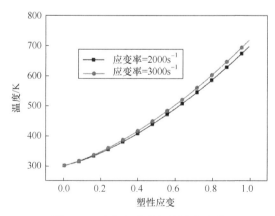

图 3.10　动态变形引起的温度上升

大变形时，温度升高为 717K，接近再结晶温度。此时，材料的流动应力明显下降，温度引起的热软化效应不可忽略。

此外，有关研究表明[22]，在 $10^3 \sim 10^4 s^{-1}$ 附近，塑性变形机制由位错滑移向位错拖曳转变，金属流动应力明显增强，因此基于实验拟合的本构模型无法准确预测变形机制转变引起的流动应力改变。

综上所述，CS 模型可用于预测船舶结构在碰撞、爆炸等冲击载荷下的响应，但考虑高应变率下绝热温升和物理机制转变的影响，预测高速碰撞、侵彻等高应变率($>2000s^{-1}$)、塑性大变形的能力有一定局限，适合考虑温度效应的 JC、SG 和 ZA 等模型。

2. 不同模型比较

为了比较不同本构模型对计算结果的影响，我们开展了方板在爆炸荷载作用下响应的数值仿真计算。采用 AUTODYN 软件进行计算，方板(2m×2m)四边固定，采用 blast 边界条件，正上方 2m 施加 5kg 炸药。

数值仿真主要对比理想弹塑性模型和修正的乘积型 CS 模型在相同爆炸载荷下的结构响应。如图 3.11 所示，在相同的载荷下不仅变形大小不同，最终变形形态亦有明显差异，即理想弹塑性模型呈现典型的"反直观力学行为"，即在上方爆炸，方板的变形反而最终朝上；CS 模型计算的最终塑性变形符合直观印象。该现象与文献[23]描述的反直观力学行为容易发生在屈服极限较低且板厚较薄的板的结论相吻合。

(a) 理想弹塑性本构计算结果(侧视图)

(b) CS模型本构计算结果(侧视图)

图 3.11　不同本构模型的变形示意图

如图 3.12 所示，无论何种本构模型，在爆炸作用初期，方板均首先向爆炸作用相反的方向运动，并在 4.88ms 时达到最大，此后反向运动，并于 19.5ms 左右到达最大值，即约 0.03m。此后阶段，两种本构方程计算所得的趋势截然相反，即理想弹塑性模型在到达最大值后变形周期性衰减，而 CS 模型计算所得的变形则再次反向，并逐渐衰减。

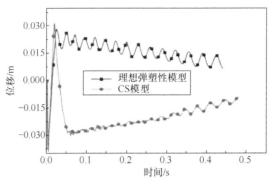

图 3.12　不同本构模型的方板中心位移

这说明,材料本构关系选取的不同,不仅会在响应计算中产生数值上的差异,甚至会在表观上产生现象级差异。

3.3　船用钢动态力学性能的 Taylor 杆法

本节基于小型一级轻气炮设计 Taylor 杆装置实验装置,开展长径比为 3∶1 的低碳钢材料 Taylor 杆撞击实验,得到低速撞击下 Taylor 杆的规则变形,最终基于遗传算法(genetic algorithm,GA)进行多次迭代得到 JC 模型参数。

3.3.1　实验研究

1. 实验设置

实验采用小型一级轻气炮开展,实验装置及试样如图 3.13 所示。Taylor 杆试样设计为直径 9.9mm、长 30mm 的圆柱体,采用压缩氮气提供发射动力。刚性壁使用直径 150mm,厚 20mm 的 GY4 装甲钢。为减小断面摩擦效应,Taylor 杆和刚性壁的表面粗糙度均按照粗糙度 0.8 加工,并在杆试样端部涂抹黄油。

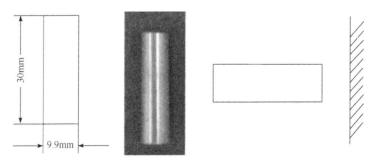

图 3.13　实验装置及试样

使用高速摄像机拍摄 Taylor 杆撞击实验过程中的弹体飞行轨迹和变形过程，在侧面添加方格板记录运动轨迹。高速摄像机采样频率设置为 20000 帧，快门设置为 1/25000，同时采用 2 个 1000W 的钠灯提供光源。在刚性壁后方添加一个加速度传感器，并使用高速采集仪为高速摄像机提供 TTL 触发。考虑高速摄像机视角引起的误差，使用如下公式进行修正[23]，即

$$v = \frac{\Delta M L_1 / L_2 \, 10}{\left(P_1 - P_2\right) \times 10^3 / N} \tag{3.10}$$

式中，v 为 Taylor 杆撞击速度；ΔM 为坐标纸上的网格数；L_1 为标定杆的实际长度；L_2 为标定杆在坐标纸上的长度；N 为高速相机帧数；P_1 为计数起始照片序列号；P_2 为计数终止照片序列号。

2. 实验结果

通过式(3.10)可以得到初始撞击速度。Taylor 杆撞击过程如图 3.14 所示。有效试样的初始速度为 174.67m/s。从高速摄像记录的 Taylor 杆撞击可以看出，工况 1 和工况 2 的弹体撞击后弹道轨迹发生一定的偏转，工况 3 和工况 4 的弹体由于回弹的原因，弹体沿原有路径飞回。

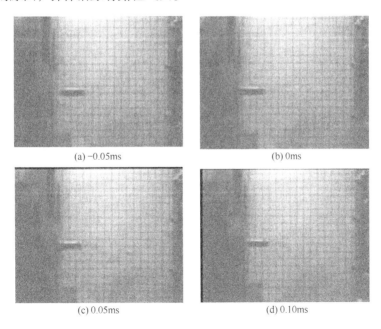

(a) −0.05ms　　　　　　　　　　　　　　　(b) 0ms

(c) 0.05ms　　　　　　　　　　　　　　　(d) 0.10ms

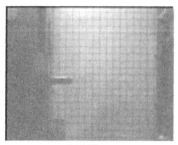 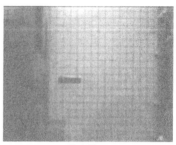

(e) 0.15ms　　　　　　　　　　　(f) 1.30ms

图 3.14　Taylor 杆撞击过程

高速碰撞后，Taylor 杆后端基本未发生明显塑性变形，撞击端呈现蘑菇状墩粗，如图 3.15 所示。杆的长度变为 27.22mm，对应的长度比为 $\alpha = l_1/l_0 = 0.907$。杆的直径变为 12.06mm，对应的直径比为 $\beta = d_1/d_0 = 1.206$。

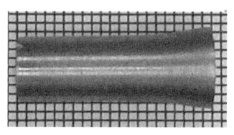

图 3.15　撞击后墩粗的 Taylor 杆

3.3.2　遗传算法及流程

1. 遗传算法特点

GA 是一种借鉴生物界自然遗传与选择，并高效执行自适应智能搜索算法。GA 主要具有以下优点。

(1) GA 不直接作用在参变量集上，而是利用参变量集的编码。

(2) GA 不是从单个点，而是从一个点的群体开始搜索。

(3) GA 利用适应值信息，无须导数等其他信息。

(4) 利用概率转移规则，并非确定性规则。

2. 动塑性本构关系优化流程

动态本构关系优化流程如图 3.16 所示。

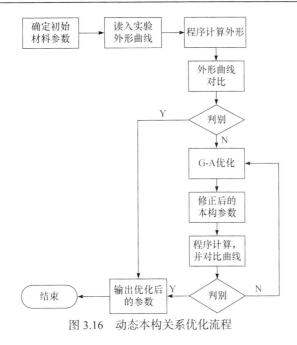

图 3.16　动态本构关系优化流程

3.3.3　数值仿真计算与结果分析

1. 数值仿真模型

数值仿真采用 ABAQUS 6.14 开展，为了加快计算过程，采用 1/4 模型计算，并设置对称边界条件。靶板厚度为 20mm，厚度方向划分为 10 个网格，半径方向划分为 20 个网格。Taylor 杆长度方向划分为 50 个网格，半径方向划分为 10 个网格。采用面面接触定义 Taylor 杆与刚性壁之间的接触，摩擦系数设置为 0，同时采用初始场变量的方式定义 Taylor 杆加载初速度。Taylor 杆撞击实验仿真模型如图 3.17 所示。

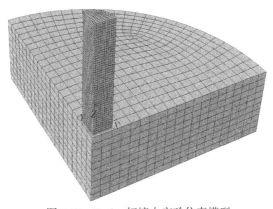

图 3.17　Taylor 杆撞击实验仿真模型

2. 结果分析

有关研究表明[24]，材料的动态塑性强度远大于静态屈服强度，可采用 Cowper-Symonds 准则表征，即

$$\frac{\sigma_{\mathrm{d}}}{\sigma_{\mathrm{y}}} = 1 + \left(\frac{\dot{\varepsilon}}{D}\right)^{\frac{1}{q}} \tag{3.11}$$

式中，σ_{d} 为动态屈服应力；σ_{y} 为静态屈服应力；$\dot{\varepsilon}$ 为材料的应变率；D、q 为材料常数。

如图 3.18 所示，随着材料本构参数 D 的增大，接触端面的半径 r 呈增加趋势，随着材料本构参数 q 的增大，接触端面的半径 r 呈增大趋势。

如图 3.19 所示，帕累托图考虑材料本构模型 D、q 值的主因素影响和交互影响，可以看出最重要的影响因素为 q，占总影响因素的 70%，D 值只占 12% 的影响。

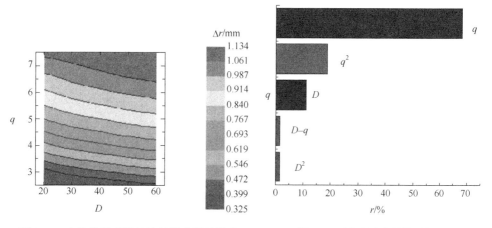

图 3.18　本构关系变量对接触端半径的影响　　　图 3.19　影响因素的帕累托图

基于 GA 经过 20 步优化后，优化后的 D、q 值分别为 36.7、6.87。优化后的 Taylor 形状误差从 36.4% 减小到 1.28%(表 3.2)。这表明，优化后的材料本构模型能更有效地预测复杂应力状态下的塑性变形。

表 3.2　优化前后的本构模型参数

材料	优化前后	材料参数 D	材料参数 q	误差/%
船用低碳钢	优化前	40	5.0	36.4
	优化后	36.7	6.87	1.28

3.4　基于应力三轴度效应的失效模型

3.4.1　应力三轴度计算方法

圆棒拉伸试样和缺口圆棒拉伸试样的准静态拉伸实验均可通过简单测量方法获得，即

$$\varepsilon_{\mathrm{f}} = 2\ln(d_0 / d_{\mathrm{f}}) \tag{3.12}$$

每个拉伸试件的应力三轴度，一般在最小截面中心处量取，可以根据 Bridgman 方法计算，即

$$\sigma^* = 1/3 + \ln\left(1 + r/2R\right) \tag{3.13}$$

式中，R 为颈缩表面的曲率半径；r 为缺口试样的缺口处半径。

该方法可简单有效地计算缺口拉伸试样的应力三轴度和断裂应变，但存在以下两个问题。

(1) 对非圆棒缺口拉伸试样，无法给出对应值。

(2) 拉伸过程中应力三轴度在不断变化，直接用公式法无法反映过程量的变化。

针对以上问题，基于有限元迭代计算修正方法的步骤如下。

(1) 通过相应拉伸或压缩实验，得到材料的荷载-位移曲线。

(2) 通过 Bridgman 方法，得到基于颈缩修正的应力应变曲线。

(3) 建立实验试样的有限元模型，并输入步骤(2)中得到的应力应变关系。

(4) 对比步骤(1)和步骤(3)获得力-位移曲线。

(5) 若差异较大，调整有限元模型的应力应变输入；否则，进入下一步。

(6) 找出实验力-位移曲线的突降点，并读取此时有限元模型核心区域的等效塑性应变。

(7) 记录从开始时刻到力-位移曲线的突降点整个过程的应力三轴度，并计算平均值。

(8) 记录平均应力三轴度和对应的等效塑性应变，并进入下一工况(实验试样)分析。

计算方法流程如图 3.20 所示。

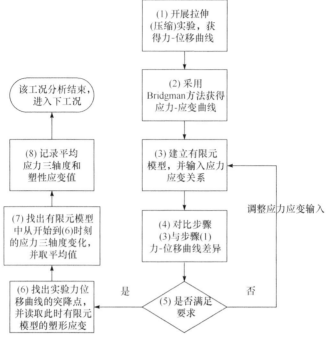

图 3.20　计算方法流程图

3.4.2　不同应力三轴度实验研究

1. 拉伸区的断裂应变

缺口拉伸试件参照《GB/T 228—2002》制作，并设计不同直径的缺口。缺口拉伸试样示意图如图 3.21 所示。实验缺口试件的直径为 10mm，中间直径 d 为 6mm，缺口半径 R 为 1mm、2mm、4mm、6mm 和∞。参考 Bao 等[25]的分析，此时对应的应力三轴度分别为 1.25、0.89、0.65、0.55 和 0.33。为保证实验结果的可靠性，每组制备 5 个试样。缺口拉伸实验和拉断后的典型断口如图 3.22 和图 3.23 所示。

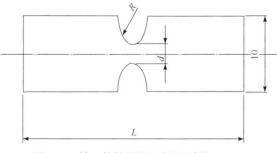

图 3.21　缺口拉伸试样示意图(单位：mm)

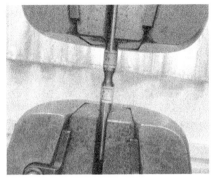

图 3.22　缺口拉伸实验

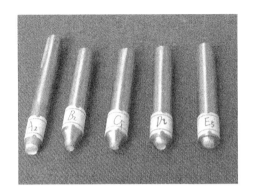

图 3.23　拉断后的典型断口

通过数值计算方法辅助开展可以对 Bridgman 的公式进一步修正，根据 Bao 等的数值仿真结果，进一步将结果修正为[25]

$$\sigma^* = \frac{1}{3} + 1.4\ln\left(1 + \frac{a}{2R}\right) \tag{3.14}$$

式中，a 为圆棒缺口中心处半径 $d/2$；R 为缺口半径。

不同缺口试样断裂时的等效塑性应变如图 3.24 所示。不同应力三轴度计算公式的比较如图 3.25 所示。与有限元计算结果比较分析，Bridgman 给出的理论结果为拉伸初期的结果，与平均应力三轴度有一定的差距，而 Ying 给出的修正公式能更有效地计算平均应力三轴度。

图 3.24　不同缺口试样断裂时的等效塑性应变

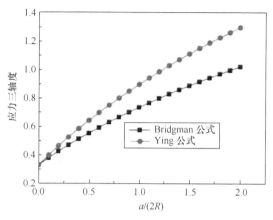

图 3.25　不同应力三轴度计算公式的比较

2. 剪切区的断裂应变

本书通过自行设计纯剪切试样的单向拉伸实验可以实现剪切应力状态。如图 3.26 所示,为保证实验精度,采用线切割慢丝加工。实验试样分为 2.7m 和 4.7mm 两种板材厚度。纯剪试样示意图如图 3.27 所示。

在常温 20℃的环境下, 使用微机控制万能材料实验机(INTRON5882)以 5mm/min 的拉伸速度进行准静态拉伸实验。与缺口圆棒拉伸实验不同,剪切件在断裂时的等效塑性应变难以通过理论值确定。本书采用数值仿真计算与实验数据对比的方法确定平均应力三轴度和断裂应变。采用 ABAQUS/Standard 分别建立两种板厚剪切试样的全尺寸模型。剪切试样的应力图如图 3.28 所示。可以看出,在剪切区域,应力是高度局部化的,试样端口形式也验证了该结论。以中间断面为研究对象进行有限元迭代校正,直到数值仿真与实验的力-位移曲线十分接近。剪切试样实验和仿真的力-位移曲线对比如图 3.29 所示。可以看出,通过多次修正,有限元计算结果与实验结果较为一致。

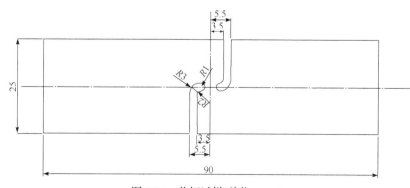

图 3.26　剪切试样(单位: mm)

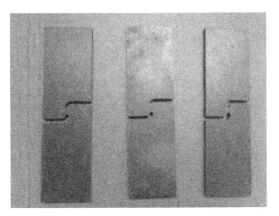

图 3.27　纯剪试样示意图

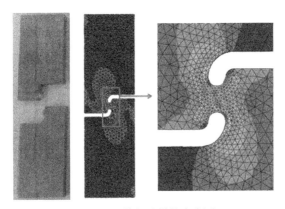

图 3.28　剪切试样的应力图

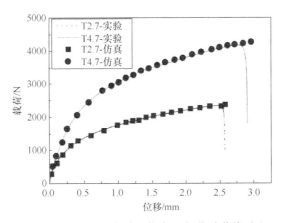

图 3.29　剪切试样实验和仿真的力-位移曲线对比

在仿真计算中，等效塑性应变为断面所有单元的平均值。当有限元模型的力-位移曲线达到实验的断点时，记录仿真试样的等效塑性应变为纯剪切状态下的断裂应变。平均应力三轴度定义为，应力三轴度随等效应变变化的平均值。此外，也有人将荷载作为横坐标。考虑横坐标为等效塑性应变时，其物理含义为断裂能，因此将等效应变取为横坐标。

此时，平均应力三轴度的计算公式为

$$\bar{\sigma}^* = \int_0^{\varepsilon_f} \frac{\sigma_m}{\sigma_{eq}} \mathrm{d}\varepsilon \tag{3.15}$$

式中，$\bar{\sigma}^*$ 为平均应力三轴度；ε_f 为断裂应变；ε 为等效应变；σ_m 为仿真试样中的静水压力；σ_{eq} 为仿真试样中的 Mises 应力。

剪切试样的应力三轴度随等效应变的变化如图 3.30 所示。在剪切变形过程中，应力三轴度逐渐增大，平均应力三轴度约为 0.087，断裂应变约为 0.81。

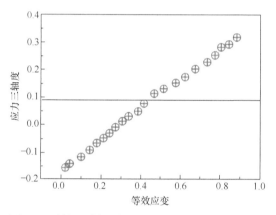

图 3.30　剪切试样的应力三轴度随等效应变的变化

3. 压剪区的断裂应变

近似纯剪切的试样最早由 Meyer 等提出，后经过 Couque[26]进一步改进为可以考虑压剪的试样(帽状试件)，如图 3.31 所示。经过改造的试样处于相对均匀的压力下，可以开展压剪力学行为的研究。Rittel 等[27]又对压剪试样进一步创新，在单轴压缩试样上双侧刻槽，形成典型的压剪试样，在局部受力较大的区域形成压剪复合加载。Rittel 设计的压剪试样如图 3.32 所示。

研究以 Rittel 设计的压剪试样为原型，共进行 3 组实验。实际压剪试样示意图如图 3.33 所示。为保证加工精度采用慢丝线切割制作，压剪试样如图 3.34 所示。

压剪作用下试样的破坏(图 3.35)为压剪试样在受压作用下沿着刻槽轨迹滑移损毁的效果。采用有限元方法计算，压剪试样实验和仿真的力-位移曲线如图 3.36 所示。仿真结果表明，材料在压剪联合作用时，应力和塑性应变集中于刻槽处。压剪试样的应力三轴度随等效应变的变化如图 3.37 所示。

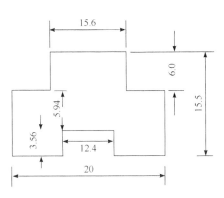

图 3.31　改进后的压剪试样(单位：mm)

图 3.32　Rittel 设计的压剪试样

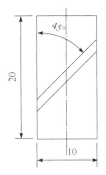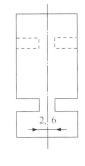

图 3.33　实际压剪试样示意图(单位：mm)

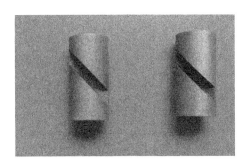

图 3.34　压剪试样

图 3.35　压剪作用下试样的破坏

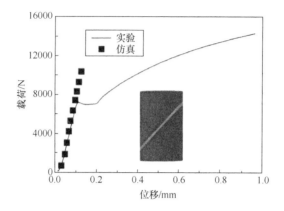

图 3.36　压剪试样实验和仿真的力-位移曲线

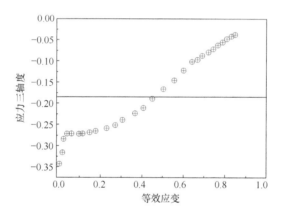

图 3.37　压剪试样的应力三轴度随等效应变的变化

4. 压缩区的断裂应变

结构在冲击荷载下的瞬态断裂时，受力是十分复杂的。与单轴应力状态明显不同，应力三轴度是衡量受力状态的有效量。Rice 等通过研究球形空穴的形成和发展机理，认为空穴生长速度与三轴度的指数函数有密切关系。有关研究表明，材料在受压状态时，断裂应变随着应力三轴度的减小而迅速增大。应力三轴度切断效应的实验验证如图 3.38 所示。

本节采用单轴压缩试样进行实验，压缩试样示意图和压缩试样的墩粗效应如图 3.39 和图 3.40 所示。由于摩擦不可忽略，准静态压缩过程中明显出现墩粗，建立有限元模型进行数值仿真，经过多次迭代计算，断面摩擦系数取为 0.14 能有效模拟墩粗效应。

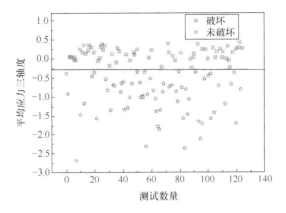

图 3.38　应力三轴度切断效应的实验验证

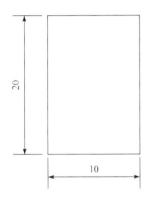

图 3.39　压缩试样示意图(单位：mm)

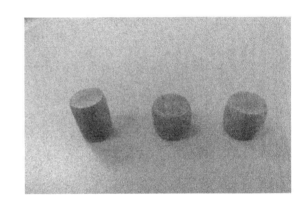

图 3.40　压缩试样的墩粗效应

　　经理论推导，当压缩试样长径比越大时，断面摩擦的影响越小，当压缩试样长径比无穷大时，断面摩擦效应可忽略不计，则理想应力三轴度为 1/3。压缩试样的实验和仿真的力-位移曲线对比如图 3.41 所示。

　　如图 3.42 所示，在压缩初期，墩粗效应尚不明显，应力三轴度与理论值 0.33 吻合较好。随着压缩行程不断增大，应力三轴度经历一段相对平稳的阶段后开始上升，不再保持为恒定值。通过有限元精细分析可以看出，在摩擦力作用下，试样内部会产生一定的拉伸效果，可以提高应力三轴度水平。如图 3.42 所示，取单轴压缩试样的应力三轴度平均值为 0.31。

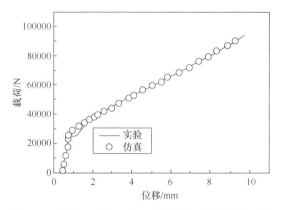

图 3.41 压缩试样的实验和仿真的力-位移曲线对比

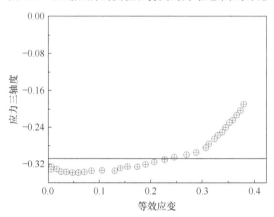

图 3.42 压缩试样的应力三轴度随等效应变的变化

3.4.3 实验结果拟合与机理分析

1. 实验结果拟合

选用不同的断裂准则,使用最小二乘法对实验数据进行拟合。其中,考虑 3 参数的 JC 损伤模型为

$$\varepsilon_f = D_1 + D_2 e^{(D_3 \sigma^*)} \tag{3.16}$$

5 参数的修正 BW 模型为

$$\varepsilon_f = \begin{cases} \infty \\ D_{01} e^{(D_{02} \sigma^*)} \\ D_{01} + D_{03} \sigma^* \\ D_1 + D_2 e^{(D_3 \sigma^*)} \end{cases} \tag{3.17}$$

损伤模型拟合参数如表 3.3 所示。JC 断裂准则拟合结果如图 3.43 所示。修正

的 BW 模型拟合结果如图 3.44 所示。

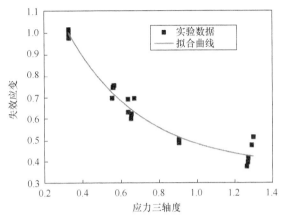

图 3.43 JC 断裂准则拟合结果

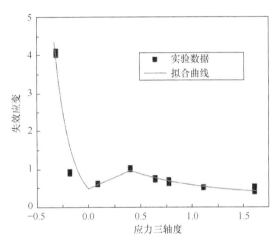

图 3.44 修正的 BW 模型拟合结果

表 **3.3** 损伤模型拟合参数

模型	D_{01}	D_{02}	D_{03}	D_1	D_2	D_3
JC	—	—	—	0.377	1.47	−2.58
修正 BW	−6.743	0.045	1.325	0.296	1.184	−1.465

2. 机理分析与截止效应证明

从宏观上看，在爆炸或侵彻作用下，结构的破坏分为撕裂、冲塞、凹陷等模式。从破坏机理看，主要分为韧性损伤和剪切损伤两类。韧性损伤的主要机理是微观孔洞的生长，而剪切则无明显的塑性变形和韧性孔洞。实验研究也发现此类特点。显式动力分析中传统的损伤准则多为经验模型，仅能对受力状态较为单一的损伤模式进行预测，对复杂应力状态下的预测能力较弱，需要改进。有研究表明，损伤机理是随着应力状态的变化而转变的，可以较好地衡量标准为应力三轴度的变化。

如图 3.45 所示，应力三轴度从受力特点上可以分为 4 个典型区间。

(1) $\sigma^* < -1/3$ 时，材料受纯压作用。

(2) $-1/3 < \sigma^* < 0$ 时，材料受力从纯压向纯剪过度，为压剪联合作用阶段。

(3) $0 < \sigma^* < 1/3$ 时，材料受力从纯剪切向拉伸过度，为拉剪联合作用阶段。

(4) $\sigma^* > 1/3$ 时，损伤机理为延性损伤。

在区间(1)中，已经从实验和理论上证明，金属材料不会发生损伤和破坏。在区间(2)和(3)中，金属材料主要发生剪切型损伤破坏。在区间(4)中，金属材料主要发生延性损伤破坏。

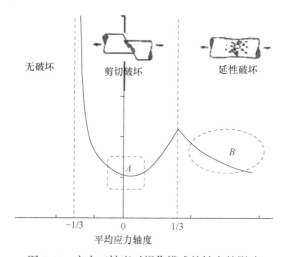

图 3.45　应力三轴度对损伤模式的转变的影响

因实验中的等效应变尚不够大，不足以说明在应力三轴度-0.33 时材料无法产生破坏，下面从理论上进行计算和说明。该问题始于 1967 年 Kudo 等[28]的实验研究，2005 年 Bao 等[11]再度关注这一问题，此后成为研究的热点。

如图 3.46 所示，理想单轴压缩中心区域的轴向应变和周向应变为

$$\varepsilon_{\theta\theta} = \ln\frac{w}{w_0} \tag{3.18}$$

$$\varepsilon_{zz} = \ln\frac{l}{l_0} \tag{3.19}$$

式中，w 和 l 为 w_0 和 l_0 在压缩过程中的变化。

由于理想压缩中的体积没有变化，且无墩粗行为，因此满足

$$\frac{h_0}{h} = \left(\frac{d_0}{d}\right)^2, \quad \ln\frac{h_0}{h} = 2\ln\frac{d_0}{d} \tag{3.20}$$

Kudo 等[28]的实验数据表明存在下式，即

$$\varepsilon_{\theta\theta} + \frac{1}{2}\varepsilon_{zz} = C \tag{3.21}$$

式中，C 为材料常数。

压缩实验数据与理论值对比如图 3.47 所示。

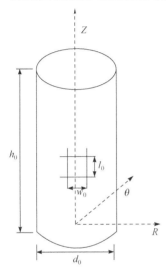 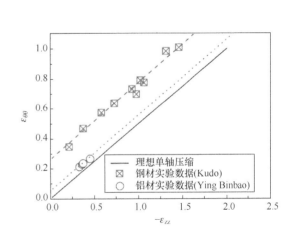

图 3.46　单轴压缩变形模式示意图　　　图 3.47　压缩实验数据与理论值对比

在理想单轴压缩条件下，圆柱体上下表面不存在摩擦力，即 $\sigma_{rr}=0$，剪应力 $\tau_{rz}=0$，可视为平面应变状态。屈服条件可以写为

$$\sigma_{\text{misses}} = \sqrt{\sigma^2_{mm} - \sigma_{mm}\sigma_{zz} + \sigma^2_{zz}} \tag{3.22}$$

引入 Cockroft-Latham(C-L)断裂准则[29]，有

$$\int_0^{\bar{\varepsilon}_f} \frac{\sigma_1}{\sigma_{\text{misses}}} \mathrm{d}\bar{\varepsilon} = C_{\text{CL}} \tag{3.23}$$

引入以下量，即

$$\tilde{\varepsilon}_{\theta\theta} = \int \mathrm{d}\varepsilon_{\theta\theta}, \quad \tilde{\varepsilon}_{zz} = \int \mathrm{d}\varepsilon_{zz}, \quad a = \frac{\mathrm{d}\varepsilon_{\theta\theta}}{\mathrm{d}\sigma_{zz}} \tag{3.24}$$

则有

$$\sigma_m = -\frac{1}{\sqrt{3}}\sigma_{\text{misses}}\frac{1+\alpha}{\sqrt{1+\alpha+\alpha^2}} \tag{3.25}$$

$$d\overline{\varepsilon} = \frac{2}{\sqrt{3}}\sqrt{1+\alpha+\alpha^2}d\varepsilon_{zz} \qquad (3.26)$$

则式(3.21)变为

$$\int\left(\alpha+\frac{1}{2}\right)d\varepsilon_{zz} = C \qquad (3.27)$$

可以看出，应力三轴度取决于 α。进一步，α 可以转变为 σ^* 的表达式，代入上述各式，可以得到[11]

$$\int_0^{\varepsilon_f}\frac{3}{2C}\frac{3\sigma^*+\sqrt{12-27\sigma^{*2}}}{1+\sigma^*\sqrt{12-27\sigma^{*2}}} = 1 \qquad (3.28)$$

则有

$$\varepsilon_f(\sigma^*) = \frac{3\sigma^*+\sqrt{12-27\sigma^{*2}}}{1+\sigma^*\sqrt{12-27\sigma^{*2}}} \qquad (3.29)$$

当应力三轴度 $\sigma^* = -1/3$ 时，分母为 0，即断裂应变趋向 ∞，因此应力三轴度存在截断效应。

3.4.4   模型对比与验证

Taylor 杆冲击实验是验证材料动态力学特性的有效手段，也是验证材料断裂特性的重要方式。自 Couque[26]发现 Taylor 杆实验中的材料典型破坏模式以来，利用 Taylor 杆验证断裂准则和破坏模式已成为重要的手段。

1. 验证模型建立

因材料的损伤有时是非对称的，无法用对称建模模拟，所以可以建立 Taylor 杆的三维有限元模型(图 3.48)，杆长 60mm。为了更好地反映其损伤特性，采用不涉及单元侵蚀的光滑粒子流体动力学(smoothed particle hydrodynamics，SPH)方法进行模拟。设置初始撞击速度为 400m/s。

2. 断裂准则对比

通过单轴拉伸实验等实验数据，可以得到各类断裂准则的常数值。通过 465m/s Taylor 杆的刚性撞击实验，分别对比最大应力准则、等效塑性应变准则、最大应变准则和考虑应力三轴度的 JC 准则。可以看出，最大主应力准则和等效塑性准则过高估计了材料的脆性，即在低应力三轴度区间，材料强度估计过低。最大主应变准则稍好于上述两个准则，差于计及应力三轴度效应的 JC 准则。各类损伤准则的计算结果如图 3.49 所示。对比发现，JC 准则仍低估材料的压缩韧性，需要进行改进研究。实验实测结果如图 3.50 所示。

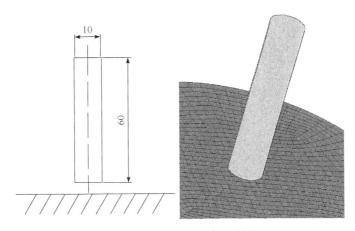

图 3.48　Taylor 杆的实验示意图(单位：mm)

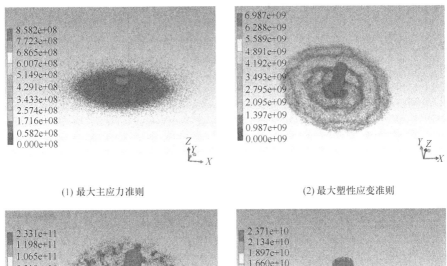

(1) 最大主应力准则　　　　　　　　　　　　(2) 最大塑性应变准则

(3) 最大主应变准则　　　　　　　　　　　　(4) JC 断裂准则

图 3.49　各类损伤准则的计算结果(v_0=465m/s)

(a) v_0=465m/s　　　　　　　(b) v_0=466m/s

图 3.50　实验实测结果[29]

3.5　基于 MC 准则的动态失效本构

3.5.1　问题提出

　　针对舰船用钢,本节设计 11 种 68 个材料试件,全面覆盖拉伸、剪切、压剪、压缩等材料的多种应力状态。采用 INTRON5882 微机控制万能材料实验机开展材料实验,不同应力三轴度和 Lode 角参数的试样如图 3.51 所示。其中光滑圆棒试样(试样 1)和缺口拉伸试样(试样 2~6)参照《GB/T 228—2002》[30]制作,缺口设置不同半径(1mm、2mm、4mm、6mm、∞)。试样 7、8、9 采用圆棒墩粗试样,设

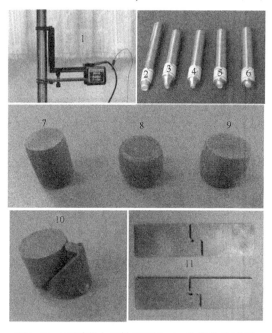

图 3.51　不同应力三轴度和 Lode 角参数的试样

置不同的长径比。试样 10 通过压缩的方式实现局部核心区域压剪应力状态[31]。试样 11 通过拉伸的方式实现局部核心区域剪切应力状态。

不同应力三轴度和 Lode 角下的断裂应变如表 3.4 所示。应力三轴度 η、Lode 角均为试样变形至断裂过程中的平均值。平均应力三轴度的计算公式为

$$\bar{\eta} = \int_0^{\varepsilon_f} \frac{-p}{q} \mathrm{d}\varepsilon \tag{3.30}$$

式中，$\bar{\eta}$ 为平均应力三轴度；ε_f 为断裂应变；ε 为等效应变；p 为第一应力张量不变量；q 为第二应力张量不变量。

Lode 角的计算方法类似。

表 3.4　不同应力三轴度和 Lode 角下的断裂应变

编号	试样种类	应力三轴度	Lode 角	断裂应变
1	光滑圆棒拉伸	0.4007	0.9992	1.027
2	缺口圆棒拉伸	0.6378	0.9992	0.6948
3	缺口圆棒拉伸	0.7738	0.9984	0.7251
4	缺口圆棒拉伸	0.7840	0.9978	0.6344
5	缺口圆棒拉伸	1.1216	0.9978	0.4985
6	缺口圆棒拉伸	1.615	0.9986	0.3927
7	圆柱墩粗	−0.3071	−0.8125	2.1081
8	圆柱墩粗	−0.2564	−0.7862	1.9872
9	圆柱墩粗	−0.2675	−0.7845	2.0562
10	缺口压剪	−0.1835	−0.6783	0.6461
11	简单剪切	0.0022	0.0456	0.4951

低应力三轴度区间的"断崖"现象如图 3.52 所示。在应力三轴度高于 0.33 的区间，断裂应变满足 JC 准则的特点，呈指数式下降。若将其通过外插的方法扩

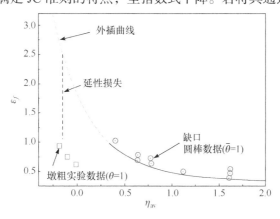

图 3.52　低应力三轴度区间的"断崖"现象

展到低应力区间，则会产生较大差异，出现"断崖"现象。考虑此时试样的 Lode 角由 1 变化为−1(约值)，推测可能是 Lode 角的影响。

3.5.2　应力状态的推导

在金属材料变形过程中，第一、第二、第三应力张量不变量分别为

$$p = -\sigma_m = -\frac{1}{3}\text{tr}([\sigma]) = -\frac{1}{3}(\sigma_1 + \sigma_2 + \sigma_3) \tag{3.31}$$

$$q = \bar{\sigma} = \sqrt{\frac{3}{2}[S]:[S]} = \sqrt{\frac{1}{2}\left[(\sigma_1 - \sigma_2)^2 + (\sigma_2 - \sigma_3)^2 + (\sigma_3 - \sigma_1)^2\right]} \tag{3.32}$$

$$r = \left(\frac{9}{2}[S]\cdot[S]:[S]\right)^{1/3} = \left[\frac{27}{2}\det([S])\right]^{1/3} = \left[\frac{27}{2}(\sigma_1 - \sigma_m)(\sigma_2 - \sigma_m)(\sigma_3 - \sigma_m)\right] \tag{3.33}$$

式中，$[S]$ 为偏应力张量，即

$$[S] = [\sigma] + p[I] \tag{3.34}$$

式中，$[I]$ 为单位向量；σ_1、σ_2 和 σ_3 为主应力。

由于第一应力不变 p 以压为正，因此 σ_m 为正。通常定义无量纲的静水压力为

$$\eta = -\frac{p}{q} = \frac{\sigma_m}{\bar{\sigma}} \tag{3.35}$$

Lode 角通过归一化的第三应力不变量定义为

$$\xi = \left(\frac{r}{q}\right)^3 = \cos(3\theta) \tag{3.36}$$

任意一点的应力状态可用笛卡儿坐标系中的三个主应力表示为 $(\sigma_1, \sigma_2, \sigma_3)$，也可以用圆柱坐标表示为 $(\sigma_m, \bar{\sigma}, \theta)$。同样，可以采用球坐标系表示为 $(\bar{\varepsilon}, \eta, \theta)$，其中 $\bar{\varepsilon}$ 为等效应变。应力空间的坐标变换如图 3.53 所示。

对 Lode 角进行均一化，可以表示为

$$\bar{\theta} = 1 - \frac{6\theta}{\pi} = 1 - \frac{2}{\pi}\arccos\xi \tag{3.37}$$

式中，$-1 \leqslant \bar{\theta} \leqslant 1$ 称为均一化的 Lode 角(简称 Lode 角)。

应力状态可以用应力三轴度和 Lode 角表示为 $(\eta, \bar{\theta})$。

求解方程可以将第一、第二、第三主应力用应力三轴度 η、均一化的 $\bar{\theta}$ 及第二应力不变量 q 表示为

$$\sigma_1 = q\left\{\eta + \frac{2}{3}\cos\left[\frac{\pi}{6}(1 - \bar{\theta})\right]\right\} \tag{3.38}$$

$$\sigma_2 = q\left\{\eta + \frac{2}{3}\cos\left[\frac{\pi}{6}\left(3 + \overline{\theta}\right)\right]\right\} \tag{3.39}$$

$$\sigma_3 = q\left\{\eta - \frac{2}{3}\cos\left[\frac{\pi}{6}\left(1 + \overline{\theta}\right)\right]\right\} \tag{3.40}$$

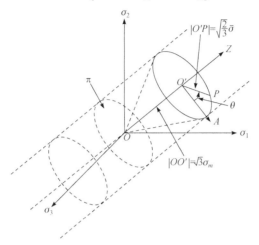

图 3.53　应力空间的坐标变换

在平面应力状态下 $\left(\sigma_3 = 0\right)$，应力三轴度和 Lode 角的关系可以表示为

$$\xi = \cos\left[\frac{\pi}{2}\left(1 - \overline{\theta}\right)\right] = -\frac{27}{2}\eta\left(\eta^2 - \frac{1}{3}\right) \tag{3.41}$$

将式(3.41)表征的应力状态空间表示出来，并区分不同应力状态区间对应的 Lode 角参数和应力三轴度。应力状态的 $\left(\overline{\theta}, \eta\right)$ 空间表述如图 3.54 所示。

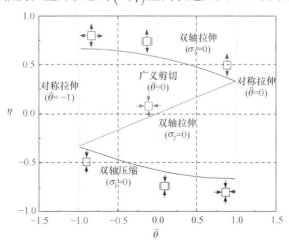

图 3.54　应力状态的 $\left(\overline{\theta}, \eta\right)$ 空间表述

典型试样的应力状态与断裂应变如表 3.5 所示。

表 3.5 典型试样的应力状态与断裂应变

编号	试样类型	应力三轴度	Lode 角	断裂应变值
1	圆棒单轴拉伸	$\dfrac{1}{3}$	1	$2\ln\left(\dfrac{a_0}{a_{\mathrm{f}}}\right)$
2	缺口圆棒拉伸	$\dfrac{1}{3}+\sqrt{2}\ln\left(1+\dfrac{a}{2R}\right)$	1	$2\ln\left(\dfrac{a_0}{a_{\mathrm{f}}}\right)$
3	平板拉伸	$\dfrac{\sqrt{3}}{3}$	0	$\dfrac{2}{\sqrt{3}}\ln\left(\dfrac{t_{\mathrm{f}}}{t_0}\right)$
4	缺口平板拉伸	$\dfrac{\sqrt{3}}{3}\left(1+2\ln\left(1+\dfrac{t}{4R}\right)\right)$	0	$\dfrac{2}{\sqrt{3}}\ln\left(\dfrac{t_{\mathrm{f}}}{t_0}\right)$
5	剪切或扭转	0	0	$\dfrac{\Delta\Phi_{\mathrm{f}}a_0}{\sqrt{3}L_0}$
6	圆柱压缩	$-\dfrac{1}{3}$	−1	$2\ln\left(\dfrac{a_0}{a_{\mathrm{f}}}\right)$
7	双轴拉伸	$\dfrac{2}{3}$	−1	$2\ln\left(\dfrac{d_0}{d_{\mathrm{f}}}\right)$
8	双轴压缩	$-\dfrac{2}{3}$	1	$2\ln\left(\dfrac{d_0}{d_{\mathrm{f}}}\right)$
9	平板压缩	$-\dfrac{\sqrt{3}}{3}$	0	$\dfrac{2}{\sqrt{3}}\ln\left(\dfrac{t_{\mathrm{f}}}{t_0}\right)$
10	圆棒缺口压缩	$-\dfrac{\sqrt{3}}{3}\left(1+2\ln\left(1+\dfrac{t}{4R}\right)\right)$	−1	$2\ln\left(\dfrac{a_0}{a_{\mathrm{f}}}\right)$

试样的应力三轴度和 Lode 角经数值计算方法修正，拉伸、缺口拉伸、压缩、压剪和剪切等试样的应力状态呈现在 $(\eta,\overline{\theta})$ 空间中。并非所用试样都准确位于轴向应力状态，具体原因是试样在变形过程中，应力三轴度和 Lode 角会发生小幅变化，进而影响平均值。

3.5.3 全应力状态下船用钢力学特性实验

船用金属材料的力学特性实验，可较为全面地覆盖 $(\eta,\overline{\theta})$ 空间。三类试样对应力状态的覆盖如图 3.55 所示。Bao 等[25]的研究结果表明，在应力三轴度小于 1/3 时，金属材料完全不发生损伤失效。实验试样设计覆盖 Lode 角参数(−1, 1)，应力三轴度(−1/3, 1)区间。本书通过三类试样覆盖上述区间，分别为Ⅰ区(平板缺口拉伸试样)、Ⅱ区(平面拉伸到平面剪切试样)、Ⅲ区(双轴平面拉伸试样)。三类试样对应力状态的覆盖如图 3.55 所示。

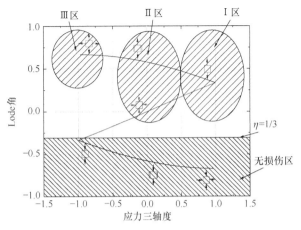

图 3.55　三类试样对应力状态的覆盖

1. 平板缺口拉伸

1) 试件应力状态分析与实验

通过改变缺口尺寸可以实现一系列应力三轴度。根据 Bai 等[21]的研究,平板缺口拉伸试样的应力三轴度可以表达为

$$\eta = \frac{1+2\Lambda}{3\sqrt{\Lambda^2 + \Lambda + 1}} \tag{3.42}$$

式中,Λ可以由下式表示,即

$$\Lambda = \ln\left[1 + t/(4R)\right] \tag{3.43}$$

式中,t 为板材厚度;R 为试样缺口半径。

根据上述分析,缺口拉伸试样几何尺寸如图 3.56 所示。

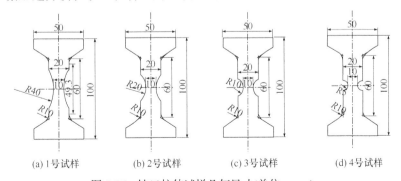

(a) 1号试样　　　　(b) 2号试样　　　　(c) 3号试样　　　　(d) 4号试样

图 3.56　缺口拉伸试样几何尺寸(单位:mm)

实验中的万能材料实验机采用平板拉伸夹具开展。为确保准静态加载工况，加载速度控制在 1mm/min。为获得试样的变形和应变场，采用 DIC 法[32]进行变形和应变的非接触式测量。DIC 法测量的典型缺口拉伸试样应变如图 3.57 所示。

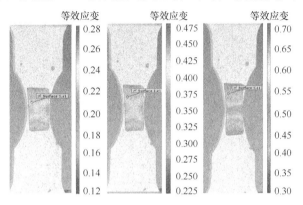

图 3.57　DIC 法测量的典型缺口拉伸试样应变

典型缺口拉伸试件的变形阶段如图 3.58 所示。整个变形过程分为弹性阶段、塑性阶段和断裂阶段。在弹性与塑性阶段的分界线，材料发生屈服。断裂阶段从材料局部塑性失稳，即颈缩开始，并止于试件整体断裂。

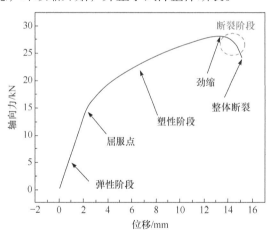

图 3.58　典型缺口拉伸试件的变形阶段

2) 数值仿真与结果分析

为准确获得试样变形过程中应力三轴度和 Lode 角参数的变化，采用数值仿真方法辅助分析。数值仿真采用 ABAQUS 6.14 进行，采用 8 节点缩减积分单元进行数值分析仿真计算，为兼顾计算效率和精度，变形较小的夹持段采用较大网格，变形较为集中的核心区域采用精细网格。经过多次试算，确定的最小单元尺寸为 0.06mm×0.1mm×0.1mm。缺口拉伸试样的有限元模型如图 3.59 所示。

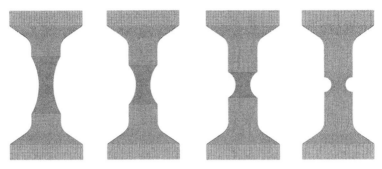

图 3.59　缺口拉伸试样的有限元模型

图 3.60 为缺口试样中心线凹陷变形曲线。不同缺口拉伸试样的中心线均存在不同程度的凹陷，也从侧面印证了缺口拉伸试件的中心处最先发生塑性损伤。此处分析与实验观察到的试样中心处先出现裂纹一致。

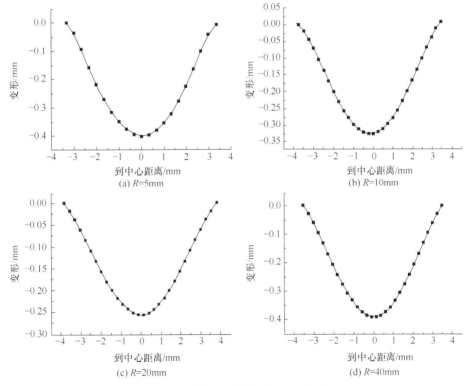

图 3.60　缺口试样中心线凹陷变形

对实验开展的 4 组试样进行数值仿真计算。缺口拉伸实验的力-位移曲线如图 3.61 所示。数值仿真结果与实验吻合较好。因数值仿真模型中未设置失效参数，数值仿真曲线与实验曲线的明显分叉处可以认为是实验试样发生塑性失稳进而断裂失效的起始值。

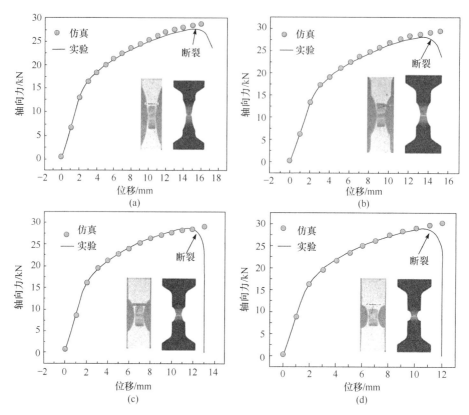

图 3.61　缺口拉伸实验的力-位移曲线

2. 拉伸和剪切联合作用

1) 应力状态分析

为研究拉伸和剪切联合作用下材料的力学行为,设计材料试样为平面应变(即某方向的应变为 0),此时应力状态可以表述为

$$\sigma = \begin{bmatrix} 0.5\sigma & \tau & 0 \\ \tau & \sigma & 0 \\ 0 & 0 & 0 \end{bmatrix} \tag{3.44}$$

应力三轴度可以表述为

$$\eta = \frac{\mathrm{sign}\sigma}{\sqrt{3 + 12\left(\dfrac{\tau}{\sigma}\right)}} \tag{3.45}$$

当纯剪切($\sigma/\tau \to 0$)时,应力三轴度为 0;当常规拉伸时,可近似为平面应变

状态($\sigma/\tau \to \infty$)，此时应力三轴度为$1/\sqrt{3}$。此时，Lode 角可表述为

$$\bar{\theta}=1-\frac{2}{\pi}a\cos\xi \tag{3.46}$$

式中

$$\xi=-\frac{27}{2}\frac{\det(\sigma+pI)}{q^3}=\frac{\dfrac{27}{4}\dfrac{\sigma}{|\tau|}}{\left[\dfrac{3}{4}\left(\dfrac{\sigma}{\tau}\right)+3\right]^{\frac{3}{2}}} \tag{3.47}$$

Lode 角与应力三轴度不同，并不是单调的。当$\sigma/\tau \to 0$和$\sigma/\tau \to \infty$时，$\bar{\theta}=0$均成立。当$\sigma/\tau \approx 1.38$时，对应的$\bar{\theta}=0$。

定义加载角如下，即

$$\tan\alpha=\frac{F_{\text{tension}}}{F_{\text{shear}}}=\frac{\sigma}{\tau} \tag{3.48}$$

使用式(3.45)和式(3.46)进行计算，得到的蝶形试样覆盖的应力状态范围如图 3.62 所示。计算结果能较好地覆盖应力三轴度η和 Lode 角$\bar{\theta}$均为正的空间。

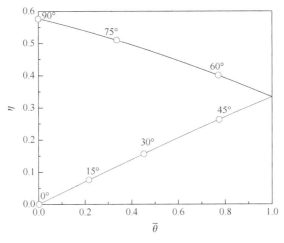

图 3.62　蝶形试样覆盖的应力状态

2) 实验装置与试样

实验采用改进的 Arcan 夹具结合 MTS 万能材料实验机开展。如图 3.63 所示，定义α为外加载方向与图中水平基准线的夹角，可以通过改变α的值实现改变试样应力状态的目的($\alpha=90°$时为单轴拉伸，$\alpha=0°$时为纯剪切，$0°<\alpha<90°$时为拉伸到剪切逐渐过渡)。在实验过程中，通过材料实验机驱动夹具相对运动达到对试样加载的目的。

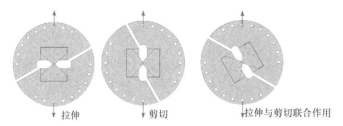

图 3.63　改进的 Arcan 夹具加载示意图

　　为将破坏区域控制在实验核心段，采用蝶形试样。试样采用数控加工中心加工，实验核心段通过细砂纸打磨，使表面粗糙度为 0.8。蝶形试样实物如图 3.64 所示。蝶形试样尺寸如图 3.65 所示。

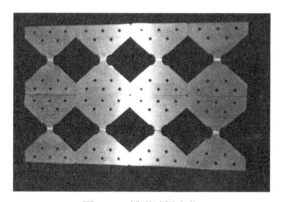

图 3.64　蝶形试样实物

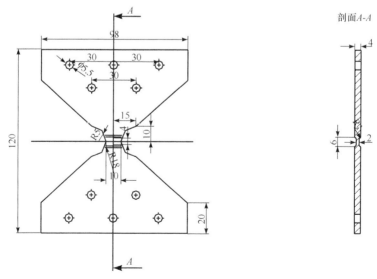

图 3.65　蝶形试样尺寸(单位：mm)

在室温条件下，采用 MTS 万能材料实验机进行实验，加载速度控制在 1mm/min，采用 DIC 法测量蝶形试样变形过程中的变形和应变过程，相机拍摄频率为 50Hz。通过改变 Arcan 夹具角度调整不同工况，并记录实验过程中的载荷-位移曲线。

3) 实验结果

实验采用 DIC 法测量 7 组蝶形试样核心段的应变场变化情况。蝶形试样变形的 DIC 法测量如图 3.66 所示。等效应变均集中在较小范围内，应变的局部化程度较高。

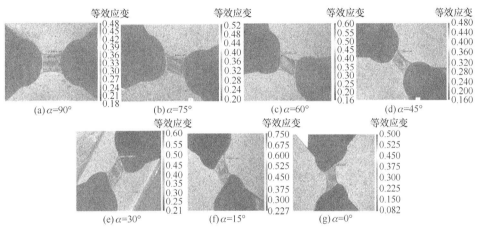

图 3.66　蝶形试样变形的 DIC 法测量

为得到变形过程中应变与应力张量的值，进而得到试样变形过程中应力三轴度和 Lode 角参数的变化，采用 ABAQUS 的 8 节点缩减积分单元进行数值分析仿真计算。最小单元尺寸为 0.06mm×0.1mm×0.1mm。蝶形试样有限元模型如图 3.67 所示。

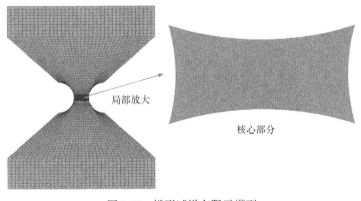

图 3.67　蝶形试样有限元模型

蝶形试样的力-位移曲线如图 3.68 所示。这说明，数值仿真具有较好的准确性。

如图 3.69 所示，蝶形试样受到拉伸作用时，裂纹萌发于试样核心区域的中心位置，并逐渐向外扩展，最终裂纹扩展到侧面，导致试样完全断裂。

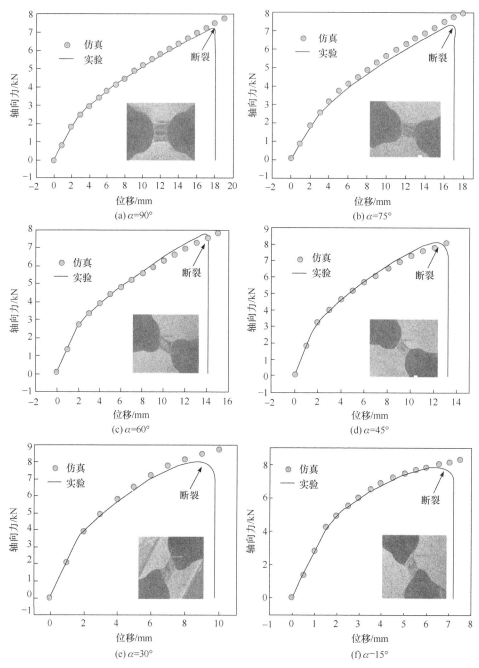

(a) $\alpha=90°$

(b) $\alpha=75°$

(c) $\alpha=60°$

(d) $\alpha=45°$

(e) $\alpha=30°$

(f) $\alpha=15°$

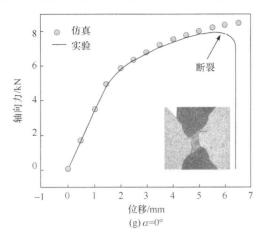

(g) $\alpha=0°$

图 3.68　蝶形试样的力-位移曲线

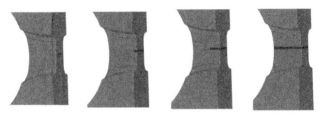

图 3.69　蝶形试样拉伸过程中的裂纹扩展过程

如图 3.70 所示，不同加载路径蝶形试样裂纹扩展路径有所不同，90°加载时，裂纹位于正中间；其他角度加载时，裂纹沿一定角度倾斜。

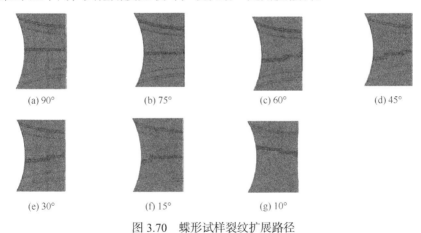

(a) 90°　　　　(b) 75°　　　　(c) 60°　　　　(d) 45°

(e) 30°　　　　(f) 15°　　　　(g) 10°

图 3.70　蝶形试样裂纹扩展路径

3. 双轴拉伸实验

平面双轴拉伸实验是实现 Lode 角参数为-1、应力三轴度为 2/3 的有效方法，能有效覆盖区间Ⅲ。双轴面内受拉是爆炸作用下舱室结构较为常见的一种应力状态。目前广泛使用的材料实验机主要为拉压实验机，难以直接实现平面双轴受拉的应力状态，进行辅助装置和试样设计。

1) 实验装置

整个实验系统由支撑架、试样、盖板、锤头、反光镜和 DIC 相机系统组成。基于 Punch 实验的双轴拉伸实验系统如图 3.71 所示。试件在球形锤头作用下发生双向拉伸、凹陷、塑性变形、局部塑性失稳并最终失效。为减少锤头与试样之间摩擦的影响，在锤头上涂抹润滑油。

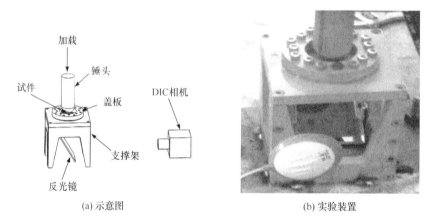

(a) 示意图　　　　　　　　　　　　　　(b) 实验装置

图 3.71　基于 Punch 实验的双轴拉伸实验系统

2) 实验结果

典型试样破坏形态如图 3.72 所示。通过实验与仿真比对，可以获得各试件从单轴拉伸逐步过渡到双轴拉伸时材料的断裂应变，并通过有限元精细分析获得各试件在变形过程中的应力三轴度和 Lode 角参数变化。

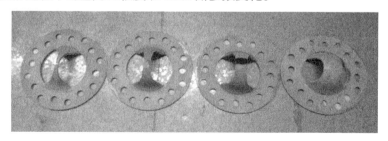

图 3.72　典型试件破坏形态

3.5.4　本构模型提出与参数获取

根据量纲分析理论[33]，当各变量耦合关系较弱时，可以采用乘积的方式将各自变量之间的关系表示出来。参考 JC 模型将温度、应变率和应力状态表征项以

乘积的方式表征,将摩尔库仑准则[34]与 JC 断裂准则[13]进行耦合,可以得到如下
公式,即

$$
\begin{aligned}
\varepsilon_{\mathrm{d}} = & \left\{ \frac{A}{c_2} \Big[1 - c_\eta (\eta - \eta_0) \Big] \left[c_\theta^s + \frac{\sqrt{3}}{2 - \sqrt{3}} \big(c_\theta^{ax} - c_\theta^s \big) \left(\sec\left(\frac{\bar{\theta}\pi}{6} \right) - 1 \right) \right] \right. \\
& \left. \times \left[\sqrt{\frac{1 + c_1^2}{3}} \cos\left(\frac{\bar{\theta}\pi}{6} \right) + c_1 \left(\eta + \frac{1}{3} \sin\left(\frac{\bar{\theta}\pi}{6} \right) \right) \right] \right\} \\
& \times \Big[1 + D_4 \ln \dot{\varepsilon}^* \Big] \Big[1 + D_5 T^* \Big]
\end{aligned}
\tag{3.49}
$$

式中, $\Big[1 - c_\eta (\eta - \eta_0) \Big]$ 为无量纲静水压力相关项; $\left[c_\theta^s + \frac{\sqrt{3}}{2 - \sqrt{3}} \big(c_\theta^{ax} - c_\theta^s \big) \right.$

$\left. \left(\sec\left(\frac{\bar{\theta}\pi}{6} \right) - 1 \right) \right]$ 为 Lode 角相关项; $\left[\sqrt{\frac{1 + c_1^2}{3}} \cos\left(\frac{\bar{\theta}\pi}{6} \right) + c_1 \left(\eta + \frac{1}{3} \sin\left(\frac{\bar{\theta}\pi}{6} \right) \right) \right]$ 为摩尔

库仑损伤相关项; $\left[1 + D_4 \ln \frac{\dot{\varepsilon}_p}{\dot{\varepsilon}_0} \right]$ 为 JC 应变率率相关项; $\left[1 + D_5 \hat{T} \right]$ 为 JC 损伤温度

和相变相关项; $\dot{\varepsilon}^* = \dot{\varepsilon}/\dot{\varepsilon}_0$ 为无量纲应变率; $T^* = (T - T_{\mathrm{r}})/(T_{\mathrm{m}} - T_{\mathrm{r}})$ 为无量纲温度,
T_{r} 为参考温度(室温), T_{m} 为材料融化温度。

需给定的材料参数为 A、c_1、c_2、c_θ^s、c_θ^{ax}、D_4、$\dot{\varepsilon}_0$、D_5、T_{r} 和 T_{m}。

该模型能对应力三轴度和 Lode 角参数良好表征,可以利用实验获得的参数
对式(3.49)进行拟合。新准则对应力状态的表征如图 3.73 所示。因舰船用钢材料
特性保密,部分参数未给出。将该曲面投影到 $(\eta, \varepsilon_{\mathrm{f}})$ 平面,曲面在应力三轴度-
断裂应变平面的投影如图 3.74 所示。对比图 3.73 新准则对应力状态的表征,低应
力三轴度区间的"断崖"现象是因为不同 Lode 角(1 和–1)时, η-ε_{f} 曲线互相交错。

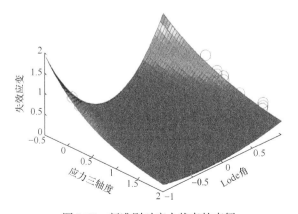

图 3.73　新准则对应力状态的表征

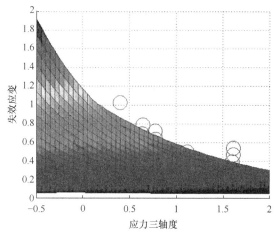

图 3.74　曲面在应力三轴度-断裂应变平面的投影

3.6　本构模型二次开发与实现

3.6.1　应力张量存储与定义

在子程序 VUMAT 中,应力张量存储在 stressOld(nblock,ndir+nshr)和 stressNew(nblock,ndir+nshr)中，两者分别代表增量步开始和结束时刻的应力张量。同理，应变张量也进行相应存储。应力张量分量的存储规定如表 3.6 所示。

表 3.6　应力张量分量的存储规定

分量	2D	3D
1	σ_{11}	σ_{11}
2	σ_{22}	σ_{22}
3	σ_{33}	σ_{33}
4	—	σ_{12}
5	—	σ_{23}
6	—	σ_{31}

应力张量在存储时分配空间总数为 ndir+nshr，其中对应对角线元素的数量为 ndir，非对角线元素的数量为 nshr。这两个变量作为传入参数是在 ABAQUS 决定单元种类时就确定的，ndir 值一般为 3，nshr 在 3D 时为 3，在 2D 时为 1。

3.6.2　VUMAT 子程序接口

ABAQUS 的 VUMAT 子程序接口如下。

```
      subroutine Vumat(
( Read only (unmodifiable)variables -
      1    nblock, ndir, nshr, nstatev, nfieldv, nprops, lanneal,
      2    stepTime, totalTime, dt, cmname, coordMp, charLength,
      3    props, density, strainInc, relSpinInc,
      4    tempOld, stretchOld, defgradOld, fieldOld,
      5    stressOld, stateOld, enerInternOld, enerInelasOld,
      6    tempNew, stretchNew, defgradNew, fieldNew,
( Write only (modifiable) variables -
      7    stressNew, stateNew, enerInternNew, enerInelasNew )
(        include 'vaba_param.inc'
(
         dimension props(nprops), density(nblock), coordMp(nblock,*),
      1    charLength(nblock), strainInc(nblock,ndir+nshr),
      2    relSpinInc(nblock,nshr), tempOld(nblock),
      3    stretchOld(nblock,ndir+nshr),
      4    defgradOld(nblock,ndir+nshr+nshr),
      5    fieldOld(nblock,nfieldv), stressOld(nblock,ndir+nshr),
      6    stateOld(nblock,nstatev), enerInternOld(nblock),
      7    enerInelasOld(nblock), tempNew(nblock),
      8    stretchNew(nblock,ndir+nshr),
      8    defgradNew(nblock,ndir+nshr+nshr),
      9    fieldNew(nblock,nfieldv),
      1    stressNew(nblock,ndir+nshr), stateNew(nblock,nstatev),
      2    enerInternNew(nblock), enerInelasNew(nblock),
(
         character*80 cmname
(
         do 100 km = 1,nblock
user coding
   100 continue
   return
   end
```

子程序 VUMAT 的参数主要包括不可变参数和可变参数。可变参数可分为必须定义的参数、选择性定义的参数。

3.6.3 可变参数

可变参数必须定义如下参数。

stressNew(nblock, ndir+nshr)为增量步结束时刻的应力张量,nblock 为材料积分点编号。

stateNew(nblock, nstatev)为增量步结束时刻的状态变量属于用户自定义输出场变量的一种。nstatev 为用户在 ABAQUS 的 Property 模块中为 stateNew 列表分配的内存空间大小。

ABAQUS 的 VUMAT 子程序的可变参数中的选择性定义如下参数。
enerInternNew(nblock)为增量步结束时材料积分点单位质量的内能。

enerInelasNew(nblock)为增量步结束时材料积分点单位质量的非弹性耗散能。

3.6.4 子程序计算流程

VUMAT 材料子程序计算流程图如图 3.75 所示。
程序按照如下流程进行。
(1) 在程序开始时,读入输入参数(杨氏模量、泊松比或温度相关等相应参数)。
(2) 判定是否为计算步中最初增量步,应用不同方式对用户自定义状态变量 SDV(Solution dependent variable)(stateOld 或 stateNew)进行初始化。
(3) 在需要时应用子程序 MaterialProperty 计算温度相关材料参数.
(4) 计算线弹性参数,即各弹性模量、泊松比、拉梅常数等。
(5) 将前一步计算结果投影还原到不带损伤的硬化曲线上(原屈服强度-等效塑性应变曲线)。
(6) 计算热应变和弹性应变分量。
(7) 在线弹性假设下计算应力张量、应力张量偏量和米塞斯应力。
(8) 更新和存储应力张量和弹性相关场变量。
(9) 调用 Vuhard_JC 计算增量步,初始时刻屈服强度。
(10) 通过比较米塞斯应力和屈服强度,判定是否进入塑性。
(11) 若进入塑性。
① 计算材料 JC 塑性参数,必要时调用 MaterialProperty。
② 牛顿-拉普森迭代,调用 Vuhard_JC 求解增量步结束时刻的等效塑性应变和屈服强度。

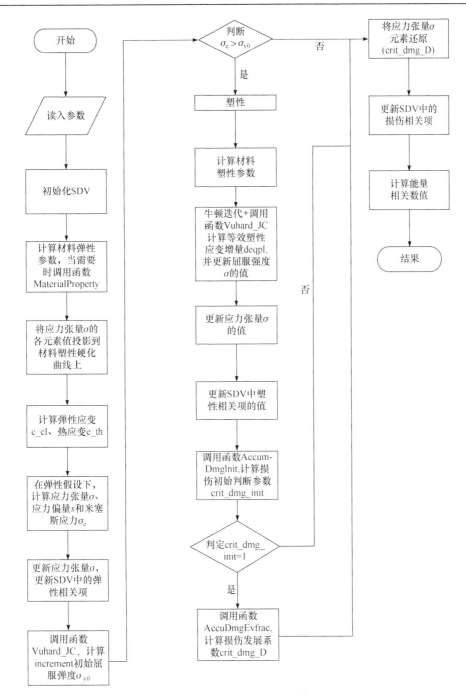

图 3.75　VUMAT 材料子程序计算流程图

③ 更新应力张量和 SDV 中塑性相关值。

④ 调用 AccumDmgInit 计算损伤初始判定参数 crit_dmg_init。

⑤ 通过比较 crit_dmg_init 的值，判定是否进入损伤。

⑥ 若进入损伤，调用 AccumDmgEvoFrac 计算损伤发展和损伤系数 D。

(12) 将塑性硬化曲线上的点还原到损伤曲线上(考虑损伤造成的材料退化)，即将应力张量乘以损伤系数 D，还原到材料退化屈服强度衰减曲线上。

(13) 更新 SDV 中损伤相关项，计算能量相关数值。

3.7　本构模型的有效性验证

反舰导弹舱内爆炸载荷作用下舱室的毁伤主要有两类问题，即结构侵彻失效问题和结构爆炸失效问题。为验证本书复杂应力状态下动态失效模型的有效性，分别开展侵彻验证和板的爆炸失效验证。本节通过对穿甲剩余速度和爆炸作用下板失效模式的对比分析，验证本构模型的有效性。

3.7.1　穿甲特性验证

1. 验证实验

实验采用小型一级轻气炮加载，发射管内径 10mm，长 1.8m。子弹直径 9.9mm，长度 30mm，为增加弹道稳定性，弹体末端挖空。实验采用高速摄像机记录实验过程，并验证子弹穿甲前后的速度变化。高速摄像机设置为 10000Hz 采样频率。实验装置及弹体如图 3.76 所示。

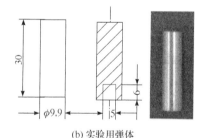

(a) 实验装置　　　　　　　　　　(b) 实验用弹体

图 3.76　实验装置及弹体(单位：mm)

2. 数值仿真模型

利用 ABAQUS EXPLICIT 开展数值仿真计算，目标板为圆板，取直径 200mm，核心区域 20mm，四周采取固定约束。核心区域的网格边长为 0.25mm，外部区域采用过渡网格，越往外网格尺度越大，外部网格边长为 1mm。接触方式设置为自接触。仿真模型如图 3.77 所示。摩擦系数设置为 0.01。材料参数见文献[35], [36]。

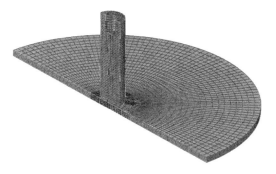

图 3.77　仿真模型

3. 实验结果与验证

实验共开展 10 组圆柱形弹体侵彻 2mm 船用钢靶板实验。高速相机记录的弹体侵彻靶板过程如图 3.78 所示。

图 3.78　高速相机记录的弹体侵彻靶板过程

采用 Recht 等[37]提出的公式对弹体贯穿靶的初始剩余速度进行拟合。实验结果与仿真结果的对比如图 3.79 所示。实验结果与仿真结果能较好地吻合，验证了 VUMAT 子程序的有效性。

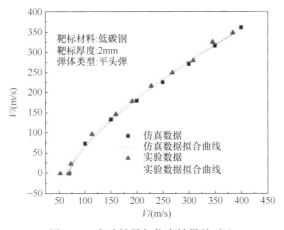

图 3.79　实验结果与仿真结果的对比

3.7.2　爆炸破口验证

舰船的基本结构单元为板架。爆炸载荷作用下板会发生多种破坏模式[38]，其

中尤以花瓣状破口最为复杂。下面将二次开发的本构模型用于花瓣状破口预测和
分析,以验证其正确性。

1. 花瓣状破口形成过程

采用 ABAQUS 建立直径为 600mm 的圆形薄板,设置为壳单元,厚度为 3mm,
四周边界固定约束。中心直径 50mm 的核心区域通过施加初速度(V_0=100m/s)的方
式加载局部冲击载荷。

图 3.80 所示为花瓣型破口形成过程的俯视和侧视图。整个花瓣变形分为
蝶形凹陷阶段、中心区域裂纹扩展阶段、花瓣形成与翻转阶段。

(1) 蝶形凹陷阶段(图 3.80(a)、图 3.80(b))。中间局部区域受冲击载荷作用出
现局部凹陷,在中心运动区域与未运动区的过渡区域。由于速度梯度较大,易发
生较大的塑性变形,整体呈现凸台状,出现局部颈缩,甚至整个中心运动区域飞
出,形成充塞破口。

(2) 中心区域裂纹扩展阶段(图 3.80(c)、图 3.80(d))。在蝶形凹陷区边界与中
心处,由于变形梯度较大,形成若干裂纹。在局部结构继续运动的情况下,主裂
纹长度持续增大,并发生扩展,中心区域出现局部碎裂破片。

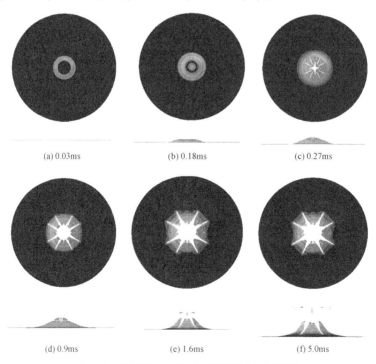

(a) 0.03ms　　　　　　　(b) 0.18ms　　　　　　　(c) 0.27ms

(d) 0.9ms　　　　　　　(e) 1.6ms　　　　　　　(f) 5.0ms

图 3.80　花瓣型破口形成过程(俯视与侧视图)

(3) 花瓣形成与翻转阶段(图 3.80(e)、图 3.80(f))。中心区域碎片继续飞出，裂纹此时不再扩展，花瓣因后续惯性与径向拉力联合作用向后翻转，发生较大塑性变形，花瓣最终形成。

2. 典型区域应力状态

裂纹扩展区失效单元的应力三轴度如图 3.81 所示。三个不同测点距离圆心 80mm、52mm 和 33mm，分别位于花瓣间裂纹区、蝶形凹陷过渡区和中心运动区域内。3 个测点位置的单元均先受拉伸作用，然后过渡到拉剪、剪切和压缩区，并依次发生损伤。应力三轴度的变化表明，在整个花瓣变形形成的过程中，各失效单元的受力状态发生较大变化，单一的双向受拉无法准确描述。

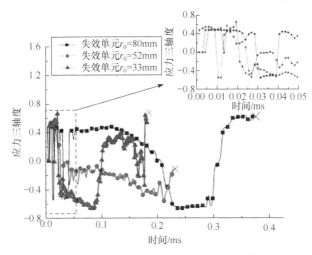

图 3.81　裂纹扩展区失效单元的应力三轴度

非裂纹区单元的应力三轴度如图 3.82 所示。花瓣区、圆板边缘及中间过渡区受力状态有明显差异。

(1) 花瓣区最早受到拉伸作用，应力三轴度约为 0.6，属于双向拉伸，然后花瓣裂纹扩展形成自由界面，拉伸波转换成压缩波，局部受力由双向拉伸转换成双向压缩，最后花瓣顶部位置翻卷，花瓣中的单元受到较为持续的拉伸作用。

(2) 接近边缘处的测点，在作用开始时间上滞后于花瓣和过渡区，受到一段持续时间较长的拉伸作用，后续也会进入交替的拉伸和压缩作用，偶有剪切应力状态，但整体上看，后期(2.4ms 以后)主要受拉伸作用。

(3) 花瓣和边界的过渡区内，测点受拉伸作用的起始时间介于花瓣和边缘之间，起初受到较长时间双向拉伸波的作用，然后由于反射波的作用，测点承受剪切，甚至压缩作用的交替作用，最后由于花瓣的向外翻，转测点将承受较长时间的拉伸作用。

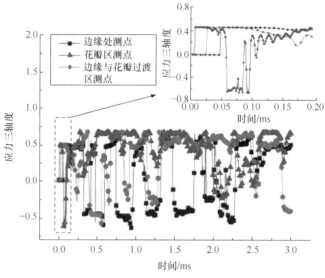

图 3.82　非裂纹区单元的应力三轴度

3. 局部损伤程度

如图 3.83 所示,可以看到距中心为 70mm 处的累积损伤情况(0°~90°范围内)。各曲线从时间和物理阶段划分为 3 个阶段,即蝶形凹陷造成的均匀加载,各测点损伤较为一致,均小于 0.4(0.2ms 时的曲线);裂纹迅速扩展形成(0.5ms)时,28°与 62°处的损伤迅速发展,形成两个"山峰",并远远大于周围值,1.0ms 时,峰值附近的值有一定的塑性累积,损伤度稍有增大;花瓣翻转造成的均匀损伤,除"山峰"外,其他各处的损伤程度均有一定程度的增大,且幅值基本相当(2.0ms 时的曲线)。

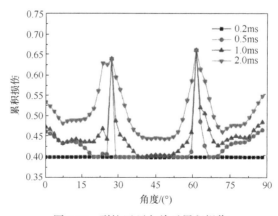

图 3.83　裂纹区环向单元累积损伤

如图 3.84 所示,可以看到距离中心 170mm 处的累积损伤情况(0°~90°)。不同区域的损伤发展先后不同，首先为 28°与 62°处裂纹前端产生明显损伤(1.0ms)，其他区域发展不明显；1.0ms 以后，裂纹前端区发展不明显，2 个裂纹中间由于花瓣的弯曲，形成一定的塑性损伤区。这说明，花瓣卷曲会造成花瓣根部的二次损伤。

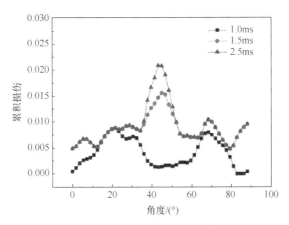

图 3.84　非裂纹区环向单元累积损伤

4. 分析与探讨

上述分析表明，在爆炸等局部冲击作用下，薄花瓣型破口形成过程的受力状态复杂，远非双向受拉所能描述。图 3.85 为薄板爆炸后形成的花瓣、碎裂与文献[39], [40]实验结果比对的情况。应力状态的断裂准则对于准确预测花瓣的形成，以及爆炸碎片的预测与描述较为适用。传统的等效塑性应变准则将失效参数设置为一常数，不考虑应力状态的影响，难以描述复杂应力状态下板的破坏机理。应力状态对金属材料影响的失效准则能揭示花瓣型破口形成机理，更有效地预测复杂应力状态下的薄板失效模式与破口大小。等效塑性应变准则获得的破坏模式如图 3.86 所示，与考虑应力状态的准则得到的破坏模式具有较大差异。这表明，考虑应力状态的材料失效准则对于准确预测花瓣型破口具有重要作用。

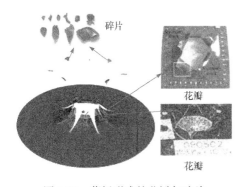

图 3.85　薄板形成的花瓣与碎片　　　　图 3.86　等效塑性应变准则获得的破坏模式

3.8　本　章　小　结

　　本章研究船用钢的动态力学性能,分析霍普金森杆法和Taylor杆法两种方法;开展应力三轴度效应的失效模型研究,以及压缩、压剪、剪切、拉剪、单轴拉伸、双轴拉伸等试样的断裂特性实验,再现了船用钢在低应力三轴度的"断崖"现象,推导了(应力三轴度、Lode角参数、失效应变)空间的应力状态转换关系,设计了平板缺口拉伸实验、拉伸和剪切联合作用实验、双轴拉伸实验等三大类实验,覆盖了复杂应力空间。同时,结合早期开展的高应变率、高温实验结果,给出断裂准则参数并解释低应力三轴度区间的"断崖"现象。基于 ABAQUS 平台进行子程序二次开发,并通过侵彻实验和局部爆炸作用下花瓣形成过程分析验证动态失效模型的有效性。主要得到以下结论。

　　(1) 船用钢在高应力三轴度区间随着应力三轴度的增加,断裂应变指数衰减,在低应力三轴度区间出现断裂应变的"断崖"现象。因为采用应力三轴度表征应力三轴度会带来一定的不足,采用应力三轴度和 Lode 角三维应力空间表征能有效预测断裂特性。

　　(2) 提出一种考虑温度、应变率、应力三轴度、Lode角等变量的动态失效本构模型,并进行二次开发;新的动态失效本构模型适用于穿甲剩余速度和爆炸作用下板破损的预测。

参 考 文 献

[1] 李营, 张磊, 朱海清, 等. 爆炸破片在液舱中的速度衰减特性研究[J]. 中国造船, 2016, 57(1): 127-137.

[2] 汪玉, 华宏星. 舰船现代冲击理论及应用[M]. 北京: 科学出版社, 2005.

[3] Johnson G R, Cook W H. A Constitutive model and data for metals subjected to large strains, high strain rates and high temperature[C]//Proceedings of the Seventh International Symposium on Ballistics, Netherland, 1983: 541-543.

[4] Johnson G R, Holmquist T J. Evaluation of cylinder-impact test data for constitutive model constants[J]. Journal of Applied Physics, 1988, 64(8): 3901-3910.

[5] Rohr I, Nahme H, Thoma K. Material characterization and constitutive modelling of ductile high strength steel for a wide range of strain rates[J]. International Journal of Impact Engineering, 2005, 31(4): 401-433.

[6] 朱锡. 921A 钢动态屈服应力的实验研究[J]. 海军工程学院学报, 1991, 2: 43-48.

[7] Li X B, Li Y, Zheng Y Z. Influence of stress wave on dynamics damage character of ship-build low-carbon steel based on low-velocity Taylor impact bar[J]. Journal of Ship Mechanics, 2014, 18(12): 1495-1504.

[8] 李营, 吴卫国, 郑元洲, 等. 舰船防护液舱吸收爆炸破片的机理[J]. 中国造船, 2015, 56(2):

38-44.

[9] Taylor G I. The use of flat-ended projectiles for determining dynamic yield stress. I. theoretical considerations[J]. Proceedings of the Royal Society of London Series A, Mathematical and Physical Sciences, 1948, 194(1308): 289-299.

[10] Teng X, Wierzbicki T, Hiermaier S, et al. Numerical prediction of fracture in the Taylor test[J]. International Journal of Solids and Structures, 2005, 42(9-10): 2929-2948.

[11] Wierzbicki T, Bao Y, Lee Y W, et al. Calibration and evaluation of seven fracture models[J]. International Journal of Mechanical Sciences, 2005, 47(4-5): 719-743.

[12] Rice J R, Tracey D M. On the ductile enlargement of voids in triaxial stress fields[J]. Mech Phys Solids, 1969, 17: 210-217.

[13] Johnson G R, Cook W H. Fracture characteristics of three metals subjected to various strains, strain rates, temperatures and pressures[J]. Engineering Fracture Mechanics, 1985, 21: 31-48.

[14] Bao Y, Wierzbicki T. On fracture locus in the equivalent strain and stress triaxiality space[J]. International Journal of Mechanical Sciences, 2004, 46: 81-98.

[15] Bao Y, Wierzbicki T. On the cut-off value of negative triaxiality for fracture[J]. Engineering Fracture Mechanics, 2005, 72: 1049-1069.

[16] 谢凡, 张涛, 陈继恩, 等. 应力三轴度的有限元计算修正[J]. 爆炸与冲击, 2012, 32(1): 8-14.

[17] Bonora N, Gentile D, Pirondi A, et al. Ductile damage evolution under triaxial state of stress: theory and experiments[J]. International Journal of Plasticity, 2005, 21: 981-1007.

[18] Lou Y, Huh H, Lim S, et al. New ductile fracture criterion for prediction of fracture forming limit diagrams of sheet metals[J]. International Journal of Solids and Structures, 2012, 79: 3605-3615.

[19] 陈刚. 半穿甲战斗部穿甲效应数值模拟与实验研究[D]. 绵阳: 中国工程物理研究院, 2006.

[20] 郭子涛. 弹体入水特性及不同介质中金属靶抗侵彻性能研究[D]. 哈尔滨: 哈尔滨工业大学, 2012.

[21] Bai Y, Wierzbicki T. A new model of metal plasticity and fracture with pressure and Lode dependence[J]. International Journal of Plasticity, 2008, 24: 1071-1096.

[22] Meyers M A. 材料的动力学行为[M]. 北京: 国防工业出版社, 2006.

[23] 邓云飞. 弹靶结构及其材料性能对金属靶抗侵彻特性影响研究[D]. 哈尔滨: 哈尔滨工业大学, 2012.

[24] Klepaczko J D, Malinowski Z. High Velocity Deformation of Solids[M]. Berlin: Springer, 1978.

[25] Bao Y, Wierzbicki T. On fracture locus in the equivalent strain and stress triaxiality space[J]. International Journal of Mechanical Sciences, 2004, 46(1): 81-98.

[26] Couque H. On the use of the symmetric Taylor test to evaluate dynamic ductile compression fracture properties of metals[C]//Proceedings of the 5th International Conference on Structures Under Shock and Impact, Billerica, 1998: 579-589.

[27] Rittel D L S, Ravichandran G. A shear-compression specimen for large strain testing[J]. Experimental Mechanics, 2002, 42(1): 58-64.

[28] Kudo H, Aoi K. Effect of compression test conditions upon fracturing of medium carbon steel[J]. Journal of the Japanese Technol Plastic, 1967, 18: 17-27.

[29] Cockroft M G, Latham D J. Ductility and the workability of metals[J]. Journal of the Institute of Metals, 1968, 96: 33-42.

[30] 中华人民共和国国家质量监督检验检疫总局. GB/T 228—2002 金属材料室温拉伸试验方法[S]. 北京: 中国标准出版社, 2002.

[31] 陈小伟, 张方举, 梁斌, 等. A3 钢钝头弹撞击 45 钢板破坏模式的实验研究[J]. 爆炸与冲击, 2006, 26(3): 199-207.

[32] Peters W H, Ranson W H. Digital Imaging technique in experimental mechanics [J]. Opt Eng, 1982, 21(3): 427-431.

[33] 谈庆明. 量纲分析[M]. 合肥: 中国科学技术大学出版社, 2005.

[34] Bai Y. Effect of loading history on necking and fracture[D]. Massachusetts: Massachusetts Institute of Technology, 2008.

[35] 李营. 液舱防爆炸破片侵彻作用机理研究[D]. 武汉: 武汉理工大学, 2014.

[36] 李营, 吴卫国, 孔祥韶, 等. 应力三轴度和 Lode 角对低碳钢延性断裂特性的影响[J]. 船舶力学, 2016, 28(2): 433-436.

[37] Recht R F, Ipson T W. Ballistic perforation dynamics[J]. Journal of Applied Mechanics-Transactions, 1963, 30: 385-391.

[38] Jacob N, Nurick G N, Langdon G S. The effect of stand-off distance on the failure of fully clamped circular mild steel plates subjected to blast loads[J]. Engineering Structures, 2007, 29: 2723-2736.

[39] 陈长海, 朱锡, 侯海量, 等. 近距空爆载荷作用下固支方板的变形及破坏模式[J]. 爆炸与冲击, 2012, 32(4): 368-375.

[40] 李营, 李晓彬, 吴卫国, 等. 基于修正 CS 模型的船用低碳钢动态力学性能研究[J]. 船舶力学, 2015, 19(8): 944-949.

第4章 舱内爆炸载荷作用下舱室结构动态响应

4.1 引　言

随着制导技术的发展和精确打击能力的提高，反舰导弹成为现代舰船最重要的威胁之一。反舰导弹主要采用半穿甲式战斗部，即战斗部穿透舰船舷侧进入内部爆炸，对舱室结构产生严重毁伤。舱内爆炸属于约束爆炸，不仅会产生反射压力，还会产生持续时间较长的准静态压力，对结构的毁伤作用远大于无约束爆炸[1]。

根据战斗部爆炸爆点位置的不同，舰船舱室结构的板架(板/加筋板)可以分为两类。第一类为近距离爆炸。此时冲击波强度较高，且破片群形成的穿孔距离较近，爆炸冲击波与破片群联合作用效应明显。第二类为非近距离爆炸。此时破片群形成的穿孔较为分散，冲击波与破片联合作用不明显。本章重点关注如下问题。

(1) 舱内爆炸压力载荷作用下(对应非近距离爆炸，不考虑破片影响)，板架的变形和失效机理。

(2) 爆炸冲击波与破片群联合作用下(对应近距离爆炸)，板架的变形和失效机理。

(3) 整体舱室结构在强弱战斗部舱内爆炸作用下的动态响应和破坏机理。

针对问题(1)的研究，早期学者主要关注空中局部爆炸载荷或均布载荷作用下板的响应，针对舱内爆炸作用准静态压力作用下的响应研究较少。例如，Zheng等[2]研究了不同 TNT 当量内爆炸作用下复合材料圆柱容器的变形和损伤的实验，并开展了数值仿真分析。Rushtona 等[3]开展了内爆炸作用下钢制圆柱壳的变形研究，指出其比等效圆球变形大。Geretto 等[4]开展了完全泄出、局部泄出和完全密封条件下的低碳钢爆炸冲击下的变形响应，拟合了经验公式。针对问题(2)的研究，国内外开展了部分研究，结果表明破片和冲击波联合作用下的破坏作用有时甚至大于两者单独作用之和。但是，研究对联合作用机理的揭示仍不够，给工程设计和评估带来困难。针对问题(3)的研究，国内外已经开展了少量研究，但大多为缩比模型实验为主，未见到大尺寸舱室结构舱内爆炸实验的公开报道。

本章采用量纲分析方法研究舱室内爆炸冲击波、冲量和准静态气体压力的相似关系，得到考虑爆炸后燃烧效应和材料应变率效应的舱内爆炸结构响应的无量纲数；开展舱内爆炸作用下非近距离舱壁的变形与破坏模式研究，分析不同位置内爆炸压力、冲量的特点，以及爆炸距离和准静态气压对舱壁变形的影响，得到内爆炸作用下的典型破坏模式；开展舱内爆炸作用下近距离舱壁的动态响应和毁伤特性研究，通过预制孔板的爆炸实验和仿真研究，分析不同孔板对结构抗爆性能的影响；开展弱战斗部舱内爆炸作用下多舱室结构的动态响应实验，分析不同部位的毁伤特性，找出结构的薄弱环节；开展强战斗部舱内爆炸作用下结构毁伤模式和冲击环境特点的实验研究。

4.2　舱内爆炸压力载荷作用下结构响应理论分析

舱内爆炸作用下舱室的动态响应是一个高度非线性的物理过程，涉及炸药爆炸、冲击波反射、结构动塑性响应、局部绝热剪切等。结合量纲分析方法[5]开展模型实验，是揭示舱内爆炸作用下结构响应规律的有效手段。

4.2.1　舱内爆炸载荷相似规律分析

舱内爆炸与敞开环境不同，属于约束爆炸。载荷特点与结构自身几何尺寸相关[6]。舱内爆炸载荷的特征参数冲击波超压峰值 Δp 、冲量 i 和准静态压力 p_{qs} 与炸药自身特性、空气特性、结构，以及材料和位置参数等密切相关。

(1) 炸药方面参数：炸药质量 W 、炸药密度 ρ_e 、单位质量炸药爆炸释放的能量 e 、膨胀产物绝热指数 γ_e 。

(2) 空气参数：初始状态压力 p_0 、空气密度 ρ_a 、空气绝热指数 γ_a 。

(3) 结构参数：舱室长 l 、宽 b 、高 h 。

(4) 位置参数：迎爆面与炸药的距离 R 。

以长度 L 、质量 M 和时间 T 为基本量纲，舱内爆炸载荷特征量量纲如表 4.1 所示。

表 4.1　舱内爆炸载荷特征量量纲

参量	量纲	参量	量纲
Δp	$ML^{-1}T^{-2}$	ρ_a	ML^3
i	$ML^{-1}T^{-1}$	γ_a	1
p_{qs}	$ML^{-1}T^{-2}$	l	L
W	M	b	L
ρ_e	ML^{-3}	h	L
e	L^2T^{-2}	ρ	ML^{-3}
γ_e	1	R	L
p_0	$ML^{-1}T^{-2}$		

根据 Π 定律，冲击波超压峰值与有关影响因素的表达式为

$$\Delta p = f\left(W, \rho_e, e, \gamma_e, p_0, \gamma_a, l, b, h, \rho, R\right) \tag{4.1}$$

去除无量纲量等因素影响，式(4.1)可以简化为

$$\Delta p = f\left(W, \rho_e, e, p_0, l, b, h, \rho, R\right) \tag{4.2}$$

以 W 、 ρ_e 和 e 为基本量，式(4.2)可以表达成无量纲式，即

$$\frac{\Delta p}{\rho_e e} = f\left(\frac{p_0}{\rho_e e}, \frac{\rho_a}{\rho_e}, \frac{l}{\left(W/\rho_e\right)^{1/3}}, \frac{b}{\left(W/\rho_e\right)^{1/3}}, \frac{\rho}{\rho_e}, \frac{R}{\left(W/\rho_e\right)^{1/3}}\right) \tag{4.3}$$

当炸药类型不变，结构材料特性不变时，模型和原型满足以下关系，即

$$\frac{W_p^{1/3}}{W_m^{1/3}} = \frac{l_p}{l_m} = \frac{b_p}{b_m} = \frac{h_p}{h_m} = \frac{R_p}{R_m} = \lambda \tag{4.4}$$

式中，p 表示原型；m 表示模型。

由比例定律可知压力满足如下关系，即

$$\Delta p_p = \Delta p_m \tag{4.5}$$

采用类似的方法，可以得到冲量的相似率，即

$$\frac{i}{W^{1/3}\rho_e^{2/3}e^{1/2}} = g\left(\frac{p_0}{\rho_e e}, \frac{\rho_a}{\rho_e}, \frac{l}{\left(W/\rho_e\right)^{1/3}}, \frac{b}{\left(W/\rho_e\right)^{1/3}}, \frac{\rho}{\rho_e}, \frac{R}{\left(W/\rho_e\right)^{1/3}}\right) \tag{4.6}$$

当炸药类型与结构材料相同时，满足式(4.4)。同样，根据比例定律可得

$$\frac{i_p}{i_m} = \lambda \tag{4.7}$$

采用相似的分析方法，通过量纲分析的方法可得

$$p_{qsp} = p_{qsm} \tag{4.8}$$

通过量纲分析方法可知，原型与模型的冲击波峰值和准静态压力相同，冲量比值为 λ 。此结论与空中爆炸冲击波峰值[7]、冲量[7]和准静态压力的经验公式[8]吻合。

4.2.2　响应与破坏模式相似分析

量纲分析方法不仅可用于分析载荷特性，也可以用来分析舱内爆炸作用下的结构响应。因为爆炸作用下板的破坏涉及材料动力学行为、结构塑性动力学等复杂物理机理，所以无量纲分析方法是一种较为有限的分析手段。Johnson[9]提出材料的无量纲损伤数，开启了无量纲方法在结构冲击动力学中的应用。Nurik 等[10]

提出均布爆炸载荷作用下靶板中点最大挠度的无量纲数，即

$$\phi_q = \frac{I}{2H^2 (lb\rho\sigma_0)^{1/2}} \tag{4.9}$$

式中，I 为冲量；H 为板厚；l 和 b 为板的长和宽；ρ 为材料密度；σ_0 为材料初始屈服极限。

　　Nurik 的实验结果主要针对均布载荷作用下板的响应，对局部爆炸载荷作用下板的响应误差较大，对舱内爆炸不适用。Yao 等[11]通过量纲分析结合板的动态响应方程，基于炸药单位体积的爆热，给出箱型结构响应的无量纲数。由第 2 章的分析可知，炸药后续燃烧能对舱室内爆炸载荷的影响十分显著，不可忽视。当多舱结构为方舱结构时，舱室特征长度可表示为 l，此时材料屈服强度为 σ_0、材料声速为 C、厚度为 H，环境声速为 C_a、炸药体积为 V、单位体积炸药的总化学能为 E_e，舱室结构中点挠度值为

$$\delta = f(V, E_e, \sigma_d, \rho_s, C_s, L, H, C_0, \rho_0) \tag{4.10}$$

　　根据Π定理，对式(4.10)进行量纲分析，可以得到下式，即

$$\Pi = F(\Pi_1, \Pi_2, \Pi_3, \Pi_4) \tag{4.11}$$

式中

$$\begin{cases} \Pi_1 = \dfrac{V}{L^3} \\[2mm] \Pi_2 = \dfrac{E_e}{\sigma_d} \\[2mm] \Pi_3 = \dfrac{\rho_s c_0^2}{\sigma_0} \\[2mm] \Pi_4 = \dfrac{L}{H} \end{cases} \tag{4.12}$$

　　考虑特定结构中的某些参量为常数，可得

$$\delta = F\left(\frac{V}{L^3}, \frac{E_e}{\sigma_0}, \frac{\rho_s C_0^2}{\sigma_0}, \frac{L}{H} \right) \tag{4.13}$$

　　对式(4.13)进行无量纲组合，可得

$$\delta = F_1\left(\frac{VE_e}{\sigma_d L^2 H} \right) = F_1\left(\frac{Q_{total}}{\sigma_d L^2 H} \right) \tag{4.14}$$

进而可得舱内压力载荷作用下结构响应的无量纲数 D，即

$$D = \frac{Q_{total}}{\sigma_0 L^2 H} \tag{4.15}$$

需要指出的是，该结果形式上与文献[12]相似，但物理含义有一定的差异。式(4.15)得到的无量纲数考虑炸药舱内爆炸时的后续燃烧效应，对内爆炸毁伤的评估更为准确。

针对舱内爆炸作用下的加筋板结构，当加筋较弱时，加筋与板的变形趋于一致，此时采用质量等效的方法可以得到等效厚度 H_{eq}，代入式(4.15)，可得

$$D = \frac{Q_{\text{total}}}{\sigma_0 L^2 H_{eq}} \tag{4.16}$$

进一步，式(4.16)仅考虑结构材料的静态屈服，而金属材料往往有明显的应变率硬化现象。动态屈服应力 σ_d 可用下式表示为

$$\sigma_d = \alpha \sigma_0 = \left[1 + \left(\dot{\varepsilon}/D \right)^{1/q} \right] \sigma_0 \tag{4.17}$$

式中，D、q 为材料参数，可以通过开展静态拉压和霍普金森杆实验获得。

整理上述分析，可以得到模型和原型的载荷及响应物理量之比(表 4.2)。

表 4.2　模型和原型的载荷及响应物理量之比

载荷		响应	
物理量	比值	物理量	比值
长度	λ	速度	1
时间	λ	应力	1
密度	1	应变	1
压力峰值	1	速度	1
压力脉宽	λ	应变率	$1/\lambda$
冲量	λ	残余变形	λ

4.2.3　应变率效应修正

金属材料往往有明显的应变率硬化现象。动态屈服应力 σ_d 可表示为

$$\sigma_d = \alpha \sigma_0 = \left[1 + \left(\dot{\varepsilon}/D \right)^{1/q} \right] \sigma_0 \tag{4.18}$$

式中，D、q 为材料参数，可通过开展静态拉压和霍普金森杆实验获得，对于船用低碳钢，D 和 q 分别取为 1885 和 2.54。

不同应变率下，几何缩比带来的误差为

$$\Pi_5 = \frac{\left[1 + \left(\dot{\varepsilon}_m/D \right)^{1/q} \right] \sigma_{0m}}{\left[1 + \left(\dot{\varepsilon}_p/D \right)^{1/q} \right] \sigma_{0p}} = \frac{1 + \left(\dot{\varepsilon}_m/D \right)^{1/q}}{1 + \left(\dot{\varepsilon}_p/D \right)^{1/q}} \tag{4.19}$$

由式(4.19)可知，不同应变率带来的误差差异较大。缩尺比为 2、5、10 的时候，应变率与缩尺比对 Π_5 的影响如图 4.1 所示。可以看出，随着应变率增大，缩比模型的误差会进一步增大；采用与原型差异更大的缩比模型，带来的误差会显著增大。

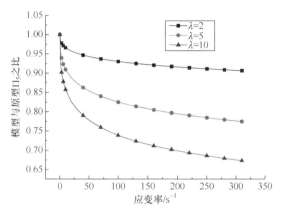

图 4.1　应变率与缩尺比对 Π_5 的影响

4.2.4　实验验证

为了验证舱内爆炸作用下舱室结构动态响应相似关系的有效性，我们开展不同缩比关系的舱内爆炸实验。舱室材料为船用低碳钢。考虑实际舰艇舱室边界的影响，设置 $B=L/5$ 的边界板。模型Ⅰ、模型Ⅱ和模型Ⅲ的短边长 L 分别为 400mm、300mm 和 200mm，缩放比例为 1∶1、1∶1.5 和 1∶2。验证实验模型如图 4.2 所示。实验采用太安炸药，质量分别为 32g、13.5g 和 4g，放置于舱室中心引爆。为了确保实验的有效性，每组模型设置 3 个。实验通过三维 DIC 和激光扫描仪分别记录变形过程和终点变形，验证相似率有效性。

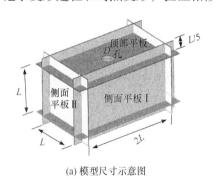

(a) 模型尺寸示意图

(b) 模型实物图

图 4.2　验证实验模型

如表 4.3 所示，可以看出缩尺比为 1∶1.5 和 1∶2 时，实验结果平均误差均小于 10%，在工程允许的范围内；随着缩尺比变人，结构最大变形的误差有所增大。

表 4.3　不同缩比关系下结构最大变形的误差

模型	短边长度 L/mm	板厚/mm	炸药当量/g	变形/mm	误差/%	平均误差/%
模型 I	400	4	32	32.27	0	0
				33.56	0	
				32.74	0	
模型 II	300	3	13.5	23.66	8.04	3.56
				19.54	−10.78	
				20.16	−7.95	
模型 III	200	2	4	14.85	−9.59	6.89
				15.38	−6.36	
				15.62	−4.90	

4.3　舱内爆炸作用下非近距离舱壁响应

板/加筋板是舰船舱室结构的基本单元。开展反舰导弹战斗部舱内爆炸载荷作用下舰船结构动态响应研究，核心是研究舱内爆炸压力载荷作用下板/加筋板的动态响应问题。根据爆点位置的不同，板架结构主要分为两类。第一类是离爆点较远的板架，此时破片位置较为分散且入射冲击波强度较弱，板架变形主要由准静态压力决定。第二类是离爆点较近的板架，此时破片较为密集，舱壁的主要破坏主要受爆炸冲量和破片耦合作用。

4.3.1　实验与数值仿真设置

1. 实验装置

为分析空中爆炸作用下板的动力响应，对比不同板厚、不同爆炸位置、不同当量对板的动力响应影响。设计了内爆炸载荷加载的实验装置如图 4.3 所示。装置内部空间为 400mm×400mm×400mm，正前方设置 1 个直径为 100mm 的圆孔，模拟初始破孔泄出爆轰产物。板通过 32 个直径为 18mm 的螺栓固定，并通过盖板压紧。板尺寸示意图如图 4.4 所示。装药采用 TNT 柱形装药，装药长径比为 1.5∶1。在内爆炸加载装置通过细线悬垂，通过 8 号雷管引爆。

2. 实验工况

为分析和对比不同厚度、不同炸药当量、不同材料、不同爆炸位置对方板变形和损伤特性的影响，实验分为 5 组。其中，钢板采用 Q235 低碳钢(杨氏模量210GPa，屈服强度 249MPa，断裂延伸率 37%)，铝板采用 2024-351(杨氏模量

72.1GPa，屈服强度为 304MPa，抗拉强度 540MPa)。距离 1/3、1/2 和 2/3 分别指炸药放在舱内的位置，距离目标板为 400mm 的 1/3、1/2 和 2/3。实验靶板种类如表 4.4 所示。

图 4.3　实验装置图

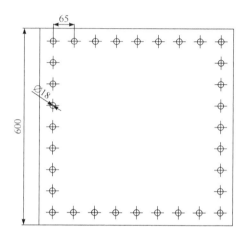

图 4.4　板尺寸示意图(单位：mm)

表 4.4　实验靶板种类

种类	特征	示意图	加筋尺寸/(mm×mm)
无加筋板	表面光滑，无任何加筋		无
单加筋板	板中央 1 条筋，将板等分为 2 部分		20×4 20×6 20×8
双加筋板	板中央 2 条筋，将板等分为 3 部分		20×4 20×6 20×8
十字加筋板	板中央 2 条筋，将板等分为 4 部分		20×4 20×6 20×8
双十字加筋板	板中央 3 条筋，将板等分为 6 部分		20×4 20×6 20×8

3. 实验测量

使用 34.5MPa 量程的 PCB101A02 型壁面反射压力传感器测量内爆炸作用下的冲击波压力，采用 Genesis 高速采集系统，将采样频率设置为 1MHz，测量内爆炸过程中的载荷变化。为确保刚性安装基础，将传感器基座厚度设计为 8mm。传感器位于内爆炸加载器底部中心。实验采用激光扫描仪测量爆炸后板的变形，采样精度设置为 0.05mm。爆炸后的变形如图 4.5 所示。

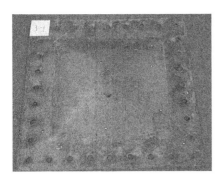

(a) 实验试样   (b) 变形扫描

图 4.5   爆炸后的变形

4.3.2   准静态压力及爆点位置的影响

1. 准静态压力及对靶板变形的影响

如图 4.6 所示，内爆炸载荷为某工况 3 个测点的壁面反射压力变化曲线，其中 A 测点位于迎爆面，C 测点位于角隅处，B 测点位于迎爆面与角隅处之间。

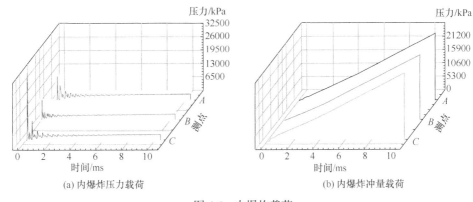

(a) 内爆炸压力载荷   (b) 内爆炸冲量载荷

图 4.6   内爆炸载荷

(1) 角隅处冲击波峰值最大，约为 32.76MPa，迎爆面冲击波峰值约为 11.76MPa，角隅与迎爆面中间位置压力最小，约为 9.79MPa。

(2) A、B、C 测点均呈现多次反射冲击波，维持了较长时间的准静态压力，且准静态压力的幅值趋于一致。

(3) A、B、C 测点的冲量初始差异较大，后期趋于一致。

此外，为研究舱内爆炸载荷中准静态压力对最终变形的贡献，采用 ABAQUS 加载不同的载荷。仿真中，自由场空中爆炸加载采用 Conwep 法[12]加载，准静态压力采用加载持续时间较长的阶跃载荷实现，并与实验结果进行比较。

图 4.7 不同载荷作用下板中线的塑性变形为自由场空中爆炸加载、准静态压力加载和舱内爆炸作用时得到的最终变形。研究表明，在自由场空中爆炸加载时，靶板变形较小，且中心局部化程度较高；准静态压力作用下的变形较为均匀，幅值和趋势与实验值均十分接近，表明准静态压力在非近距离爆炸舱壁变形中起主要作用。

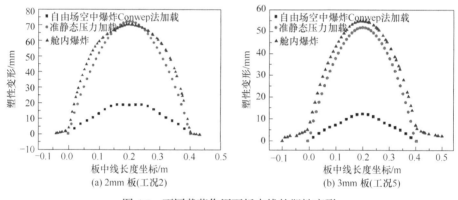

图 4.7　不同载荷作用下板中线的塑性变形

2. 爆点位置对靶板变形的影响

图 4.8 所示为内爆炸作用下不同厚度板的塑性变形。在 100g TNT 炸药距离靶板 1/3、1/2、2/3 处内部爆炸的作用下，2mm 厚钢板的中点变形分别为 77.2mm、70.8mm 和 71.4mm，3mm 厚钢板的中点变形分别为 58.2mm、53.1mm 和 55.4mm。距离 2/3 处的靶板变形反而比 1/2 处的大。此外，图 4.8 表明，在 100g TNT 内部爆炸作用下，2mm 厚的低碳钢板的塑性变形与 3mm 厚的板相比，呈现出更为明显的局部化特性；当钢板较厚时，整体变形更为均匀。

图 4.9 所示为内爆炸作用下距离中线 100mm 处边线的塑性变形。在 100g TNT 爆炸作用下，炸点距离靶板 1/3、1/2 和 2/3 处 2mm 厚低碳钢板边线的最大塑性变形分别为 70.3mm、46.14mm 和 52.6mm；3mm 厚低碳钢板边线的最大塑性变形分别为 42.7mm、37.6mm 和 42.4mm。

结果表明，2mm 厚的板对炸点敏感程度比 3mm 厚的板高，距离炸点最近的板塑性变形最大。较厚的 3mm 板在 1/3 处与 2/3 处爆炸时，塑性变形基本一致。炸点距离靶板的距离决定冲击波峰值的大小，但是并未显著影响靶板的变形。泄出的爆轰产物显著影响准静态压力，进而影响靶板最终变形。

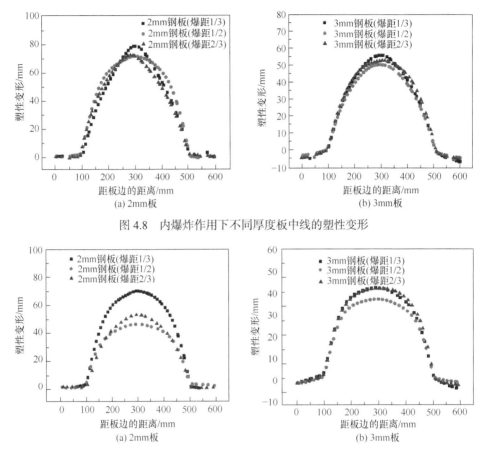

图 4.8　内爆炸作用下不同厚度板中线的塑性变形

图 4.9　内爆炸作用下板边线的塑性变形(距中线 100mm)

图 4.10 所示为不同爆炸位置泄爆孔泄爆示意图。1/2 处爆炸时，对应的泄爆角 α 相比于 1/3 处爆炸时的泄爆角 β 小。在爆轰产物及气体向外扩散时，1/2 处爆炸的工况泄出的爆轰产物和气体明显多于 1/3 处爆炸的工况。由此判断，炸药相对于泄爆孔的位置能有效影响内爆炸载荷特性。不同爆炸位置的泄爆示意图如图 4.10 所示。当 TNT 在 1/2 处爆炸时，正对泄爆口(图 4.10(a)夹角 α)，爆轰产物泄出较多，影响后期的准静态压力；当 TNT 位于 1/3 或 2/3 时，爆点斜对着泄爆口(图 4.10(b)夹角 β)，直接泄出的爆轰产物较少，对后续压力的影响较小。

研究表明，对于非爆炸相邻舱壁，爆点位置对最终变形的影响有限。当存在泄爆孔时，爆点位置对泄出载荷有一定的影响，并最终影响靶板变形。

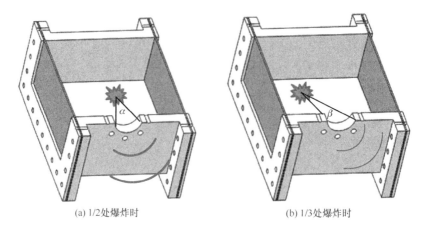

(a) 1/2处爆炸时　　　　　　　　　　(b) 1/3处爆炸时

图 4.10　不同爆炸位置的泄爆示意图

4.3.3　平板破坏模式及启发

1. 平板破坏模式

如图 4.11 所示，方板的边缘拉伸撕裂为内爆炸作用下固支方板边缘的拉伸撕裂破坏。根据爆炸作用下板破坏模式的分类[13]，均布加载作用下和局部加载作用下破坏模式明显不同。当采用 100g 炸药舱内爆炸时，方形板材料较强时，均发生Ⅰ类破坏，即整体大塑性变形破坏，板内出现明显的 4 条塑性铰线，主要作用机理为膜力和弯曲变形。当材料强度降低时，在冲击波与准静态压力的共同作用下，板边缘处的塑性变形值大于材料的临界破坏值，边缘发生Ⅱ类破坏，即拉伸失效破坏，发生撕裂，方板整体飞出。板有较大塑性变形，排除了Ⅲ类破坏(剪切失效，板无明显塑性变形)。2024-351 铝板的断口呈 45°坡口，符合典型拉伸破坏特征。

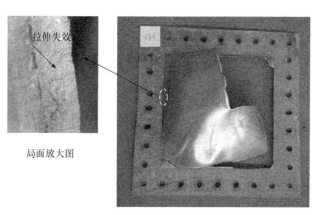

图 4.11　方板的边缘拉伸撕裂

研究表明，舰船舱室结构在反舰导弹内部爆炸作用下，易发生边缘撕裂，开展抗爆设计时应适当提高舱壁板与甲板连接处的抗破损能力。

2. 平板破坏模式的启发

图 4.11 表明，在舱内爆炸载荷作用下，舱壁主要发生边缘拉伸撕裂，应变区域高度集中。为此，考虑通过设置变形引导装置协调局部变形。采用 ABAQUS 进行计算分析，建立一个高 400mm、宽 80mm、厚 5mm 的传统横舱壁结构，上下分别与上下强力甲板连接。甲板等效厚度 20mm。采用沙漏控制的节点，单元特征边长为 5mm。通过施加阶跃脉冲载荷的方式添加内爆炸载荷，压力持续时间设置为 10ms。

在背爆面一侧设置与舱壁相切的 1/4 圆柱变形协调装置(cylinder deformation compatibility structure，CDCS)，计算设置圆柱半径为 47.5mm。传统舱壁与设置变形协调装置的舱壁如图 4.12 所示。

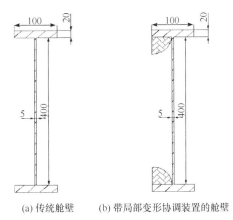

(a) 传统舱壁   (b) 带局部变形协调装置的舱壁

图 4.12 传统舱壁与设置变形协调装置的舱壁(单位：mm)

不同舱壁的塑性应变如图 4.13 所示(图中长度即为高度，下同)，即塑性应变沿高度方向的分布。传统舱壁塑性变形的分布规律为，中间基本相同，舱壁与甲板连接处塑性变形的局部化特征明显，且随着时间的增加，塑性应变局部化程度进一步增大，此处为结构抗爆设计的薄弱环节。设置 CDCS 的新型舱壁中间区域塑性变形小于传统结构，舱壁与强力甲板连接处更是大幅度降低，起到协调局部变形的作用。

CDCS 不但能协调局部变形，而且能减小舱壁的整体变形。不同舱壁的整体变形如图 4.14 所示。在 1ms 时，两种舱壁整体变形基本一致。3ms 时已经产生了一定的差异，新型舱壁的中点变形为 47.5mm，略小于传统舱壁的 50.1mm。5ms 时，两者变形均继续变大，新型舱壁变为 76.3mm，而传统舱壁为 86.1mm，差值进一步增大。研究表明，CDCS 不但能改变舱壁的破坏模式，而且能减小舱壁的整体变形。

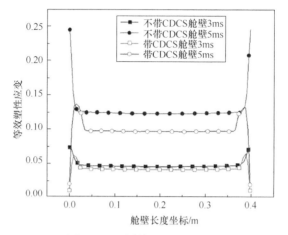

图 4.13　不同舱壁的塑性应变

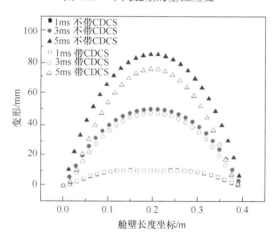

图 4.14　不同舱壁的整体变形

　　比冲量对舱壁最大变形的影响如图 4.15 所示。当比冲量为 20kN·s 时，两种舱壁最大变形分别为 49.4mm 和 45.2mm，相差 4.2mm；当比冲量为 50kN·S 时，两种舱壁的最大变形分别为 87.8mm 和 70.2mm，相差为 17.6mm。随着比冲量的增大，CDCS 对舱壁最大塑性变形的减小更加明显。此外，传统舱壁的最大塑性变形与比冲量线性相关，而设置 CDCS 的新型舱壁则体现明显的非线性特点。

　　舱壁连接处的剪切应力如图 4.16 所示。0~0.9ms 时，传统舱壁与新型舱壁的剪切应力基本一致。随着变形的持续，传统舱壁的剪应力迅速增大，并在 5.1ms

时达到峰值 800MPa, 此后在 6.2ms 时单元失效,舱壁整体失效;新型舱壁在 0.9ms 后剪切应力相对持平,并在 5.4ms 后略有下降。这说明,新型舱壁可以改善连接处的局部剪切应力。

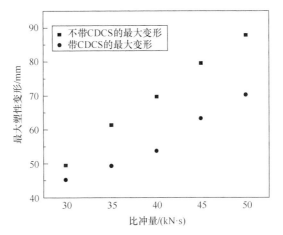

图 4.15　比冲量对舱壁最大变形的影响

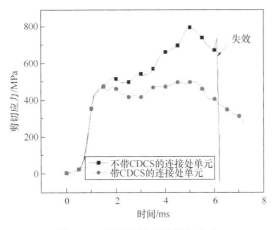

图 4.16　舱壁连接处的剪切应力

在舱壁变形过程中,各处的应力状态均在不断变化,采用应力三轴度 η 衡量。舱壁连接处的应力三轴度如图 4.17 所示。初期两种舱壁连接处的应力状态相当,都是由于冲击波压力作用,材料发生压缩,迅速达到应力三轴度的负值区间。此后,传统舱壁的应力三轴度在 0.23 左右波动,处于拉伸和剪切联合作用阶段,位于低碳钢材料断裂应变较低的区间。新型舱壁由于 CDCS 的作用,连接处局部应力三轴度约为 0.45,材料处于单轴拉伸向双轴拉伸过渡区间。研究表明,CDCS 将连接处的拉剪联合作用改进为纯拉伸作用。

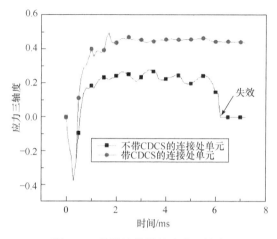

图 4.17　舱壁连接处的应力三轴度

4.3.4　加筋板破坏模式及启发

　　舱内爆炸作用下加筋板的破坏模式如图 4.18 所示。在舱内爆炸载荷作用下，加筋板的破坏均在加筋处发生，并非边缘拉伸撕裂，与光板的破坏模式有明显不同。经对比，加筋板临界破坏药量明显小于光板。这表明，在舱内爆炸作用下，舱壁变形机理需要进一步分析，加筋不会必然提高舱壁的抗破损能力。

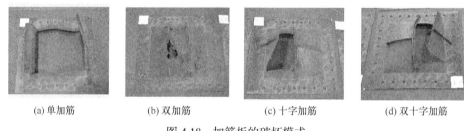

(a) 单加筋　　　　　　(b) 双加筋　　　　　　(c) 十字加筋　　　　　(d) 双十字加筋

图 4.18　加筋板的破坏模式

　　实验中，2mm 厚加筋板在 100g TNT 舱内爆炸作用下发生破损，而无加筋板则未发生破损。为验证结果的重复性，开展 16 发实验，结果均表明，加筋对提高薄板的抗舱内爆炸能力未必有利。

　　在舱内爆炸作用下，板/加筋板的主要变形机理为膜应力，而非弯曲。在膜应力面内拉伸作用下，加筋反而会使局部应力集中。在传统静力设计中，加筋主要是防屈曲和提高抗弯能力。在舱内爆炸作用下，加筋板变形机理与此明显不同，主要是双向膜应力拉伸。实验、理论和国外工程实践表明，传统抗变形设计与抗破损设计有一定差异。在舰船舱壁结构防护设计中，应实现从抗变形到抗延性破损的设计思路转变。

4.4　舱内爆炸作用下近距离舱壁响应

本节研究对象为受近距离爆炸载荷作用的舱壁。反舰导弹战斗部侵入船体内部后发生爆炸，相邻最近的舱壁受爆炸冲击波与破片联合作用，因此需要对此类问题开展专门研究。对于爆炸冲击波与破片联合作用下板的响应问题，根据破片和冲击波到达顺序的不同，可以分为两类典型问题。

(1) 冲击波先于爆炸破片作用到舱室结构上，使结构发生一定的塑性变形，随后发生破片群侵彻，即预应力靶板的穿甲问题。

(2) 爆炸破片先于冲击波作用到舱室结构上，舱壁形成穿孔，并在爆炸压力作用下发生变形，甚至失效，即带孔板的爆炸响应问题。

本节开展带壳战斗部爆炸作用下板的破坏模式研究。此外，考虑预应力对靶板抗侵彻能力的影响有限，本节重点关注爆炸冲击波与破片群联合作用下的第 2 类情况，即带孔板的爆炸响应。

4.4.1　实验设置与实施

1. 实验材料

实验靶板选用 Q345 钢。该材料在高应变率下的屈服应力明显高于准静态作用[14]。为测试 Q345 钢板的静、动态拉伸力学特性，使用 MTS 万能材料实验机开展准静态拉伸实验，使用 SHPB 开展实验用钢在较高应变率下的动态拉伸力学特性实验。应变率与屈服应力的关系如图 4.19 所示。Q345 材料在低应变率区间时屈服应力变化较为缓慢，在较高应变率区间时屈服应力增加较快。

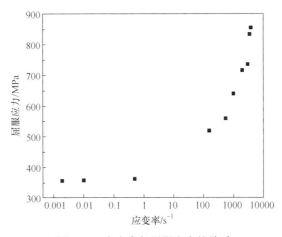

图 4.19　应变率与屈服应力的关系

2. 实验装置

实验靶板夹在支撑架和盖板之间，四周通过 76 个直径为 20mm 的螺栓固定，可以保证不出现较大的面内移动。为确保支撑框架在整个实验过程中不出现较大的移动及变形，采用截面宽度为 100mm 的方钢管与厚度为 30mm 厚的板材制作。实验采用 TNT 裸装药和带壳战斗部作为爆源，裸装药采用圆柱形 TNT 装药，带壳战斗部采用 76mm 弹和 130mm 弹。使用角钢制作的支撑放置与靶板中心同一水平高度。实验装置如图 4.20 所示。开孔板示意图如图 4.21 所示。

图 4.20　实验装置

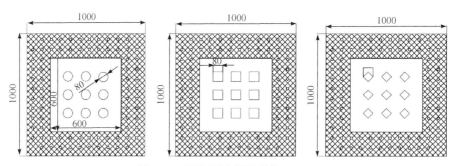

图 4.21　开孔板示意图(单位：mm)

3. 实验工况

为对比不同开孔形状、不同爆炸当量等因素的影响，实验分为 12 组。实验靶板为 1000mm×1000mm×4mm 的方形板，核心受载区域 600mm×600mm，预制孔板开圆形、方形和菱形孔 3 类，孔中心间距 150mm。实验工况如表 4.5 所示。

表 4.5　实验工况表

工况	爆距/m	爆源	比例距离	开孔形状
1	0.25	76mm 带壳弹	—	无
2	0.75	130mm 带壳弹	—	无
3	1.0	130mm 带壳弹	—	无
4	0.25	550g 裸装药	0.305	方形

续表

工况	爆距/m	爆源	比例距离	开孔形状
5	0.25	550g 裸装药	0.305	菱形
6	0.25	550g 裸装药	0.305	圆形
7	0.25	650g 裸装药	0.288	方形
8	0.25	650g 裸装药	0.288	菱形
9	0.25	650g 裸装药	0.288	圆形
10	0.25	750g 裸装药	0.275	方形
11	0.25	750g 裸装药	0.275	菱形
12	0.25	750g 裸装药	0.275	圆形

4.4.2　实验结果

1. 整体变形及破损

图 4.22 所示为靶板的变形和破损情况。

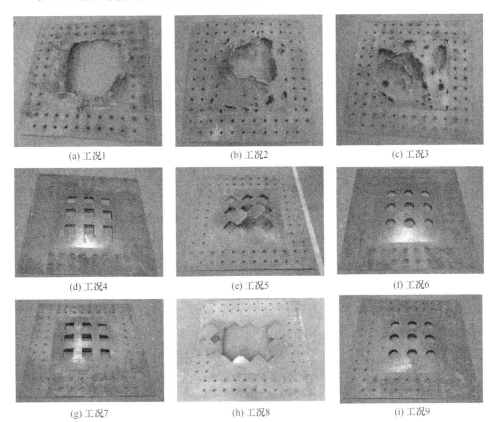

(a) 工况1　　　　　　　(b) 工况2　　　　　　　(c) 工况3

(d) 工况4　　　　　　　(e) 工况5　　　　　　　(f) 工况6

(g) 工况7　　　　　　　(h) 工况8　　　　　　　(i) 工况9

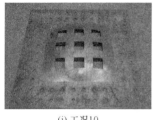

(j) 工况10　　　　　　　　(k) 工况11　　　　　　　　(l) 工况12

图 4.22　靶板的变形及破损情况

工况 1~工况 3 表明，由于战斗部爆炸形成的自然破片质量、形状、空间分布等具有较强的随机性，板的失效模式较为复杂；当爆炸距离较远时(工况 3)，破片距离较远，爆炸压力载荷较弱，靶板并未发生整体失效，仅出现部分破片穿孔贯通；当爆炸距离较近时(工况 2)，中心区域穿孔较为密集，大片穿孔贯穿；当爆炸距离进一步减小时，靶板出现花瓣状外翻，中心区域出现整体毁伤。

工况 4、工况 6、工况 7、工况 9、工况 10、工况 12 均未发生大塑性变形，与普通板在爆炸载荷作用下的响应并无明显不同，为 I 类破坏。

工况 5 中菱形孔板中心处发生拉伸失效，并形成类似 2 个花瓣的后翻卷曲。工况 8 中菱形孔板边缘处发生破坏。工况 11 与工况 5 破坏模式基本一致，但中间部位速度过大，整体被吹飞。

同等爆炸载荷作用下不同开孔板的变形和破损情况表明，菱形孔板更容易发生破损。

2. 塑性变形曲线

由于菱形孔板均发生破坏，主要对比方形孔和圆形孔板的塑性变形。利用激光扫描逆向成形技术可以得到各开孔板的塑性变形，并使用逆向工程后处理软件 Geomagic Qualify 处理测量数据，截取板中心变形线和 1/4 处变形线。研究表明，当载荷较小时(TNT 质量 550g)，方形孔板和圆形孔板的塑性变形并无明显差别，如图 4.23(a)和图 4.23(b)所示；当载荷进一步增大时(TNT 质量 650g)，方形孔板的 1/4 处变形首先高于圆形孔板，且由于开孔的存在，变形曲线变得不再光顺，如图 4.23(d)所示；当载荷进一步增大时(TNT 质量 750g)，方形孔板的中心线变形和 1/4 处变形均大于圆形孔板。

4.4.3　数值仿真

1. 仿真模型及加载

使用 ABAQUS 6.14-2 进行数值仿真计算，单元网格尺寸为 1mm×1mm，单元

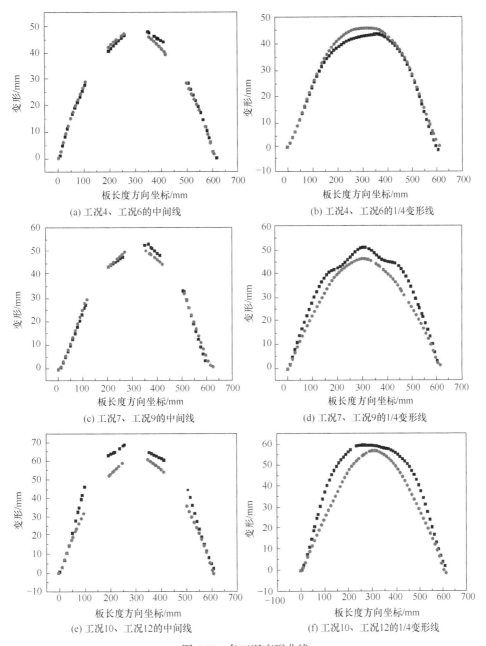

图 4.23　各工况变形曲线

选用 S4R 类型。使用经验公式加载空中爆炸冲击波，即 Conwep 法。该方法是一种较为准确的加载空中自由场爆炸冲击波的方法[12]。该方法通过将炸药等效成 TNT 装药，加载球面爆炸冲击波。需要指出的是，该方法无法考虑气体膨胀动压

(舱内爆炸中常称为准静态压力),无法进行舱内爆炸计算[15]。考虑近距离爆炸舱壁的主要失效机理为爆炸冲击波与破片联合作用,本书认为采用该加载方法是有效的。计算模型及网格划分如图 4.24 所示,其中 A 和 B 为重点关注区域。

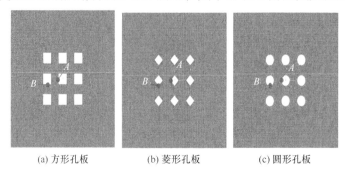

(a) 方形孔板　　　　(b) 菱形孔板　　　　(c) 圆形孔板

图 4.24　计算模型及网格划分

材料模型采用 JC 强度模型[16]和考虑应变率的 BW 模型。

2. 网格敏感度分析

在动态响应计算中,计算结果对网格较为敏感。在验证数值仿真计算方法前,先对网格敏感性进行计算分析,确定选用的网格尺寸。计算模型采用 1000mm× 1000mm×4mm 无穿孔的 Q345 钢板,在 0.55kg TNT 距离 0.25m 处爆炸。数值仿真计算可得方板中点最大位移。网格敏感性对比如表 4.6 所示。最终选定 10mm 作为仿真采用的网格边长。

表 4.6　网格敏感性对比

网格边长/mm	100	50	20	10	5
最大位移/mm	39.36	41.13	42.35	42.58	42.63

3. 数值仿真验证

开孔板最大变形比较如图 4.25 所示。无论是方形孔板还是圆形孔板,数值仿真结果均与实验结果吻合较好。随着变形的增大,吻合程度更高。结果表明,选用的材料参数和加载方法准确性较好,能应用于后续计算分析。

4.4.4　计算结果分析

1. 板的局部损伤

板局部损伤度的定义是塑性应变与失效应变之比。损伤度为 1 时,材料失效,单元被删除,裂纹萌生或扩展。以 550g TNT 炸药距离板 0.25m 处爆炸为例,进行计算。A 点和 B 点的局部损伤情况如图 4.26 所示。各板损伤起始时刻大体相当，但终点损伤值差异较大，即无孔板的损伤值约在 0.95ms 达到最大值 0.078，方形孔板约在 1.18ms 达到最大值 0.091，菱形孔板和圆形孔板分别达到 0.27、0.20，并在约 2.0ms 时有小幅升高，此后不再变化。

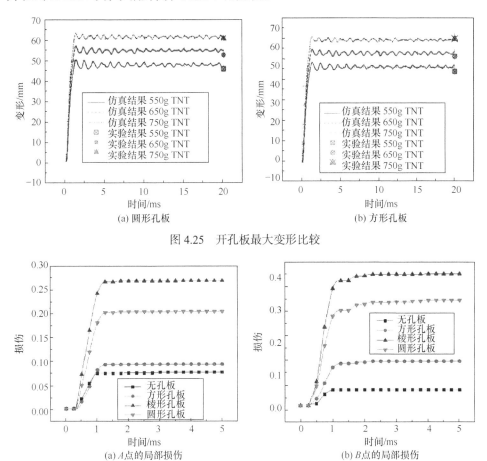

图 4.25　开孔板最大变形比较

图 4.26　A 点和 B 点的局部损伤情况

　　各板损伤起始时刻有一定的差异，无孔板的初始损伤时刻最晚，而菱形孔板最早。菱形孔板的损伤明显大于其他各板，与菱形孔板最易发生撕裂现象一致。除无孔板外，3 种有孔板在 B 处的损伤值均大于 A 处，表明爆距 0.25m 时，有孔板更容易在 B 处裂纹萌生并扩展。

2. 动应力集中系数

　　为研究局部开孔对方板抗爆性能的影响，采用动应力集中系数衡量开孔对局

部应力的影响。动应力集中系数定义为

$$K_{d} = \sigma_{\max}(t)/\sigma_{\text{nom}}(t) \tag{4.20}$$

式中，K_{d} 为动应力集中系数；$\sigma_{\max}(t)$ 为开孔板局部的动应力；$\sigma_{\text{nom}}(t)$ 为无孔板同一位置处的动应力。

以 550g TNT 炸药距离靶板 0.25m 处爆炸为例开展计算。3 种开孔板 A 点和 B 点的动应力集中系数如图 4.27 所示。在 0.29ms 时，菱形孔板和圆形孔板出现明显的应力集中，其中菱形孔板的应力集中系数达到 4.2，圆形孔板达到 3.0，而方形孔板应力集中现象不明显。此后一直到 1.2ms 的过程中，3 种开孔板的动应力集中系数均大于 1。积分曲线表明，菱形孔板的累积动应力集中大于圆形孔板，方形孔板最小。此后，应力并未引起结构损伤，若干交替出现的峰值是应力波在孔板中来回传播形成的。

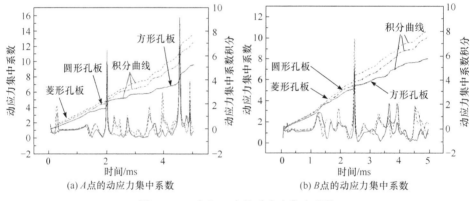

图 4.27　A 点和 B 点的动应力集中系数

B 点的动应力集中系数初始时刻小于 A 点。积分曲线表明，菱形板大于圆形板，大于方形孔板，与 A 点特性相同。

3. 应力状态变化

局部挖孔会明显改变局部应力状态，影响金属材料的塑性变形和损伤。其中应力三轴度是衡量应力状态的一个重要指标[17, 18]，其定义为

$$\eta = \sigma_{m}/\sigma_{\text{eq}} \tag{4.21}$$

式中，σ_{m} 为静水压力；σ_{eq} 为等效应力。

研究表明[19]，当 $\eta \leqslant -0.33$ 时，材料受纯压作用；当 $-0.33 < \eta < 0$ 时，材料受力从纯压向纯剪过度，为压剪联合作用阶段；当 $\eta = 0$ 时，为纯剪切；当 $0 < \eta < 0.33$ 时，材料受拉剪作用；当 $\eta > 0.33$ 时，材料受拉伸作用。单轴拉伸时，应力三轴度

约为 0.33，双轴拉伸时应力三轴度约为 0.66。

A 点和 B 点的应力三轴度如图 4.28 所示。在爆炸冲击波的作用下，初始阶段 (0～0.4ms)应力波在板局部来回反射，应力状态较为复杂。结合图 4.26(a)，材料并未发生损伤。在损伤的主要发生阶段(0.4～1.2ms)，各靶板的应力状态有一定的差异，即无孔板应力三轴度初始约为 0.6，变形开始后由于边界约束迅速降低到约 0.37，与圆形孔靶较为类似，表现为单轴向双轴受拉过渡；方形孔板约为 0.33，为单轴受拉；菱形孔板 A 点的应力三轴度在 0.5 左右波动，更接近双轴受拉。

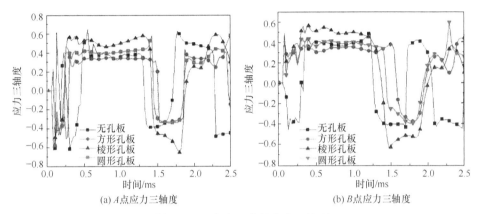

(a) A 点应力三轴度   (b) B 点应力三轴度

图 4.28 A 点和 B 点的应力三轴度

本构关系表明，在拉伸区间内，材料的断裂应变随应力三轴度的增大而略有降低。这从应力状态的角度说明，菱形孔板更容易发生损伤、撕裂。

4. 破坏模式

如图 4.29 所示，爆距均为 0.25m，以 0.1kg 为单位逐渐增加 TNT 当量值，直到板出现破坏时各板的破坏模式。如图 4.29(a)所示，无孔板的破坏模式为Ⅱ类破坏，即板有一定的大塑性变形，边缘拉伸失效。方形孔板中间区域整体吹飞，但

(a) 无孔板(2.5 kg TNT)   (b) 方形孔(1.8 kg TNT)   (c) 菱形孔(1.3 kg TNT)   (d) 圆形孔(1.5 kg TNT)

图 4.29 爆距为 0.25m 时各板的破坏模式

需要注意的是撕裂位置并不在根部，如图 4.29(b)所示。菱形孔板和圆形孔板均在较薄弱处撕裂，中间区域飞出。需要指出的是，各种板的临界破坏药量有一定差异，无孔板>方形孔板>圆形孔板>菱形孔板。

如图 4.30 所示，取爆距 0.1m 为较近爆炸距离，以 0.1kg 为单位逐渐增加 TNT 当量，直到板出现破坏时各板的破坏模式。无孔板破坏呈花瓣状，且花瓣出现二次裂纹，如图 4.30(a)所示。有孔板均呈 4 瓣花瓣状破口撕裂，其中方形孔板发生撕裂时，板部分结构与整体脱离而飞出。

(a) 无孔板(0.7 kg TNT)　　　(b) 方形孔(0.5 kg TNT)　　　(c) 菱形孔(0.5 kg TNT)　　　(d) 圆形孔(0.5kg TNT)

图 4.30　爆距为 0.1m 时各板的破坏模式

4.5　弱舱内爆炸作用下舱室结构动态响应

为综合评估舱内爆炸载荷的特点，分析近爆舱壁、非近爆舱壁、甲板及门等结构的损伤特点和破坏模式，本节开展小型战斗部舱室内部爆炸作用下载荷测量及结构毁伤特性实验研究。

4.5.1　实验设置

1. 实验模型

模型由 3 个 4m×2m×2.5m 的舱室组成，共计 12m×2m×2.5m，材料为 Q345 钢。上甲板厚 10mm，下甲板厚 5mm，横纵舱壁均为 4mm，强骨材采用 T 型材，弱骨材采用 L 型钢。扶强材、横梁、纵桁等加强结构连接部分采用肘板加强。

小型战斗部选用直径为 130mm、长度为 450mm 的圆柱形战斗部，内部装药 TNT 约 6.23kg，外部壳体厚度为 20mm。采用端部雷管引爆战斗部。战斗部横向放置，放置在 1 号舱室 2 号横舱壁中心处，高度 1.25m。舱室和战斗部模型示意图如图 4.31 所示。

2. 实验测量

实验采用高速相机记录战斗部爆炸毁伤舱室的物理过程，采样频率设置为每秒 6000 帧。压力采用壁面反射压力传感器测量，量程为 34.5MPa。高速采集仪的采样频率设置为 1MHz。为避开破片密集作用区，分别在 3 个舱室后舱壁中心各设置 1 个压力传感器。测点布置如图 4.32 所示。此外，实验还设置了通断网靶测量战斗部爆炸破片的初始速度。

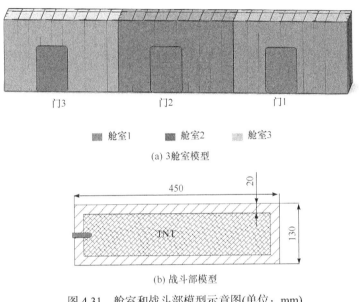

(a) 3舱室模型

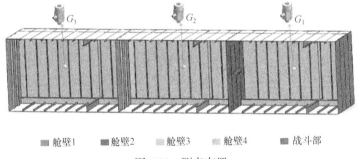

(b) 战斗部模型

图 4.31　舱室和战斗部模型示意图(单位：mm)

图 4.32　测点布置

根据以往经验，带破片战斗部的压力测量是实验测量的难点。测量导线外套金属软管提高电磁屏蔽效果，同时将金属软管放入厚壁钢管中防护内部导线。经反复预备实验测试，该设置对提高近场爆炸压力测量的有效数据率有明显效果。

4.5.2　物理过程

因高速相机采用手动触发，对零时刻的判断与数据采集系统并未完全同步。

物理过程分析以首次看见火光作为初始时刻。战斗部舱内爆炸毁伤过程如图 4.33 所示。

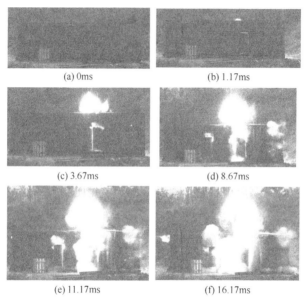

(a) 0ms　　　　　　　　　　　　　　(b) 1.17ms

(c) 3.67ms　　　　　　　　　　　　(d) 8.67ms

(e) 11.17ms　　　　　　　　　　　(f) 16.17ms

图 4.33　战斗部舱内爆炸毁伤过程

0ms 时，从 1 号门缝隙可见较弱火光，分析为战斗部内部装药爆轰，战斗部壳体开始破裂，爆轰产物泄出。

1.17ms 时，上甲板出现火光，表明破片已侵彻上甲板，结合战斗部距离上甲板 1.25m，推测爆炸破片速度约为 1068m/s。在此之前，后舱壁后方已经出现光亮，表明此时战斗部前端大质量破坏也已经侵彻后舱壁。

3.67ms 时，2 号舱室舱门缝隙出现火光，1 号横舱壁开始出现火光，判断为破片运动到 1 号横舱壁，并发生侵彻作用。结合战斗部距离 1 号横舱壁 4m，推测爆炸破片速度约为 1089m/s，与通过甲板火光推测的破片初速度较为接近。上甲板上方形成火球，直径约为 1.5m。

8.67ms 时，1 号横舱壁出现大量破孔，多处有火光和烟雾泄出。前舱壁外板出现明显变形，但竖向加强筋此时依然起刚性边界作用，前舱壁尚未发生明显整体变形，表面形成波浪状起伏。1 号舱门已经与舱壁发生分离，开始飞出。2 号舱门开始和舱壁发生分离，但尚未飞出。上甲板火球进一步变大，直径约为 1.8m。

11.17ms 时，4 号横舱壁开始有火光，表明破片侵彻 4 号舱壁，结合战斗部与 4 号舱壁的距离约为 8m，计算得到的平均速度约为 716m/s。这表明，战斗部爆炸破片侵彻多层舱壁后，速度有较为明显的降低。1 号舱壁并始发生整体变形，1

号横舱壁与前舱壁的交界处也发生变形。前舱壁竖向加强筋开始发生弯曲变形，板和加强筋的变形梯度减小。此时，上甲板火球直径增大为约 2.2m。

16.17ms 时，1 号横舱壁整体塑性变形基本形成。前舱壁竖向加强筋发生更为明显的弯曲变形，板与竖向加强筋变形梯度进一步降低。1 号舱门与 2 号舱壁整体飞出，且 1 号舱门位于 2 号舱门前方。此时，上甲板火球直径进一步增大(约 2.4m)。

4.5.3　舱内爆炸载荷分析

1. 爆炸破片载荷

图 4.34 所示为测速网靶的测量数据。点 1 和点 2 分别为爆炸破片撞断前后通断网靶的时刻，通过计算两者的时间间隔和固定距离，可以计算得到爆炸破片的速度。前后网靶之间的距离为 0.35m，时间间隔为 0.343ms，则爆炸破片速度约为 1020.4m/s，与分析高速摄影得到的速度值差异较小。点 3 和点 4 分别为前后测速网靶在爆炸冲击波和破片作用下，导线瞬时接通。

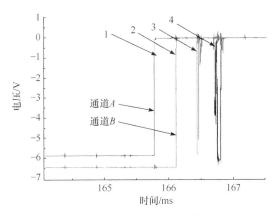

图 4.34　测速网靶的测量数据

图 4.35 所示为部分回收破片。破片形态差异较大，大多呈条状，部分破片断口呈蓝色，说明在爆轰、侵彻过程中，温度升高会造成部分壳体材料融化。

2. 冲击波载荷

测点处的冲击波及冲量时间历程曲线如图 4.36 所示。图 4.36(a)为测点 G_1 处的冲击波和冲量时间历程曲线。测点处冲击波压力与空中自由场压力明显不同，冲击波压力脉宽较大，且呈现多峰性。最大冲击波压力出现在第 3 个峰值处(6.73ms)，约为 11.28MPa。测点冲量在 3ms 后迅速升高，12ms 后缓慢上升，最终达到 51.62kPa·s。

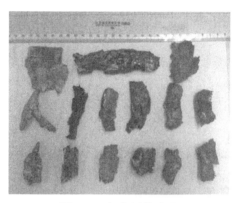

图 4.35　部分回收破片

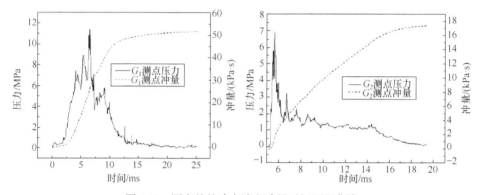

图 4.36　测点处的冲击波和冲量时间历程曲线

图 4.36(b)为测点 G_2 处的冲击波和冲量时间历程曲线。冲击波峰值上升迅速，达到峰值(6.92MPa)后迅速下降，此后经历若干个较小峰值。此后，进入一个较长时间的准静态压力阶段，准静态压力约为 1.2MPa。由于 2 号舱门飞出时间晚于 1 号舱门，因此 2 号舱室内的准静态压力维持时间也大于 1 号舱室。测点冲量最终达到 17.25kPa · s。无论是冲击波峰值还是冲量，G_2 测点均明显小于 G_1 测点，说明 1 号舱室内的爆炸冲击波强度远大于 2 号舱室。3 号舱室内无明显冲击波压力。

4.5.4　舱室结构毁伤特性

1. 横舱壁毁伤特性

图 4.37 所示为 1 号舱壁塑性变形及破坏模式。整体发生较大塑性变形，右侧有明显的塑性铰线。塑性铰线中间部分沿着加强筋。左侧由于加强筋较强，中间区域并未形成明显的塑性铰线，仅在上下角隅处形成较短的塑性铰线。由于竖向加强筋较强，限制了塑性结构的变形，加强筋顶部舱壁发生撕裂。

横舱壁与前舱壁、后舱壁交界处强度较弱，未能作为强边界限制塑性变形的

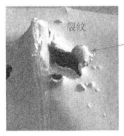

局部放大图

图 4.37　1 号横舱壁变形及失效模式

发展, 也发生了较大塑性变形。舱壁中心附近区域有 29 处大小不一的破片穿孔, 左右边缘区域破片穿孔明显少于中间区域, 与圆柱形战斗部爆炸破片飞散特性吻合[20]。

　　2 号横舱壁是距离战斗部最近的舱壁, 毁伤也最严重, 如图 4.38 所示。2 号舱壁呈花瓣状破口, 高度方向约为 120cm, 宽度方向约为 100cm。中间竖向加筋发生断裂, 两侧的加筋发生塑性挠曲, 并未断裂, 仅在上端与上甲板连接处发生撕裂。舱壁板发生破坏, 并在两侧沿竖向加强筋撕裂, 可以明显分辨出 6 瓣向后卷曲。两侧竖向筋可以有效限制花瓣状破口沿横向的发展。中间的加强筋虽然断裂, 但依然有较高强度, 会限制花瓣状破口的竖向发展。

前视　　　　　　　　　　　后视

图 4.38　2 号横舱壁失效模式

2. 上、下甲板毁伤特性

下甲板失效模式如图 4.39 所示。下甲板与 2 号舱壁连接处出现撕裂，并形成较大破孔，撕裂区域长度约为 82cm。通过破坏模式，结合战斗部爆炸破片分布规律，分析原因是战斗部径向区域破片较为密集，造成破片穿孔连接，进而发生撕裂。破片作用区域集中在甲板中间区域，且越靠近 2 号舱壁的区域，破片穿孔越密集。

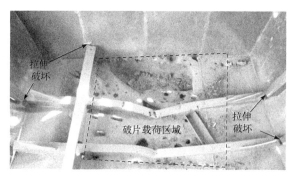

图 4.39　下甲板失效模式

下甲板加强筋出现较大塑性变形。加强筋中心区域有明显较大挠曲。加强筋与前后舱壁连接处均发生拉伸失效。

上甲板失效模式如图 4.40 所示。底部视图表明，上甲板出现较多密集孔洞。

(a) 底部视图

(b) 俯视图

图 4.40　上甲板失效模式

横向加强筋被高速破片侵彻断裂，纵向加强筋出现少量破片撞击痕迹。俯视图表明，上甲板在 2 号横舱壁连接处发生撕裂，与下甲板破坏形态类似，也是高速破片群密集穿孔形成的。破片较为密集地分布于 2 条虚线之间，进一步论证了爆炸破片主要集中在战斗部径向方向，且越远离 2 号横舱壁的区域，破片越稀少。局部穿孔的放大图表明，穿孔剖面呈现金属光泽，且伴有蓝色，说明高速破片穿甲过程中上甲板局部塑性温升产生了融化，可能局部发生了绝热剪切。

3. 前、后舱壁毁伤特性

爆炸当舱的前后舱壁均发生较明显的塑性变形。前舱壁的失效模式如图 4.41 所示。后舱壁发生较为明显的塑性变形，1 号舱门和 2 号舱门吹飞，并发生较为明显的塑性变形。由于 3 号和 4 号舱壁仅有局部破片穿孔，并未发生破损，冲击波并未进入 3 号舱室。3 号舱门依然完整(图中舱门 3 为人为开启，在实验过程中并未飞出)。

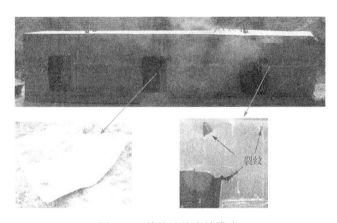

图 4.41　前舱壁的失效模式

1 号舱门安装位置的右上方出现裂纹，裂缝路径上有一个破片穿孔。角隅处本身有一定的应力集中，破片穿孔造成局部结构弱化，为裂纹产生创造了条件。

后舱壁失效模式如图 4.42 所示。破坏主要集中在 1 号舱室。2 号舱室后壁有 3 个破片穿孔。3 号后舱壁无明显变形。1 号舱室后壁靠近 2 号横舱壁区域有一个较大破口。破口裂纹长度约为 50cm。根据战斗部端部起爆时破片飞散特点，分析其为端头大质量破片侵彻作用造成的[21]。

1 号舱室后舱壁底部外板出现裂纹，原因是局部塑性变形较大，而加筋刚度较大限制了板的变形，造成局部塑性变形梯度较大，应力明显大于周围区域，形成裂纹。

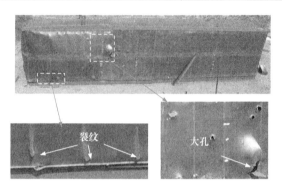

图 4.42　后舱壁失效模式

4.6　强舱内爆炸作用下舱室结构动态响应

4.6.1　实验设置

1. 实验模型设计

实验舱段模型总长 10.8m、宽 3.9m、高 5.6m(图 4.43)。模型材料采用 E36 船用钢，共包含 5 层甲板。03 甲板和 04 甲板厚度为 5mm，其余甲板厚度均为 4mm。横纵舱壁厚度均为 3mm。模型肋骨间距 300mm，舱室模型中强骨材采用 T 型材(腹板 4mm×200mm，面板 7mm×75mm)，弱骨材采用球扁钢(HP60*5)。模型上开设人行通道，使人员可以进入舱室内部进行传感器布放及其他施工工作。

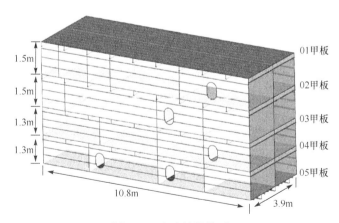

图 4.43　实验舱段模型

战斗部模型(图 4.44)模拟典型反舰导弹战斗部。战斗部为带壳爆源，由爆源壳体、装药、起爆装置等组成；采用 PBX 装药，装药参考密度为 1.654g/cm^3。战斗部总重约 59kg，里面装填 25kg TNT 当量炸药。战斗部外形为圆柱形，直径为 170mm、长为 450mm。靠近起爆点的一端和远离起爆点的一端被称为近端和远端。平行于战斗部对称轴的方向称为水平方向，垂直于对称轴的方向称为垂直方向。

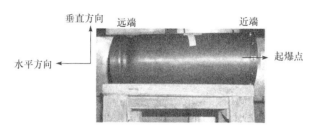

图 4.44　战斗部模型

战斗部静置于木质支架，在舱室中央起爆，模拟末端弹道水平来袭反舰导弹击中舰船舷侧，穿透两层横舱壁进入一定深度后爆炸的场景，如图 4.45 所示。爆炸当舱外侧两侧横舱壁开有圆孔，模拟导弹穿舱孔。图 4.45 对舱室和舱壁进行了命名，以便清楚表达各舱室和舱壁位置，分析毁伤情况。

实验共进行 3 次，第 1 次实验测量破片分布，后两次实验研究多舱室结构毁伤模式，并对比验证实验的可重复性。实验工况如表 4.7 所示。

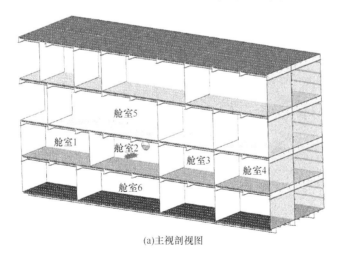

(a)主视剖视图

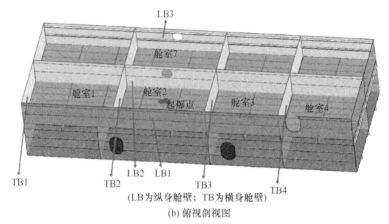

(LB为纵身舱壁；TB为横身舱壁)

(b) 俯视剖视图

图 4.45　工况示意图

表 4.7　实验工况

实验编号	实验目的
1	研究破片载荷特征，测量破片分布及破片速度
2	研究多舱室结构在内爆炸冲击波与破片联合作用下的毁伤特性
3	研究多舱室结构在内爆炸冲击波与破片联合作用下的毁伤特性，验证实验的可重复性

2. 实验测量

在实验过程中测量爆炸压力、冲击加速度及破片速度。测点布置示意图如图 4.46 所示。其中，压力采用壁面反射压力传感器测量；加速度采用加速度传感

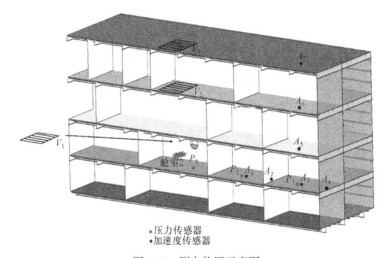

• 压力传感器
• 加速度传感器

图 4.46　测点位置示意图

器测量，实验仅测量垂直于甲板方向的加速度数据；破片速度采用速度靶网测量。压力及破片速度采样频率设置为 1MHz，加速度采样频率设置为 100kHz。

4.6.2　载荷特征

1. 爆炸破片载荷

战斗部爆炸时，破片以一定的速度向四周飞散。各个方向上的飞散密度与破片的大小有一定的分布规律，这取决于战斗部的结构。前两次实验使用的舱室尺寸相同，对第 1 次实验用的舱室进行改装，加固舱壁，并设置破片分布测量装置，目的在于得到不同方位的破片分布，验证战斗部毁伤威力。如图 4.47 所示，破片穿孔集中在一个范围内，用矩形标记。图 4.47 展示了 LB2、TB1 和 TB3 舱壁的穿孔情况。TB1 上有一个较大的破口，产生的原因是 TB2 在战斗部爆炸载荷作用下完全破坏，作为二次破片击中 TB1，造成 TB1 较大程度的破损。

破片的飞散方向可以分解为沿战斗部的垂直方向和水平方向。如图 4.47 所示，垂直方向飞散角为 21°，破片飞散角呈对称分布，说明稀疏波对垂直方向散射角影响不大。远端的飞散角为 13°，近端的飞散角为 16°。战斗部两端的飞散角存在一定差异，近端的飞散角略大于远端。碎片的最小飞散角出现在两边，而最大飞散角出现在中间位置。这表明，破片在水平方向上的飞散角受稀疏波的影响较大，可以减小飞散角。

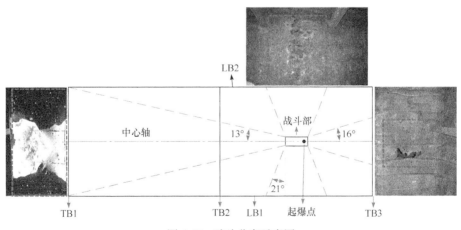

图 4.47　破片分布示意图

破片速度采用测速靶网测量。测速靶网由两层金属网组成。破片将金属丝击断后，电压瞬时降低，通过计算两个靶网的时间间隔和固定距离，可以得到破片速度。破片初速度测度靶网测点如图 4.48 所示。破片测量数据统计结果如图 4.49 所示。前后靶网间距 30mm，时间间隔为 0.016ms，破片速度为 1875m/s。

Gurney 预测的碎片初速度为

$$V_0 = \sqrt{2E}\sqrt{\frac{C/M}{1+0.5C/M}} \tag{4.22}$$

式中，$\sqrt{2E}=520+0.28D_e$，D_e 为 TNT 的爆速；C 和 M 为 TNT 的质量和金属外壳的质量。

通过式(4.22)计算,破片初始速度为 1790m/s,与实验值相比,相对误差 4.75%。

如图 4.49 所示，破片初速度为 1875m/s，侵彻 2 层甲板后的剩余速度降为 405m/s，继续侵彻 3 层甲板后速度进一步降为 69.3m/s，此后基本失去侵彻甲板能力。

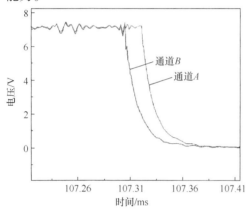

图 4.48　破片初速度测度靶网测点

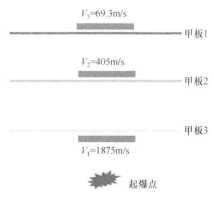

图 4.49　破片测量数据统计结果

2. 爆炸冲击波载荷

压力测点数据如图 4.50 所示。爆炸当舱(舱室 2)压力测点数据加图 4.50(a)所示。冲击波作用到甲板上，结构内形成弹性先驱波，以应力波的形式迅速传播到传感器区域，压力曲线呈现两小段振动信号；随后冲击波传递到传感器位置，初始冲击波压力为 6.2MPa，并在甲板 4 处发生反射，反射冲击波压力峰值为 12.5MPa，脉宽为 0.5ms；甲板 4 在冲击波作用下失效，压力传感器出现故障，未获取后续压力数据。

典型相邻舱室(舱室 3)压力测点数据如图 4.50(b)所示。与爆炸当舱相似，压力曲线呈现出两小段类似加速度的信号；5ms 后，冲击波进入临舱，形成第一个峰值约为 0.83MPa 的压力。此后，冲击波在壁面发生反射，经过约 1ms，形成第二个波峰。冲击波略有衰减，并在两侧舱壁再次形成反射，3ms 后形成第三个峰值。中间伴随多个小峰值，分析为内部加筋结构形成的多次不规则反射。

典型隔舱(舱室 4)压力测点数据如图 4.50(c)所示。经过爆炸当舱横舱壁及临舱横舱壁后，冲击波压力逐渐降低。隔舱压力峰值约为 0.54MPa，脉宽约为 1ms，随后呈现出准静态压力的特点。

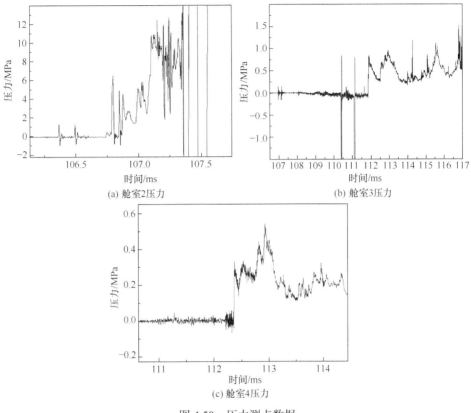

图 4.50　压力测点数据

通过分析压力载荷数据，可以发现舱内爆炸产生的爆炸压力持续时间比类似的外部自由空气爆炸的持续时间要长得多，导致舱内爆炸比类似的外部自由空气爆炸造成的破坏更为严重。

4.6.3　毁伤模式

1. 实验可重复性验证

工况 2 和工况 3 毁伤情况对比如图 4.51 所示。工况 3 与工况 2 的毁伤情况高度相似，因此我们认为实验结果是可重复的，通过实验得到的舱室结构在战斗部内爆载荷作用下的毁伤模式是可靠的。后续毁伤模式仅以工况 2 为典型工况开展分析。

2. 整体毁伤模式

在战斗部内爆载荷作用下,爆炸当舱的六面舱壁/甲板在冲击波和破片的作用下完全损坏。爆炸冲击波和破片通过损坏的舱壁作用于相邻舱室。第二次舱壁在冲击波和破片的作用下部分失效,失效位置发生在板的中心。随后冲击波和破片作用于第三个舱室。与此同时,爆炸当舱的角落处基本未发生变形,角隅处依然保持完整,能承受冲击波的作用。根据实验结果分析,舱室结构整体的毁伤模式接近十字形。舱室结构整体毁伤模式如图 4.52 所示(正视图和俯视图毁伤模式相同)。

3. 爆炸当舱毁伤模式

战斗部在多舱室结构内部爆炸时,产生的高速破片群和冲击波会对舱室结构造成严重的毁伤,爆炸当舱六面舱壁破损严重。在战斗部舱室内爆载荷作用下,

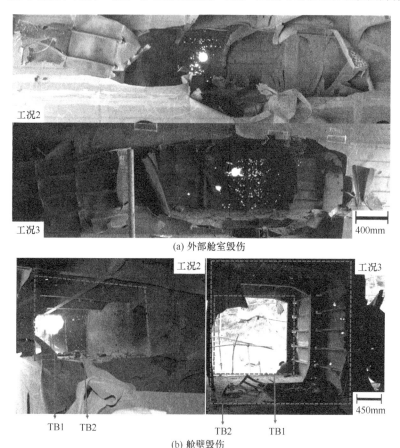

(a) 外部舱室毁伤

(b) 舱壁毁伤

工况2

工况3

200mm

(c) 甲板毁伤

图 4.51　工况 2 和工况 3 毁伤情况对比

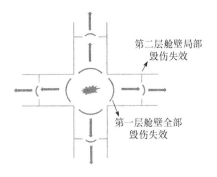

第二层舱壁局部
毁伤失效

第一层舱壁全部
毁伤失效

图 4.52　舱室结构整体毁伤模式

爆炸当舱舱壁出现 4 种典型破坏模式,即舱壁边缘撕裂,整体失效(模式 I);沿强筋撕裂(模式 II);破片冲击波耦合毁伤模式(模式 III);混合毁伤模式(模式 IV)。

1) 整体失效(模式 I)

模式 I 的代表为横舱壁 TB2,如图 4.53 所示。其典型特点为,舱壁沿根部焊缝撕裂,即边缘撕裂,横舱壁整体吹飞,作为二次破片毁伤相邻舱室。分析其原因是,横舱壁上无强力构件,在舱内爆炸高强载荷下舱壁整体获得较高速度,由于舱壁与甲板连接处应变梯度较大,边缘处发生大塑性变形,当塑性变形超过材料的临界失效应变时,舱壁发生失效。

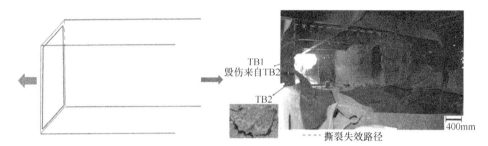

图 4.53　破坏模式 I

2) 沿强筋撕裂(模式Ⅱ)

模式Ⅱ(图 4.54)的代表为爆炸当舱的上下甲板。其特点是,甲板未整体失效,表现为沿强横梁及纵舱壁边缘断裂,撕裂部分高速飞出。甲板是纵桁和强横梁组成的板架结构,上甲板纵桁和强横梁均未断裂。纵桁中间出现颈缩现象,有少量裂纹产生,强横梁仅发生轻微的塑性变形。甲板中心区域在内爆载荷作用下沿强力构件撕裂,出现严重破损。分析原因是,舱内爆炸冲击波引起甲板发生明显的塑性变形,而甲板由于刚度较大,呈现明显的变形梯度,引起板在边缘处产生明显的应变集中,超过材料的临界应变后材料发生失效,接着板发生卷曲或飞出,爆炸当舱准静态压力进入相邻舱室。

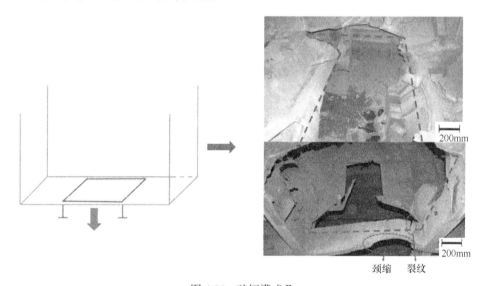

图 4.54　破坏模式Ⅱ

3) 破片冲击波耦合毁伤模式(模式Ⅲ)

模式Ⅲ的代表是 TB3 舱壁,如图 4.55 所示。其特点是,横舱壁 TB3 沿上方甲板及两侧纵舱壁根部撕裂,下甲板根部未完全撕裂,保留部分结构。分析形成原理是，破片首先作用于横舱壁，造成大量密集连续穿孔，舱壁在冲击波的作用下破片穿孔贯穿并撕裂，导致舱壁从中间部分断开，由于底部面积较小，冲击波作用下的底部剩余舱壁未完全撕裂。该模式可以体现破片冲击波耦合毁伤效应。

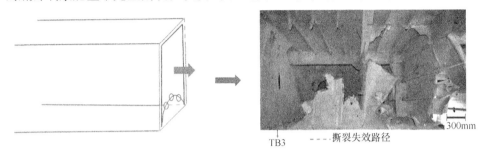

图 4.55　破坏模式Ⅲ

4) 混合毁伤模式(模式Ⅳ)

模式Ⅳ的代表为爆炸当舱纵舱壁。如图 4.56 所示，其多发生在有加强筋较强的甲板或舱壁，破口为不规则的矩形，两侧有翻转的沿甲板或加强筋撕裂的舱壁，翻转舱壁处明显可见破片群穿孔。分析原因是，战斗部形成的密集破片群在舱壁中心形成密集连续穿孔，从而大大减弱舱壁强度。然后，在舱内爆炸冲击波和准静态压力的联合作用下，舱壁从破片连续穿孔处断开，并持续变形，沿甲板或加强筋迅速撕裂。该模式也是爆炸冲击波与破片群联合作用的结果。实验中 LB1 纵舱壁破口近似为矩形，破口长度约 3.4m，高度约 1.4m。

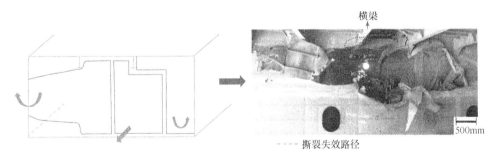

图 4.56　破坏模式Ⅳ

4. 爆炸临舱毁伤模式

在战斗部舱室内爆载荷作用下，相邻舱室舱壁出现 3 种典型破坏模式，即大量破片穿孔(模式Ⅰ)、当舱舱壁下打击失效(模式Ⅱ)、破片冲击波耦合毁伤模式(模式Ⅲ)。

1) 破片密集穿孔模式(模式Ⅰ)

破片密集穿孔模式破坏模式Ⅰ的代表为 LB3(右侧相邻舱室 7)纵舱壁，如

图 4.57 所示。通常发生在战斗部周向区域，强度较高且距离战斗部较远处，破片群密集作用于该区域，但相邻舱室的冲击波并未造成舱壁破损，破片群也未造成相邻穿孔明显贯穿。实验中，LB3 板中心圆孔正对爆心，用于模拟战斗部舷侧穿孔。

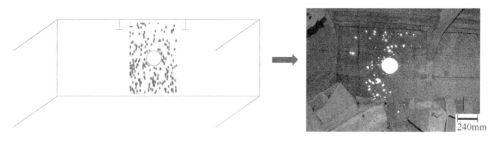

图 4.57　临舱破坏模式Ⅰ

2) 破片联合作用失效(破坏模式Ⅱ)

破片联合作用失效破坏模式Ⅱ的代表为甲板 6。如图 4.58 所示，多发生于甲板，特点是有较多破片穿孔，小的破片穿孔贯穿连接，形成较大破口。分析原因是，该板位于战斗部周向位置，且距离爆心较近，破片群联合作用明显。由于甲板上纵骨的约束作用，破损范围未进一步增大。

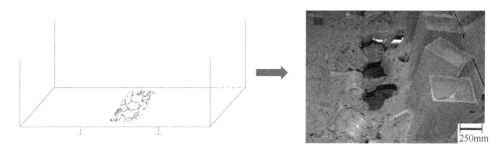

图 4.58　临舱破坏模式Ⅱ

3) 二次破片毁伤(破坏模式Ⅲ)

破坏模式Ⅲ的代表后侧临舱(舱壁 1)横舱壁(TB1)，如图 4.59 所示。该毁伤模式的特点是，舱壁有较大破口，且存在较多破片穿孔。分析原因是，对应的爆炸当舱舱壁局部或整体飞出(TB2 破损情况)，作为 2 次破片打击横舱壁 TB1，造成 TB1 较大破口，且舱壁位于战斗部轴向位置。战斗部端部的少量破片依然形成一定数量的穿孔。

5. 舱内爆炸冲击环境

战斗部爆炸时，舱室结构发生强烈冲击，造成幅值较高的冲击加速度。工程中常用冲击响应谱(shock response spectrum，SRS)评估结构的抗冲击能力，即结构对冲击载荷的响应来描述冲击作用的效果。运用 Gaberson 算法将加速度数据转换为 SRS。加速度测量数据如图 4.60 所示。

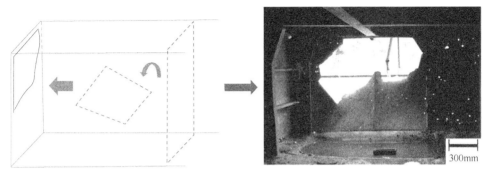

图 4.59　临舱破坏模式Ⅲ

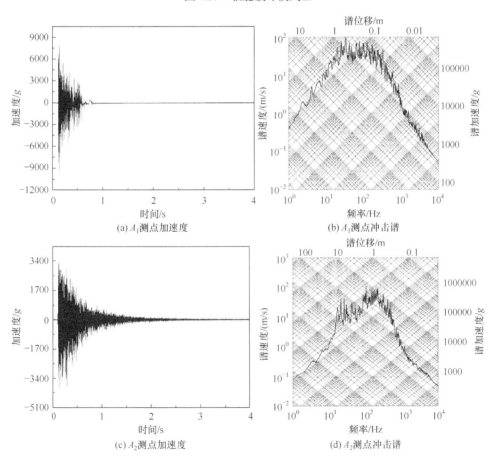

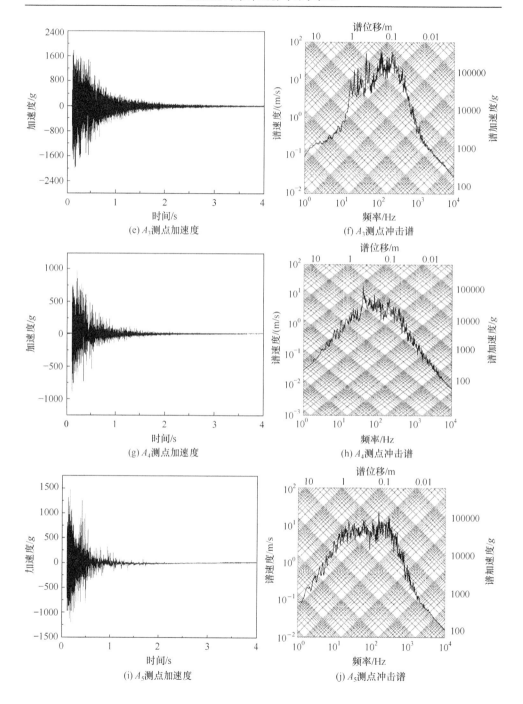

(e) A_3测点加速度

(f) A_3测点冲击谱

(g) A_4测点加速度

(h) A_4测点冲击谱

(i) A_5测点加速度

(j) A_5测点冲击谱

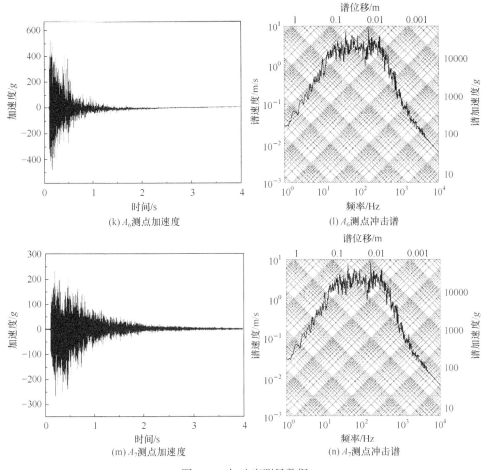

图 4.60　加速度测量数据

$A_1 \sim A_4$ 加速度数据统计如图 4.61 所示。$A_3 \sim A_7$ 加速度数据统计如图 4.62 所示。$A_1 \sim A_4$ 位于同一层甲板，$A_5 \sim A_7$ 位于 A_3 测点的正上方的不同甲板上。将 $A_1 \sim A_4$ 作为一组数据，分析冲击环境在同一甲板的传递特征。加速度峰值、谱加速度、谱速度、谱位移在同一甲板上随着爆距的增加均呈现指数衰减趋势，采用指数多项式函数对数据进行拟合，即

$$A = \mathrm{e}^{11.5-1.05d+0.05d^2}, \quad A_\mathrm{a} = \mathrm{e}^{7.16-0.16d-0.04d^2}, \quad P_\mathrm{v} = \mathrm{e}^{5.07-0.44d-0.02d^2}, \quad R_\mathrm{d} = \mathrm{e}^{1.96-1.47d+0.07d^2}$$

其中，A 为加速度峰值；A_a 为谱加速度；P_v 为谱速度；R_d 为谱位移；d 为爆距。

如图 4.62 所示，将 A_3 作为一组数据，分析冲击环境在不同甲板的传递特征。A_3 和 A_5 与爆心的距离相等，A_5 的加速度峰值、谱加速度和谱速度均小于 A_3 测点，因此可认为爆点下方的甲板冲击较上方甲板更加剧烈。A_6、A_7 测点距爆心的距离与 A_5 测点较为接近，但加速度峰值、谱加速度、谱速度、谱位移均远小于 A_5 测点。

对比三个测点的测量数据，A_6、A_7测点的加速度峰值、谱加速度、谱速度、谱位移均小于A_4测点，因此可认为冲击响应在不同甲板间的衰减更加明显。甲板是主要的冲击加速度传递通道。

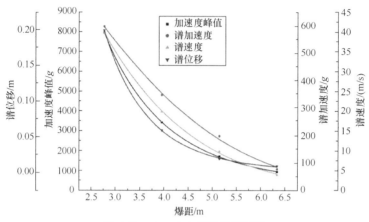

图 4.61　A_1～A_4加速度数据统计

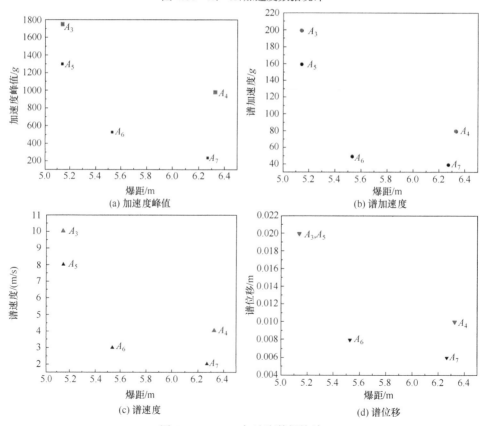

图 4.62　A_3～A_7加速度数据统计

4.7　本章小结

本章采用量纲分析方法研究舱室内爆炸冲击波、冲量和准静态气体压力的相似关系，得到考虑爆炸后燃烧效应和材料应变率效应的舱内爆炸结构响应的无量纲数；设计内爆炸发生装置，并开展内爆炸作用下舱壁破坏模式研究；分析不同位置内爆炸压力、冲量的特点，对比不同板厚和爆炸距离对舱壁变形的影响，得到内爆炸作用下的 2 种典型破坏模式；开展爆炸作用下带预制孔板的实验和仿真研究，分析不同孔板对结构抗爆性能的影响；开展弱战斗部舱内爆炸作用下多舱室结构的动态响应实验，分析不同部位的毁伤特性，找到结构薄弱环节；开展强战斗部舱内爆炸载荷作用下的毁伤特性，研究舱室结构在战斗部内爆产生的高速舱室结构的破坏模式，分析爆炸冲击波、破片载荷及冲击环境的特点，探讨多舱室结构的毁伤模式。

(1) 采用量纲分析方法分析舱内爆炸作用下冲击波、冲量和准静态压力的相似关系。等比例缩比模型中的冲击波峰值和准静态压力相当，冲量成比例缩小。

(2) 舱内非近距离爆炸作用下板/加筋板破坏的主要机理为准静态压力。内爆炸作用下角隅处的冲击波压力明显大于其他区域，但各测点的冲量趋于一致。内爆炸作用下固支方板的破坏模式主要为 I 类破坏和 II 类破坏，即整体大塑性变形破坏和边缘拉伸失效。

(3) 舱内近距离爆炸作用下板/加筋板破坏的主要机理为爆炸冲击波与破片群联合作用，研究爆炸作用下开孔板的响应是解耦的一种重要方法，但开孔形状会明显影响局部应力状态和应力集中系数，并最终影响破坏模式和临界药量。

(4) 多舱室爆炸模型实验表明，紧贴战斗部的舱壁发生花瓣状破口并将压力泄到相邻舱室，较近结构受冲击波与破片联合作用效果明显；加强筋可以较好地限制爆炸破口，但在板变形梯度较大的地方易产生裂纹；内爆炸作用下的普通舱门是舱室结构的薄弱环节，需要重点关注。

(5) 爆炸当舱六面舱壁(甲板)在破片和冲击波载荷耦合作用下严重损毁，舱室整体毁伤模式近似为十字形毁伤模式。爆炸当舱舱壁共出现 4 种典型的毁伤模式。爆炸临舱舱壁共出现 3 种典型的毁伤模式。

(6) 加速度峰值、谱加速度、谱速度、谱位移在同一甲板随着爆距的增加均呈现指数衰减趋势。不同甲板与爆心的直线距离更近的点的加速度峰值、谱加速度、谱速度、谱位移小于同一甲板上距爆心的直线距离较远的点。冲击响应在不同甲板间的衰减更加明显。甲板是主要的冲击加速度传递通道。

参 考 文 献

[1] Edri I, Savir Z, Feldgun V R, et al. On blast pressure analysis due to a partially confined

explosion: I. experimental studies[J]. International Journal of Protective Structures, 2011, 2(1): 1-20.

[2] Zheng J, Hu Y, Ma L, et al. Delamination failure of composite containment vessels subjected to internal blast loading[J]. Composite Structures, 2015, 130: 29-36.

[3] Rushtona N, Schleyera G K, Claytonb A M, et al. Internal explosive loading of steel pipes[J]. Thin-Walled Structures, 2008, 46: 870-877.

[4] Geretto C, Yuen S C K, Nurick G N. An experimental study of the effects of degrees of confinement on the response of square mild steel plates subjected to blast loading[J]. International Journal of Impact Engineering, 2014, 8: 1-13.

[5] 谈庆明. 量纲分析[M]. 合肥: 中国科学技术大学出版社, 2005.

[6] 杨亚东, 李向东, 王晓鸣, 等. 封闭空间内爆炸缩比相似模型研究[J]. 振动与冲击, 2014, 33(2): 128-135.

[7] J. 亨利奇. 爆炸动力学及其应用[M]. 熊建国, 译. 北京: 科学出版社, 1987.

[8] Aderson C E, Baker W E, Wauters D K, et al. Quasi-static pressure, duration, and impulse for explosions(e. g. HE) in structures[J]. International Journal of Mechanical Sciences, 1983, 25(6): 455-464.

[9] Johnson W. Impact Strength of Material[M]. London: Hodder Arnold, 1972.

[10] Nurick G N, Martin J B. Deformation of thin plates subjected to impulsive loading: A review. part experimental study[J]. International Journal of Impact Engineering, 1989, 8(2): 171-186.

[11] Yao S, Zhang D, Lu F. Dimensionless number for dynamic response analysis of box-shaped structures under internal blast loading[J]. International Journal of Impact Engineering, 2016, 98: 13-18.

[12] Longère P, Geffroy-Grèze A G, Leblé B, et al. Ship structure steel plate failure under near-field air-blast loading: numerical simulations vs experiment[J]. International Journal of Impact Engineering, 2013, 2013(62): 88-98.

[13] Jacob N, Nurick G N, Langdon G S. The effect of stand-off distance on the failure of fully clamped circular mild steel plates subjected to blast loads[J]. Engineering Structures, 2007, 29: 2723-2736.

[14] Meyers M A. Dynamic Behavior of Materials[M]. New York: Wiley, 1994.

[15] Zakrisson B, Wikman B, Häggblad H A. Numerical simulations of blast loads and structural deformation from near-field explosions in air[J]. International Journal of Impact Engineering, 2011, 38: 597-612.

[16] Johnson G R, Cook W H. A constitutive model and data for metals subjected to large strains, high strain rates and high temperature[C]//Proceedings of the Seventh International Symposium on Ballistics, Netherland, 1983: 541-548.

[17] Bao Y, Wierzbicki T. On fracture locus in the equivalent strain and stress triaxiality space[J]. International Journal of Mechanical Sciences, 2004, 46: 81-98.

[18] Bao Y, Wierzbicki T. On the cut-off value of negative triaxiality for fracture[J]. Engineering Fracture Mechanics, 2005, 72: 1049-1069.

[19] Bao Y, Wierzbicki T. On fracture locus in the equivalent strain and stress triaxiality space[J].

International Journal of Mechanical Sciences, 2004, 46(1): 81-98.

[20] 孔祥韶, 吴卫国, 杜志鹏, 等. 圆柱形战斗部爆炸破片特性研究[J]. 工程力学, 2014, 31(1): 243-249.

[21] 李伟, 朱锡, 梅志远, 等. 战斗部破片毁伤能力的等级划分实验研究[J]. 振动与冲击, 2008, 27(3): 47-52.

第5章　水雾衰减舱内爆炸压力载荷的防护机理

5.1　引　　言

　　舰船抗反舰导弹舱内爆炸研究是一项具有挑战性的工作，需要在现有技术手段的基础上不断探索新机理和新手段。舱内爆炸压力载荷和破片载荷是最重要的两种载荷，本章重点讨论压力载荷的防护。细水雾作为常规灭火手段，在舰船上应用较为广泛[1]。有关研究表明[2-4]，细水雾在衰减爆炸冲击波和准静态压力方面也存在潜力。舰船在水资源取用方面，无须额外增大舱容和质量，可以为使用水雾作为抗舱内爆炸手段提供可能性。

　　国内外针对水雾抗爆的研究工作主要集中在瓦斯等燃气爆炸[2,5,6]，水雾对抑制起爆和后续空中爆炸冲击波的传播有一定的效果。美国海军[2-4]开展了细水雾抗舱内爆炸实验。实验结果表明，细水雾能有效衰减爆炸冲击波、冲量和准静态压力，但只给出了结论，缺少作用原理的阐述。由于军事保密等原因，公开发表的文献资料极少，给阐明水雾抗反舰导弹舱内爆炸机理和开展工程防护设计带来困难。

　　本章开展冲击波作用下单个液滴碎裂动态变形的实验研究，分析液滴碎裂的主要机理；开展液滴在冲击波作用下形态的数值仿真，分析液滴对冲击波流场的影响；开展舱内爆炸作用下被动式水雾削弱舱内爆炸载荷的实验研究，分析水雾衰减舱内爆炸压力载荷的作用机理，可以为舰船抗反舰导弹舱内爆炸防护设计提供新思路。

5.2　激波作用下单液滴变形与碎裂机理

5.2.1　研究方法

1. 实验设备

　　本书实验在设有电控破膜系统的矩形截面水平激波管中进行。相比于其他几种流场启动方式，激波管可以实现对流动的加载，具有重复性好、流场稳定性高、参数易于控制等特点[7]。图5.1所示为实验设备的示意图。通过激光束和光电二极管探测下落的液滴，并经同步控制系统触发电控破膜装置产生激波，保证液滴与激波在观察窗预设区域内相互作用并发生破碎。通过对电控破膜延迟时间的设置, 可保证高速摄影的观察区域为液滴破碎位置附近约 $4cm^2$ 的范围, 从而尽量发挥相机性能, 提高实验照片的时间和空间分辨率。

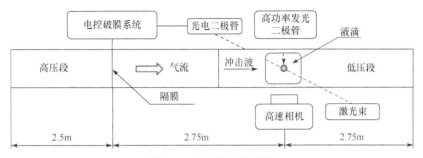

图 5.1　实验设备示意图

　　液滴破碎过程使用高速摄影。光源为总功率 100W 的发光二极管灯珠阵列, 经过毛玻璃入射流场。与常用的阴影技术相比, 这一直接拍摄的流动显示方法可以降低光测对液滴相界面折射率变化的敏感性, 使液滴表面更多流动细节得到体现。实验照片像素密度为 $24\sim28$pixels/mm, 拍摄速率为每秒 50000 帧, 单帧曝光时间为 $1\mu s$。实验液滴破碎的特征时间为 $0.5\sim1$ms, 其中受液雾干扰较小、变形图像较清晰的初期破碎过程持续约 $0.15\sim0.2$ms, 因此在实验总有效时长内可获得 $25\sim50$ 幅图像。

　　在电控破膜的液滴破碎实验中, 高压段长度为 2.5m, 低压段长度为 5.5m。实验观察窗位置位于涤纶膜下游 2.75m 处。在电控破膜实验(低 Ma)条件下, 稀疏波到达观察窗附近位置的时刻为激波经过后的 $2\sim5$ms, 反射激波到达观察窗附近位置的时刻为激波经过后的 $10\sim20$ms。这两个时间均远高于液滴破碎所需时间, 因此实验可以获得液滴破碎图像, 可以认为其对应的来流条件是均匀且稳定的。

2. 来流条件

　　表 5.1 给出了实验中各个工况的来流条件。根据图 5.2 液滴破碎模式划分中 Theofanous 给出的液滴破碎模式划分准则[8], 本书参数范围内的液滴破碎均属于 KH-SIE 模式。根据传统的分类方式, 本书工况均在 $We>350$、$Oh<0.1$ 范围内, 对应破碎模式为毁灭性破碎。这是一种被认为破碎最为剧烈、现象最为复杂的模式[7]。

表 5.1　实验参数表

工况编号	d_0/mm	ρ_g/(kg/m³)	u_g/(m/s)	We	Ma	Re	Oh
1	2.72	2.12	204.33	3306	1.42	54063	2.27×10^{-3}
2	2.91	1.68	200.99	2719	1.42	45333	2.20×10^{-3}
3	2.45	1.49	202.21	2050	1.42	33930	2.40×10^{-3}
4	2.93	1.19	200.99	1934	1.42	32245	2.19×10^{-3}

工况编号	d_0/mm	ρ_g/(kg/m³)	u_g/(m/s)	We	Ma	Re	Oh
5	2.24	1.07	209.23	1443	1.44	22943	2.50×10^{-3}
6	2.91	1.42	240.70	3284	1.51	44103	2.20×10^{-3}
7	2.70	1.21	245.12	2690	1.52	35329	2.28×10^{-3}
8	2.74	0.98	229.95	1939	1.48	27527	2.27×10^{-3}
9	2.98	0.83	230.66	1798	1.49	25430	2.17×10^{-3}
10	2.80	0.68	224.67	1329	1.47	19403	2.24×10^{-3}
11	2.77	1.18	278.98	3483	1.61	38968	2.25×10^{-3}
12	2.76	1.06	285.17	3253	1.62	35397	2.26×10^{-3}
13	2.87	0.82	271.45	2376	1.59	27505	2.21×10^{-3}
14	2.78	0.75	287.27	2361	1.63	25457	2.25×10^{-3}
15	2.86	0.58	271.59	1677	1.59	19403	2.22×10^{-3}
16	2.49	0.52	278.91	1380	1.61	15447	2.38×10^{-3}
17	2.77	0.83	335.37	3573	1.75	31555	2.25×10^{-3}
18	2.84	0.71	335.72	3103	1.75	27365	2.22×10^{-3}
19	2.86	0.58	327.78	2462	1.73	22404	2.22×10^{-3}
20	2.91	0.50	332.43	2192	1.75	19580	2.20×10^{-3}
21	2.18	0.42	331.07	1362	1.74	12231	2.54×10^{-3}
22	2.80	0.35	336.00	1504	1.76	13248	2.24×10^{-3}
23	2.80	0.53	402.55	3294	1.94	22746	2.24×10^{-3}
24	2.80	0.42	399.86	2567	1.93	17895	2.24×10^{-3}
25	2.92	0.37	401.73	2395	1.93	16584	2.19×10^{-3}
26	2.68	0.29	400.45	1742	1.93	12118	2.29×10^{-3}
27	2.80	0.26	406.51	1684	1.95	11475	2.24×10^{-3}
28	2.72	0.29	467.79	2393	2.12	13365	2.27×10^{-3}
29	2.72	0.25	479.88	2139	2.16	11516	2.27×10^{-3}
30	2.72	0.21	475.22	1759	2.14	9601	2.27×10^{-3}
31	2.75	0.17	470.44	1456	2.13	8066	2.26×10^{-3}
32	2.68	0.15	478.14	1246	2.15	6743	2.29×10^{-3}
33	2.28	0.12	482.72	907	2.17	4843	2.48×10^{-3}
D100	2.82	3.56	469.86	30444	2.13	168972	2.23×10^{-3}
D90	2.82	3.27	507.15	32549	2.24	161551	2.23×10^{-3}
D80	2.82	3.05	543.99	34909	2.35	155998	2.23×10^{-3}
D70	2.68	2.80	587.79	35693	2.48	141659	2.29×10^{-3}
D60	2.82	2.52	634.23	39194	2.62	138067	2.23×10^{-3}
D50	2.80	2.24	703.30	42595	2.83	127029	2.24×10^{-3}
D40	2.83	1.90	784.66	45665	3.09	113540	2.23×10^{-3}
D30	2.83	1.55	913.79	50342	3.51	96323	2.23×10^{-3}
D20	2.72	1.13	1130.27	54027	4.23	70640	2.27×10^{-3}

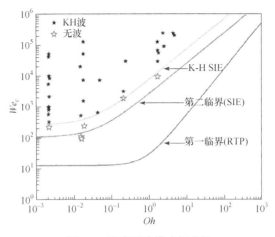

图 5.2　液滴破碎模式划分[8]

实验采用的滴液装置为固定在激波管上壁面的平口点胶针头，内外径分别为 0.34mm 和 0.64mm，产生液滴的直径为 2.8±0.15mm。高压段压力调节范围为 200～700kPa，低压段压力调节范围为 3～100kPa。表 5.1 表明，本书通过对高压段和低压段压力的控制，实现对激波 Ma、实验 We 的调节，使其处于可横向比较的范围内。在爆轰破膜的实验条件下，由于爆轰波强度较高，即使经过衰减，激波 Ma 和实验 We 仍远高于电控破膜实验。图 5.3 和图 5.4 分别给出了实验的 We-Ma 分布图和 ρ-u 分布图。

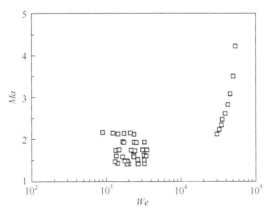

图 5.3　实验参数 We-Ma 分布图

5.2.2　激波诱导气流中液滴的变形和破碎

本节对不同来流条件下的液滴变形和破碎现象进行讨论。首先，以单个实验 (工况 6)为例，对激波诱导气流中液滴变形和破碎现象进行描述和分析。随后，为考察来流条件对液滴变形和破碎过程的影响，以 We 和 Ma 为控制参数，分别讨

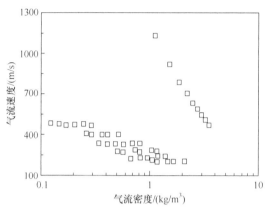

图 5.4 实验参数的气流速度-密度分布图

论其对液滴变形和破碎过程的影响。由于爆轰破膜状态下，激波 *Ma* 和实验 *We* 远高于电控破膜时，因此爆轰破膜结果被单独列出。一方面，与电控破膜进行比较，揭示其现象差异；另一方面，对爆轰破膜结果内部进行比较，分析激波较强时来流参数对液滴破碎的影响。

1. 液滴破碎现象特征及机理

以工况 6 为例，对激波诱导气流中孤立液滴的变形和破碎现象进行描述。在激波扫过液滴之后，液滴整体的轴向尺度变小，赤道直径增大，呈现"被压扁"的变形趋势。这一趋势几乎在所有的破碎模式中均有出现。通常认为，液滴赤道附近的低压，以及两极区域(前后驻点附近)的高压，是这一扁平化趋势的主要成因。

液滴在工况 6 下的变形与破碎过程如图 5.5 所示。从约 40μs(图 5.5(c))开始，液滴的背风面衍生出一个明显的脊状环形突起。这一突起的高度随时间不断增长。在 80μs(图 5.5(e))时，该突起顶端与外部气流相互作用而产生液雾。图 5.5(d)表明，在该突起附近，有一系列幅度较小的突起。从 80μs(图 5.5(e))开始，液滴背风面驻点外围出现一道高度较低，但较为宽阔的突起。液滴背风面驻点区以该突起为边界整体坍缩变平乃至凹陷，形成一个近似圆台的结构。脊状突起呈外向扩展延伸趋势，但并未抛出明显的液雾。一般认为，激波过后，液滴表面的压力分布是这些环状突起的主要诱因；环状突起的位置可以与刚性球体绕流中背风面涡结构在球体表面形成的低压区域一一对应[8]。

从约 60μs(图 5.5(d))开始，迎风面上 45°至赤道附近区域之间，形成一个以密致的细碎波为特征的不光滑区域。在随后的破碎过程中，这一不光滑区域均存在，直至液滴主体被大量液雾遮蔽。一般认为，该区气流剪切作用强，两相界面衍生出的 KH 不稳定性是其形成主因。随着液滴的扁平化和不稳定区的发展，80μs

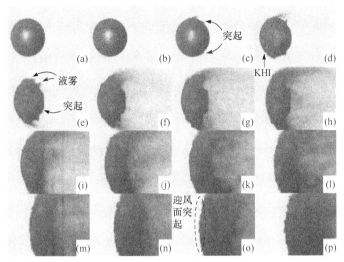

图 5.5　液滴在工况 6 下的变形与破碎过程

(图 5.5(e))开始，KH 不稳定区表面液体在气流剪切夹带作用下于赤道附近被剥离抛洒出去，形成液雾。除此之外，液滴前驻点周围区域气流剪切作用相对较弱，因此驻点区呈光滑状，并一直持续至液体主体分解前夕。这与 Theofanous 的结果一致[9]。

在破碎的初期，液雾主要产生于两个区域，即赤道附近和背风面液环的顶端。在二者中，赤道附近区域生成的液雾量远高于背风面液环，是初期液雾构成的主体。随着扁平化趋势的发展，液滴的迎风面由半球面逐渐变平，并被赤道附近产生的液雾遮蔽。此时，液滴迎风面可观测到若干突起结构(图 5.5(o))。通常认为，这些结构为剪切生成的较大块液滴或聚团液雾[9]，并非主液滴与气体的相界面。有学者认为，这些突起结构是主液滴迎风面生成的 Rayleigh-Taylor 不稳定波向液滴内穿刺形成的[10]。这些突起并未表现出明显的向液滴内部穿刺的行为，且可观测到其受气流夹带向远离驻点方向(赤道方向)移动。因此，这些突起结构应为液滴迎风面的 KH 不稳定波及其发展失稳后剥离生成的液雾。

2. 相近激波 Ma 条件下，We 对液滴破碎的影响

相近 Ma 条件下液滴破碎工况对照表如表 5.2 所示。液滴在工况 7 和工况 10 下的变形与破碎过程如图 5.6~图 5.9 所示。液滴在工况 10 条件下的变形与破碎过程给出了在相近激波 Ma 下，对应不同 We 的液滴变形和破碎过程。各图对应的激波 Ma 分别为 1.52、1.48、1.49、1.47，实验 We 分别为 2690、1939、1798、1329。同时，图 5.5 对应工况 6 的激波 Ma 和实验 We 分别为 1.51 和 3284，其激波 Ma 也与图 5.6 的情况相近。

表 **5.2**　相近 *Ma* 条件下液滴破碎工况对照表

工况编号	*We*	*Ma*	*Re*	$t_{b,0}$/μs	κ(边界厚度系数)
6	3284	1.51	44103	321	3.77×10^{-2}
7	2690	1.52	35329	317	3.47×10^{-2}
8	1939	1.48	27527	381	3.12×10^{-2}
9	1798	1.49	25430	449	2.87×10^{-2}
10	1329	1.47	19403	477	2.61×10^{-2}

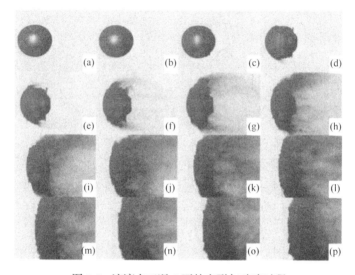

图 5.6　液滴在工况 7 下的变形与破碎过程

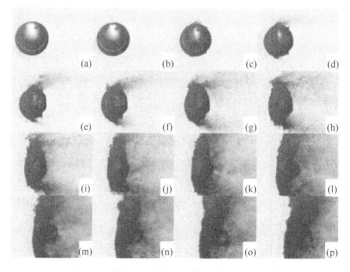

图 5.7　液滴在工况 8 下的变形与破碎过程

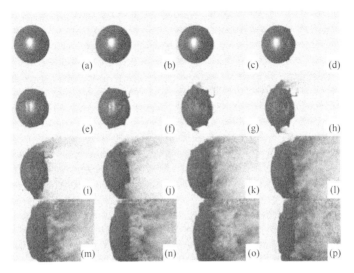

图 5.8　液滴在工况 9 下的变形与破碎过程

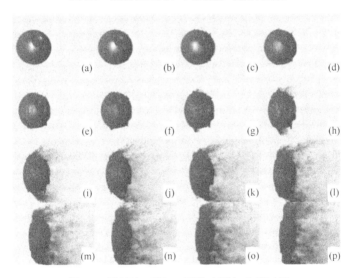

图 5.9　液滴在工况 10 下的变形与破碎过程

一般认为，对应低黏性液滴(Oh<0.1)，We 是决定破碎模式的唯一参数。在本书的全部实验中，We 均大于 350，属于最剧烈的毁灭性破碎(在 Theofanous 提出的分类中，属于 KH-SIE 机制)。因此，本书对 We 的调节不会造成破碎模式的变化。本书实验图像也符合 KH-SIE 的破碎特征，进一步印证了这一结论。从实验结果的对比来看，在相近的激波 Ma 和不同实验 We 条件下，液滴破碎图像有两点主要差异。

首先，随着 We 的降低，液滴破碎速度有所减慢。一般认为[7]，毁灭性破碎的

完全破碎时间为

$$t_{b,total} = 5.5t_{b,0} \tag{5.1}$$

式中

$$t_{b,0} = \frac{d_0}{u_g}\sqrt{\frac{\rho_l}{\rho_g}} \tag{5.2}$$

式中，d_0 为液滴初始直径；u_g 为激波后气流速度；ρ_g 为激波后气流密度；ρ_l 为液滴密度。

在毁灭性破碎中，由于气流惯性力远大于表面张力，后者对破碎现象的影响较为微弱；破碎的主要矛盾为气动力克服液滴的惯性力。对于材质相同、直径相近的液滴，表面张力与液滴惯性力均处于较小的变化范围。此时，We 仍可以作为破碎剧烈程度的衡量参数。

随着 We 的降低，背风面突起的高度逐渐降低。其顶端生成的液雾也会减少。通常认为，背风面较高的环形突起是在外流流场形成过程中，液滴表面附近形成的低压区域诱导生成的。这一低压区域主要存在于流场完全稳定前的非定常阶段。流场稳定的特征时间为

$$t_{s,0} = \frac{d_0}{u_g} \tag{5.3}$$

液滴变形的特征时间可以用破碎特征时间，即

$$t_{d,0} = t_{b,0} = \frac{d_0}{u_g}\sqrt{\frac{\rho_l}{\rho_g}} \tag{5.4}$$

二者之比为

$$\kappa = \frac{t_{s,0}}{t_{d,0}} = \sqrt{\frac{\rho_l}{\rho_g}} \tag{5.5}$$

即分离形成初期的非定常阶段在整体变形过程中的占比。在 κ 值较高的实验中，非定常阶段占比较大，容易在液滴背风面形成较高的突起。在对比实验中，液滴材质相同，直径和来流速度相近，We 的变化主要依靠来流密度进行调节，因此在 We 较高的条件下，对应的 κ 值较高，液滴背风面液环更加明显。

3. 相近 We 条件下，激波 Ma 对液滴破碎的影响

液滴在工况 15、工况 26、工况 30 下的变形与破碎过程如图 5.10~图 5.12 所示。

各图对应的激波 Ma 分别为 1.59、1.93、2.14，实验 We 分别为 1677、1742、1759。

图 5.8、图 5.10～图 5.12 具有相近的 We，且实验中 $t_{b,0}$ 也处于较小的变化范围。相近 We 条件下液滴破碎工况对照表如表 5.3 所示。液滴破碎的开始时间 t_{ini} 定义为从激波扫过到液雾开始产生的时间[7]。实验中液滴破碎开始时间值均在 120～140μs 之间。因此，实验图像的对比也可以证实。在这一系列 We 相近的实验中，液滴破碎的速度变化不大。

表 5.3　相近 We 条件下液滴破碎工况对照表

工况编号	We	Ma	Re	$t_{b,0}$/μs	κ
9	1798	1.49	25430	449	2.87×10^{-2}
15	1677	1.59	19403	437	2.41×10^{-2}
26	1742	1.93	12118	390	1.72×10^{-2}
30	1759	2.14	9601	396	1.44×10^{-2}

由于采用相近的液滴直径和相近的实验 We，较高的激波 Ma 会诱导较大的气流速度和较低的气流密度，因此 κ 值也较低。在实验图像中，可以明显看到液环高度与激波 Ma 的负相关关系。在工况 9(图 5.8)和工况 15(图 5.10)条件下，背风面突起顶端有少量液雾生成。在工况 26(图 5.11)和工况 30(图 5.12)中，背风面未能形成较高的突起。以脊状突起为界，液滴的背风面可以分为一个具有少量褶皱的锥形侧面和一个平坦的底面。

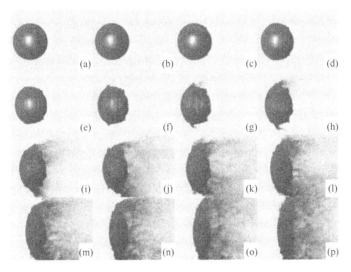

图 5.10　液滴在工况 15 下的变形与破碎过程

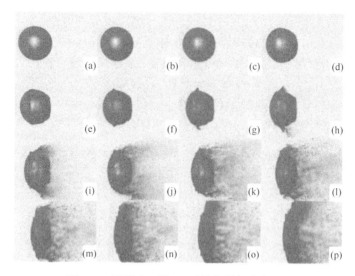

图 5.11 液滴在工况 26 下的变形与破碎过程

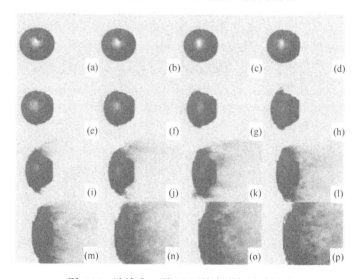

图 5.12 液滴在工况 30 下的变形与破碎过程

4. 较高激波 Ma 与 We 条件下(爆轰破膜实验)的液滴破碎

液滴在工况 D100、D80、D60、D40、D20 条件下的变形与破碎过程如图 5.13～图 5.17 所示。爆轰破膜条件下液滴破碎工况对照表如表 5.4 所示。

在爆轰破膜实验中,实验 We 比电控破膜工况高约一个量级。因此,液滴的破碎速度远比电控破膜要快。在五种条件下,激波经过后的第一帧图像上有液雾生成,表明破碎起始时间 t_{ini} 均小于 20μs。

表 5.4　爆轰破膜条件下液滴破碎工况对照表

工况编号	We	Ma	Re	$t_{b,0}/\mu s$	κ
D100	30444	2.13	168972	100.4	5.97×10^{-2}
D80	34909	2.35	155998	93.8	5.52×10^{-2}
D60	39194	2.62	138067	88.5	5.02×10^{-2}
D40	45665	3.09	113540	82.7	4.37×10^{-2}
D20	54027	4.23	70640	71.4	3.37×10^{-2}

在五种工况下，κ 值分别为 5.97×10^{-2}、5.52×10^{-2}、5.02×10^{-2}、4.37×10^{-2}、3.37×10^{-2}。与电控破膜实验相比，在爆轰破膜实验工况中，液滴背风面突起均不

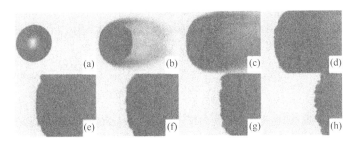

图 5.13　液滴在工况 D100 条件下的变形与破碎过程

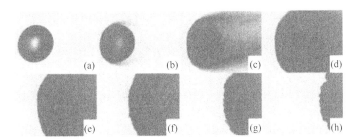

图 5.14　液滴在工况 D80 条件下的变形与破碎过程

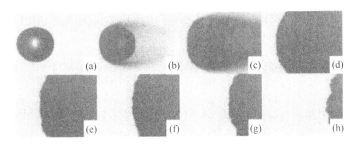

图 5.15　液滴在工况 D60 条件下的变形与破碎过程

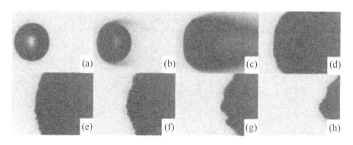

图 5.16　液滴在工况 D40 条件下的变形与破碎过程

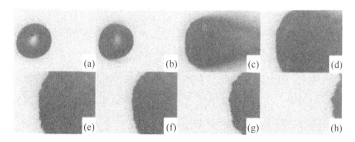

图 5.17　液滴在工况 D20 条件下的变形与破碎过程

明显。这一现象的原因是在超声速流场中，液滴背风面涡系中会形成若干道激波，使漩涡内气流总压有损失。因此，与比低 Ma 来流条件相比，高 Ma 来流条件下液滴背风面压力梯度的绝对值较小，难以诱导出大幅度的突起。突起高度并非由 κ 唯一确定，也会受到来流 Ma 的影响。同时，κ 对液滴变形的影响也在实验中有所体现。例如，在工况 D100 条件下，20μs 时刻(图 5.13(b))可见较弱的脊状突起及其附近的少量褶皱。随着 κ 值的降低，在工况 D40 和 D20 条件下，液滴在被液雾完全遮蔽前，均呈椭球形，表面没有明显的突起或褶皱结构。

5.2.3　激波诱导气流中液滴的运动轨迹

通过对实验获得的液滴变形和破碎图像进行数据提取，本书对液滴在激波诱导气流中的加速过程进行研究。首先，利用典型工况，对液滴的加速过程进行描述和分析。然后，利用现有理论，研究液滴所受阻力(拖曳力)与来流参数的关系。

1. 液滴在激波诱导气流中的加速过程

本节以工况 6(图 5.5)为例，对液滴破碎过程中的加速过程进行分析。图 5.18 给出了该实验条件下液滴迎风面驻点运动轨迹。

利用

$$x = 0.5\overline{a}t^2 \tag{5.6}$$

对液滴的轨迹进行拟合，可以得到液滴在破碎过程中的平均加速度。拟合曲线在工况 6 条件下的液滴迎风面驻点运动轨迹中用虚线表示。该拟合确定系数 $R^2=0.997$。液滴在破碎过程中的平均阻力系数由下式给出[7]，即

$$\overline{C_{\mathrm{D}}} = \frac{F_{\mathrm{Drag}}}{p_{\mathrm{d}}A} = \frac{4}{3}\frac{\overline{a}\,\rho_1 d_0}{\rho_{\mathrm{g}} u_{\mathrm{g}}^2} \tag{5.7}$$

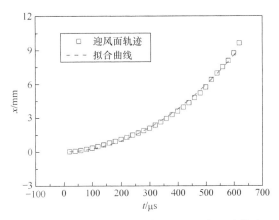

图 5.18　工况 6 条件下液滴迎风面驻点运动轨迹

工况 6 中液滴的平均加速度为 $5.130\times10^4\mathrm{m/s}^2$，平均阻力系数为 2.418。在相近的来流 Ma 和 Re 下，文献[11]给出的刚性球体阻力系数约为 0.5，远低于液滴平均阻力系数。这说明，液滴的扁平化会极大地增加其受的阻力。忽略椭球体与球体的阻力差异，利用

$$\frac{d}{d_0} = \sqrt{\frac{\overline{C_{\mathrm{D}}}}{C_{\mathrm{D,sphere}}}} \tag{5.8}$$

近似计算液滴垂直于流向的延伸倍率，可得扁平化后的液滴赤道直径约为原直径的 2.2 倍。这一变形量与液滴在工况 6 条件下的变形与破碎过程中液滴的扁平化图像大致相符。

液滴在破碎过程中的瞬时速度可以用二阶中心差分求得。在实验中，液滴速度的变化趋势由图 5.19 给出。这表明，液滴迎风面驻点的加速度经历了初期较高-降低-再次升高三个阶段。三个阶段驻点位置的运动机理解释如下。

1) 扁平化阶段

在激波扫过后较短的时间内，液滴外部的分离流场得以建立。此时，液滴所受的阻力可以利用刚性球体估算。该阻力决定其质心运动加速度。与此同时，受表面气动压力的作用，液滴开始扁平化。在破碎初期的约 160μs 内，液滴背风面的驻点位置几乎没有变化。这说明，在背风面驻点处，扁平化的速度与液滴受气

流拖曳向下游的速度大致相抵，因此迎风面驻点的移动速度约为液滴整体加速度的 2 倍。在液滴破碎初期，利用迎风面驻点轨迹刻画液滴整体位移的方法，对液滴加速度有所高估。

2) 规则运动阶段

在 160μs 之后，液滴整体被大幅度压扁，主液滴为近似碟形的椭球体。随后液滴扁平化效果不显著，整体受气流带动向下游移动。此后，迎风面驻点可以认为与液滴质心具有相同的移动速度。扁平化对迎风面驻点运动的贡献可以忽略不计，因此迎风面向下游运动的加速度有所降低。

3) 剧烈变形和瓦解阶段

在液滴扁平化的发展，液滴内部轴向内收速度减慢，但在展向仍不断延伸。液滴迎风面积不断增大，受到气流的拖曳力(阻力)不断提升。同时，由于周边气流的作用，不断有液雾和液团受剪切剥离而脱离主液滴，使主液滴的质量不断减小，进一步提升液滴的加速度。因此，在这一阶段，液滴的加速度有所回升，高于平均加速度，直至破碎过程的结束。

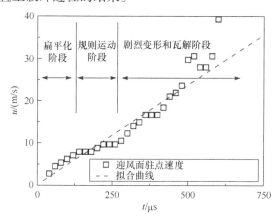

图 5.19　工况 6 条件下液滴迎风面驻点速度变化趋势

2. 液滴所受阻力(拖曳力)与来流参数的关系

下面利用相近的工况对比，探索液滴所受阻力(拖曳力)与来流参数的关系。对于不同的来流条件，刚性球体阻力系数与流动参数的关系已有较充分的研究。一般认为，其阻力系数主要受气动 Re 和来流 Ma 影响[11]。由于实验段气体初始温度均为室温，因此激波 Ma 与气流 Ma 呈一一对应的正相关关系。本节以激波 Ma 和气动 Re 为控制参数，研究其对液滴运动轨迹的影响。

相近 Ma 条件下液滴迎风面驻点运动轨迹如图 5.20 所示，给出了工况 6～工况 10 条件下，液滴的运动轨迹。五个工况的激波 Ma 均处于 1.47～1.52 范围，对应气流 Ma 处于 0.58～0.61 范围，Re 由表 5.5 给出。这表明，在激波 Ma 相近的条件下，液滴加速度在很大程度上受 *We* 的影响。五种条件下液滴的平均阻力系数由图 5.21 相近 *Ma* 条件下的液滴平均阻力系数给出。在相同条件下，刚性球体的阻力系数变化规律在图中用虚线给出。由此可知，随着 *Re* 的增加，刚性球体阻力系数呈缓慢递增趋势。由于液滴破碎涉及非定常的两相复杂流场，且通过实验图像提取数据的过程中存在测量误差。这一阻力系数的变化趋势难以通过液滴平均阻力系数体现。

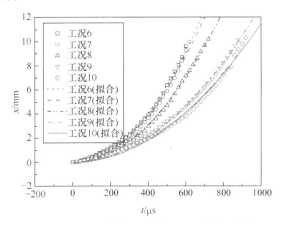

图 5.20　相近 *Ma* 条件下液滴迎风面驻点运动轨迹

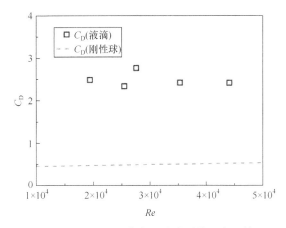

图 5.21　相近 *Ma* 条件下液滴平均阻力系数

表 5.5　液滴轨迹工况对照表

工况编号	We	Ma	Re	M_g	$\bar{a}$ /(m/s^2)	$\overline{C_D}$
6	3284	1.51	44103	0.61	5.13×10^4	2.418
7	2690	1.52	35329	0.62	4.89×10^4	2.424
8	1939	1.48	27527	0.59	3.93×10^4	2.773
9	1798	1.49	25430	0.59	2.59×10^4	2.338

续表

工况编号	We	M_a	Re	M_g	$\bar{a}$ /(m/s²)	$\overline{C_D}$
10	1329	1.47	19403	0.58	2.30×10^4	2.490
15	1677	1.59	19403	0.68	2.96×10^4	2.635
20	2192	1.75	19580	0.80	3.74×10^4	2.641
D100	30444	2.13	168972	1.03	4.14×10^5	1.975
D60	39194	2.62	138067	1.24	5.15×10^5	1.906
D20	54027	4.23	70640	1.58	7.58×10^5	1.895

　　相近 Re 条件下液滴迎风面驻点运动轨迹如图 5.22 所示。在这一组实验条件下,液滴破碎具有相近的气动 Re 和不同的来流 Ma。相近 Re 条件下液滴平均阻力系数如图 5.23 所示。在相同来流条件下,刚性球体的阻力系数会随着来流 Ma 的增加呈现缓慢递增趋势。液滴的平均阻力系数表现出相同的趋势,但该组实验工况数量相对较少。鉴于液滴破碎问题的复杂性,阻力系数随来流 Ma 的递增关系尚难以确定。

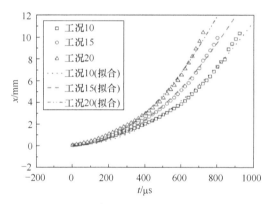

图 5.22　相近 Re 条件下液滴迎风面驻点运动轨迹

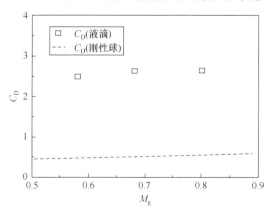

图 5.23　相近 Re 条件下液滴平均阻力系数

表 5.5 同时列出了三个典型爆轰破膜工况下液滴的平均加速度与平均阻力系数。尽管爆轰破膜条件下，气流 Ma 和 Re 均高于电控破膜条件，其阻力系数反而较低。这与文献[11]给出的刚性球体阻力系数变化趋势相反。这一现象出现的原因是：首先爆轰破膜形成的激波后方跟随着一系列稀疏波，稀疏波的经过使环境气流速度降低，动压下降；其次爆轰破膜条件下液滴的加速度远高于电控破膜条件，液滴速度迅速提升。上述两个因素共同作用，液滴与环境流体的速度差迅速拉近，液滴所受的气动力急剧下降。因此，在电控破膜条件下，液滴的平均阻力系数普遍偏低。

5.3　冲击波作用下水滴动态响应数值仿真

单个液滴在冲击波作用下的运动特性通过有限体积或有限差分，采用水平集(level set)方法、虚拟流体方法(ghost fluid method, GFM)和各向异性磁阻(anisotropy magnetic resistance, AMR)技术解决大密度比界面运动问题的相关难点，实现激波和液滴相互作用问题的模拟。

5.3.1　问题描述及数值方法

1. 流场控制方程

针对激波与流体界面相互作用的问题，可由欧拉坐标系中三维可压缩纳维-斯托克斯(Navier-Stokes, NS)方程来描述流场，即

$$\frac{\partial U}{\partial t} + \frac{\partial F_1(U)}{\partial x} + \frac{\partial F_2(U)}{\partial y} + \frac{\partial F_3(U)}{\partial z} = \frac{\partial G_1}{\partial x} + \frac{\partial G_2}{\partial y} + \frac{\partial G_3}{\partial z} \tag{5.9}$$

式中

$$U = \begin{bmatrix} \rho \\ \rho u \\ \rho v \\ \rho w \\ E \end{bmatrix}, \quad F_1(U) = \begin{bmatrix} \rho u \\ \rho u^2 + p \\ \rho uv \\ \rho uw \\ u(E+p) \end{bmatrix}, \quad F_2(U) = \begin{bmatrix} \rho v \\ \rho uv \\ \rho v^2 + p \\ \rho vw \\ v(E+p) \end{bmatrix}, \quad F_3(U) = \begin{bmatrix} \rho w \\ \rho wu \\ \rho wv \\ \rho w^2 + p \\ w(E+p) \end{bmatrix}$$

$$G_1(U) = \begin{bmatrix} 0 \\ \tau_{11} \\ \tau_{12} \\ \tau_{13} \\ k\dfrac{\partial T}{\partial x} + u\tau_{11} + v\tau_{12} + w\tau_{13} \end{bmatrix}, \quad G_2(U) = \begin{bmatrix} 0 \\ \tau_{21} \\ \tau_{22} \\ \tau_{23} \\ k\dfrac{\partial T}{\partial y} + u\tau_{21} + v\tau_{22} + w\tau_{23} \end{bmatrix}$$

$$G_3(U) = \begin{bmatrix} 0 \\ \tau_{31} \\ \tau_{32} \\ \tau_{33} \\ k\dfrac{\partial T}{\partial z} + u\tau_{31} + v\tau_{32} + w\tau_{33} \end{bmatrix}, \quad \tau_{ij} = \begin{cases} \mu\left(\dfrac{\partial u_i}{\partial x_j} + \dfrac{\partial u_j}{\partial x_i}\right), & i \neq j \\ \mu\left(2\dfrac{\partial u_i}{\partial x_i} - \dfrac{2}{3}\mathrm{div}V\right), & i = j \end{cases}$$

式中，ρ 为密度；u、v、w 为 x、y、z 方向上的速度分量；p 为流体压力；E 为单位体积流体的总能量；e 为比内能。

为使方程组封闭，还需要加入流体的状态方程。本书涉及的流体介质主要是气体和水。

1) 气体

对于理想气体来说，内能可表达为

$$\mathrm{d}e = C_v \mathrm{d}t \tag{5.10}$$

对于多方气体(比热为常数的完全气体)，由于 C_v 是常数，且设定 $T = 0\mathrm{K}$ 时，$e = 0$，则 $e = C_v T$。因此，我们有

$$p = \rho RT = \frac{R}{C_v}\rho e = (\gamma - 1)\rho e \tag{5.11}$$

2) 水

状态方程使用的是 Tait 方程，即

$$p = B\left(\frac{\rho}{\rho_0}\right)^\gamma - B + A \tag{5.12}$$

式中，$\gamma = 1.75$；$A = 10^5\,\mathrm{Pa}$；$B = 3.31 \times 10^8\,\mathrm{Pa}$；$\rho_0 = 1.0 \times 10^3\,\mathrm{kg/m^3}$。

此外，比内能为

$$e = \frac{B\rho^{\gamma-1}}{(\gamma-1)\rho_0^\gamma} + \frac{B-A}{\rho} \tag{5.13}$$

由于 Tait 方程中的压力 p 和内能 e 都是密度 ρ 的函数，因此流场计算中水的能量方程不需要求解。

2. level set 方程及求解

研究采用五阶 WENO(weighted essentially non-oscillatory)格式结合三阶 TVD-Runge-Kutta 方法求解 level set 相关方程。

1) level set 函数和 level set 方程

构造等值面函数 ϕ，使其在任何时刻零等值面都为运动界面 $\Gamma(t)$。一般来说，

定义 ϕ 为 x 到界面的符号距离，即

$$\phi(x,0)=\begin{cases}d(x,\varGamma(0)),&x\in\varOmega_1\\0,&x\in\varGamma(0)\\-d(x,\varGamma(0)),&x\in\varOmega_2\end{cases}\tag{5.14}$$

同时，ϕ 也应该满足一定的控制方程。由于要满足在任何时刻，活动界面 $\varGamma(t)$ 上的任意点 x 要满足 $\phi(x,t)=0$，则

$$\frac{\mathrm{d}\phi}{\mathrm{d}t}=\frac{\partial\phi}{\partial t}+v\nabla\phi=0\tag{5.15}$$

即 level set 方程在直角坐标系下的形式。

2) level set 重新初始化

为求解方便，我们要保持 $\phi(x,t)$ 始终是 x 点到 $\varGamma(t)$ 的符号距离，即满足

$$\phi(x,t)=\begin{cases}d(x,\varGamma(t)),&x\in\varOmega_1\\0,&x\in\varGamma(0)\\-d(x,\varGamma(t)),&x\in\varOmega_2\end{cases}\tag{5.16}$$

在设定 $\phi(x,t)$ 的初值 $\phi(x,0)$ 时，由于数值方法的内在效应，在几个时间步的求解后，ϕ 不再满足符号距离函数的定义，因此要重新初始化 ϕ。具体做法是通过求解初值问题，即

$$\begin{cases}\phi=\mathrm{sign}(\phi_0)(1-|\nabla\phi|)\\\phi(x,0)=\phi_0\end{cases}\tag{5.17}$$

为方便求解，符号函数 $\mathrm{sign}(\phi_0)$ 光滑为

$$\mathrm{sign}(\phi_0)=\frac{\phi_0}{\sqrt{{\phi_0}^2+\varepsilon^2}}\tag{5.18}$$

3) level set 方法的一般步骤

综上所述，level set 方法的一般步骤如下。

① 初始化 t 时刻的 level set 函数 ϕ_{t_n}。

② 求解 level set 方程，得到 ϕ 在 t_{n+1} 时刻的值。

③ 将 $\phi_{t_{n+1}}$ 重新初始化，迭代求解方程组至稳定解。ϕ 仍为符号距离函数。

④ 用 ϕ 求解 t_{n+1} 时刻的其他物理量。

⑤ 重复②～④，进行下一时间步的计算。

3. GFM

采用 GFM 思想处理内边界条件。下面以图 5.24 所示的流体 1 为例，说明 GFM 的思想。

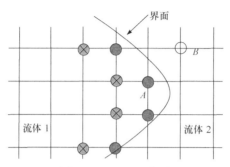

图 5.24　GFM 示意图

(1) 选择流体 1 中最接近界面的一点，如 A 点，寻找流体 2 中法向偏转角度与 A 点法向偏转角度相差最小的点，如 B 点。对于三维问题来说，由于各点的法向在空间内有三个相位角，无法直接进行比较，因此选择法向点积最大的两点，即法线方向最相近的两点作为界面两侧的 Riemann 点。

(2) 利用 B 点和 A 点构造法向 Riemann 问题。设界面左右状态为 U_A 和 U_B，其中 $U_A = \left[\rho^A, u_N^A, p^A \right]^T$，$U_B = \left[\rho^B, u_N^B, p^B \right]^T$，利用 Riemann 解算器可以求解得到界面状态 ρ_I^L、ρ_I^R、p_I、u_N^I，并用这些值重新定义 A 点。改进的虚拟流体方法 (modified ghost fluid method，MGFM) 求出界面的等压固定参数，赋值给 A 点，利用 A 点压力求出 A 点密度，以达到抑制过热误差的效果。真实虚拟流体方法 (real ghost fluid method, RGFM) 允许修改 A 点的密度、速度和压力等物理量。

(3) 重复过程 (1) 和 (2)，直到流体 1 中所有界面的邻近点都重新定义完毕，将求得的界面状态值外推到流体 2 中所有的虚拟网格点 (一般距离界面为 2~3 个网格长度)。至此，流体 1 的虚拟网格定义完毕，再用同样的方法定义流体 2 的虚拟网格。

(4) 用迎风总变差不增 (total variation diminishing，TVD) 格式，分别计算两种流体的完整时间步。

(5) 由时间步得到流场速度场，计算 level set 方程。由更新的 level set 函数的符号决定各节点 NS 方程的解。

(6) 开始下一个循环。

4. AMR 技术

目前采用 AMROC 和 SAMRAI 等开源包实现 AMR 技术。此类开源包采用的是基于块的 AMR 技术。基于块的 AMR 网格如图 5.25 所示。具体的实施过程一般包含两个关键步骤。

(1) 网格自适应分块及加密 (图 5.26)。AMR 的第一个步骤是根据标识参数进行网格区块的重新划分及加密,首先计算流场中的速度梯度、压力梯度、密度梯度等参数作为标识量,然后根据标识量确定加密区域,将加密区进一步分割并完成网格加密。

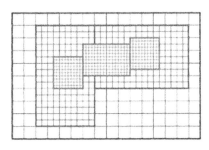

图 5.25　基于块的 AMR 网格

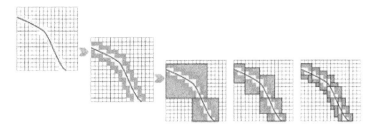

图 5.26　网格自适应划分及加密

(2) 物理量同步。网格加密完成后,根据网格的密化和疏化分别采用插值和平均的思想,对粗密网格上的物理量进行转化,从而完成所有网格物理量的重新赋值,将 NS 方程向下一个时间步推进。网格数据同步如图 5.27 所示,其中 sync 过程即实现网格物理量重新赋值的过程。

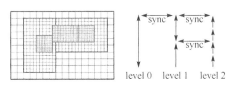

图 5.27　网格数据同步

同时,AMR 技术的实施还涉及通量守恒的修正、边界的处理、大规模并行计算等关键技术,相关开源 AMR 包能够较好地解决以上问题。

5.3.2　激波与三维液滴相互作用

1. 激波与三维单液滴相互作用

激波与三维单液滴作用的初始状态如图 5.28 所示。

图 5.28　激波与三维单液滴作用的初始状态

气体与三维单液滴的作用过程如图 5.29 所示。

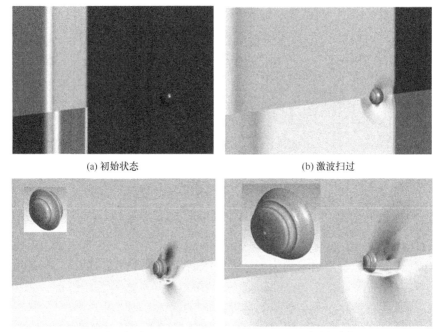

图 5.29　气体与三维单液滴的作用过程

单液滴-激波扫过如图 5.30 所示。激波扫过液滴，由于时间短、液滴密度高、惯性大，整体几乎无变形；在液滴迎风面出现激波反射现象；激波扫过液滴后，液滴表面产生表面波；激波后形成绕流，气流剪切液滴表面形成 KH 不稳定性；表面波放大；液滴背面流动分离，出现局部压力升高，引起表面波，并在 KH 不稳定性下放大；迎风面反射激波向上游传播，逐渐减弱。

单液滴-中间面扫过如图 5.31 所示。激波扫过液滴一段时间后，中间面到达，在高密度气流冲击下，液滴发生明显变形；液滴和气流密度差异较大，在液滴轴线附近，发生 Rayleigh-Taylor 失稳，出现激波。

单液滴变形在整个计算过程中的变形情况如图 5.32 和图 5.33 所示。

T=0.405 ms　　　　　　　　　　　T=0.475 ms

T=0.65 ms

图 5.30　单液滴-激波扫过

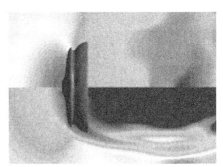

T=0.8ms　　　　　　　　　　　T=2ms

图 5.31　单液滴-中间面扫过

T=0.0003s　　T=0.0004s　　T=0.0005s　　T=0.0006s　　T=0.0007s

T=0.0008s　　T=0.0009s　　T=0.00010s　　T=0.00012s　　T=0.00014s

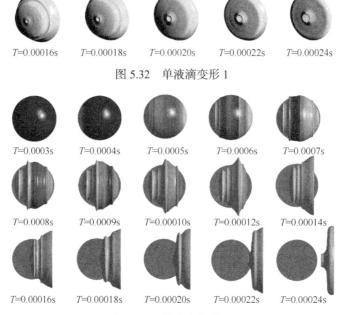

图 5.32　单液滴变形 1

图 5.33　单液滴变形 2

扫过单液滴的激波强度变化如图 5.34 所示。

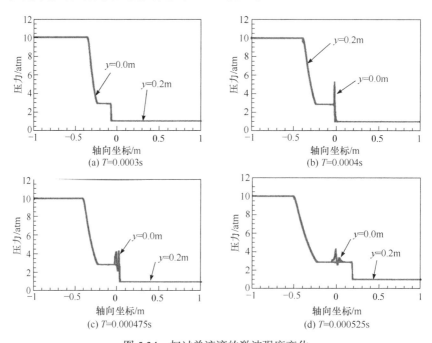

图 5.34　扫过单液滴的激波强度变化

2. 激波与三维双液滴相互作用

下面研究激波与三维双液滴相互作用的演化过程，以及双液滴的分布间距(L/D 分别为 1.0 与 0.1)对液滴演化的影响。

激波与双液滴作用(L/D=1.0)如图 5.35 所示。液滴间距相对较大，激波扫过第一个液滴后，激波强度无太大变化，因此当激波扫过第二个液滴时，基本现象与激波扫过前一液滴的差异不大。

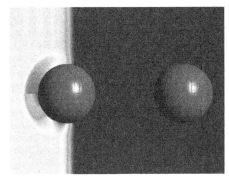

(a) T=0.000425s　　　　　　　　　　　　　　(b) T=0.000525s

图 5.35　激波与双液滴作用(L/D=1.0)

气流与双液滴作用(L/D=1.0)如图 5.36 所示。液滴在激波后的气流冲击和剪切作用下继续变形。上游液滴对下游液滴有遮蔽效应，下游液滴迎风方向压力相对较低。前后两液滴外形演化规律不同，且两个液滴相对有靠近趋势。

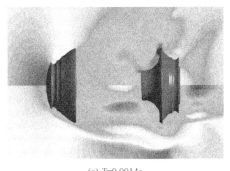

(a) T=0.0014s　　　　　　　　　　　　　　(b) T=0.002s

图 5.36　气流与双液滴作用(L/D=1.0)

扫过双液滴后激波强度变化(L/D=1.0)如图 5.37 所示。激波扫过液滴后，激波前后的压差基本上没有变化，即对激波强度没有影响。在液滴迎风面，由于存在激波的反射现象，因此存在压力突然升高的过程。

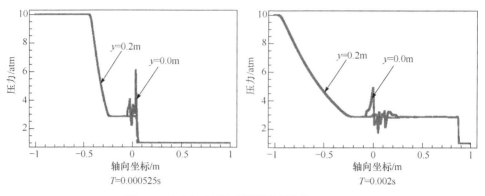

图 5.37　扫过双液滴后激波强度变化(L/D=1.0)

激波与双液滴作用(L/D=1.0)如图 5.38 所示。液滴间距相对较小时，与较大间距不同，激波扫过第二个液滴时，其迎风面产生的反射激波与前一个液滴自由面相交。

(a) T=0.000425s　　　　　　　　　　　　(b) T=0.000525s

图 5.38　激波与双液滴作用(L/D=1.0)

气流与双液滴作用(L/D=0.1)如图 5.39 所示。液滴间距较小，相互间存在较强

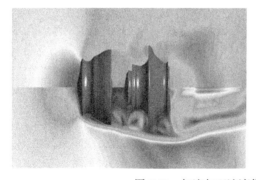
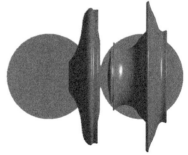

图 5.39　气流与双液滴作用(L/D=0.1)

干扰，两个液滴的变形规律与大间距情况也有所不同。前后两液滴外形演化规律不同，且两个液滴相对有靠近趋势。

扫过双液滴后激波强度变化(*L*/*D*=0.1)如图 5.40 所示。与液滴大间距情况相比，激波扫过液滴时引起的反射激波强度有所减弱，特别是下游液滴引起的反射激波强度低于上游液滴引起的反射激波强度。激波扫过，两个液滴之间存在明显的一个低压区。数值仿真结果表明，液滴变形碎裂主要受气流影响，激波直接作用影响有限。

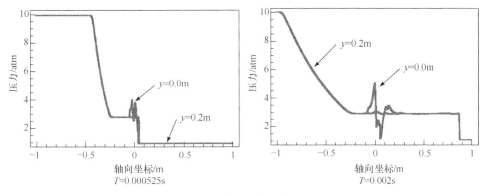

图 5.40　扫过双液滴后激波强度变化(*L*/*D*=0.1)

5.4　水雾衰减舱内爆炸压力载荷实验

5.4.1　实验设置与实施

多舱结构平视图如图 5.41 所示。该装置采用 345R 压力装置专用钢制成，由两个不同宽度的舱室组装而成，侧壁厚为 30mm，截面尺寸为 400mm×400mm，宽度分别为 300mm 和 200mm。其中，宽度为 300mm 的舱室设为爆炸当舱，宽度 200mm 的舱室设为爆炸邻舱。

两个舱室中间加装开口板来模拟爆炸形成的舰船板架破口，进而将毁伤载荷传递到邻舱。开口板板厚为 12mm，板上设置直径为 150mm 的爆炸模拟破口。爆炸当舱的封板选用开口板(中间开口直径 150mm)以模拟反舰导弹穿舱破口，其板厚为 12mm。舱室间采用 24 个直径为 18mm 的螺栓固定。装药采用长径比为 1.5 多的柱状 TNT，密度为 1.6g/cm³，采用 8 号雷管引爆。炸药药柱布置于爆炸当舱正中心，采用量程为 10MPa 的壁面反射式压力传感器测量隔舱冲击波压力。实验采用袋装水产生被动式水雾。多舱结构示意图如图 5.42 所示。

为对比被动式水雾及炸药当量对爆炸邻舱的影响，共开展 6 组实验，如表 5.6 所示。

图 5.41　多舱结构平视图

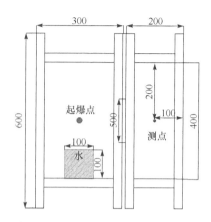

图 5.42　多舱结构示意图(单位：mm)

表 5.6　实验工况汇总表

工况序号	TNT 药量/g	有无袋装水
1	20	无
2	25	无
3	30	无
4	20	有
5	25	有
6	30	有

5.4.2　实验结果与分析

1. 爆炸过程分析

实验通过拍摄导弹穿舱模拟口的现象，反映舱内爆炸反应过程。实验采用高速相机记录实验过程，采样频率选取为 1000 帧，即每两张照片的间隔为 1ms。20g TNT 工况下爆炸过程如图 5.43 和图 5.44 所示。

(a) 2ms　　　　　　　　(b) 6ms　　　　　　　　(c) 9ms

图 5.43　20g TNT 工况下爆炸过程(无水)

(a) 2ms　　　　　　　　　(b) 6ms　　　　　　　　　(c) 9ms

图 5.44　20g TNT 工况下爆炸过程(有水)

通过有/无被动式水雾水情况下爆炸过程的对比，可以发现以下特点。

(1) 爆炸初始阶段。从雷管起爆炸药到部分火球喷出阶段，两者并无明显差异。炸药被引爆后形成巨大的爆炸火球。火球膨胀并通过封板开口传递到内爆发生装置外，火球呈现喷射状。火球在 4ms 时达到最大，最大长度约为 1m，喷射速度约为 260m/s。由于爆炸驱动形成水介质碎裂和水雾需要一定时间，该阶段的水介质未能与爆轰产物发生作用。

(2) 爆炸中后期阶段。无被动式水雾时，炸药完全反应，从爆炸产生的火焰呈现的状态来看，火焰持续时间较长，到 27ms 时才完全消失，生成的爆轰产物为灰色。被动式水雾情况下，水介质在爆炸冲击波的作用下发生形变、碎裂、雾化等，舱室内温度逐渐降低，9ms 时火焰完全熄灭，未形成舌头状火焰。此外，最终爆炸反应物为黑灰色，表明爆炸后续燃烧不充分。

被动式水雾形成及响应过程示意图如图 5.45 所示。根据水介质状态的不同，可以划分为 4 个阶段。第 1 阶段为初始阶段。炸药爆炸，在舱内形成冲击波，但爆炸冲击波并未遇到水，此阶段舱内的冲击波压力与无水舱室完全相同。第 2 阶段为水介质碎裂阶段。爆炸冲击波在舱内反射(包括水介质表面)并传播到相邻舱室。水介质在冲击波作用下运动，部分能量转变为水介质动能。冲击波作用下大块的水介质碎裂成较大质量水滴。随着液水滴数量的增多，液体总表面变大。冲击波的能量部分转变为液滴碎裂能，即 $E_s = \pi d^2 \sigma$ (E_s 为单个液滴的表面能，d 为液滴直径，σ 为表面张力)。第 3 阶段为水滴雾化阶段。爆炸前期过程基本结束，水滴在冲击波作用下进一步碎裂成细小颗粒，逐渐雾化。此阶段的液滴动能和碎裂能进一步增加的同时，小液滴温度升高，由于水介质比热容较大，这部分能量也较为可观。第 4 阶段为水雾蒸发阶段。爆炸进入后续燃烧阶段，液滴进一步碎裂成微小颗粒。随着液滴温度升高，微小液滴蒸发气化，发生相变，带走爆炸热量并使后续燃烧不完全。有关研究表明，液滴较大时，动能和碎裂能是主要原因，对应实验的早期物理过程；当液滴较小时，液滴温度升高和蒸发是主要原因，对应实验的后期物理过程。

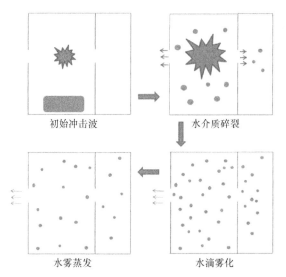

图 5.45　被动式水雾形成及响应过程示意图

2. 压力时域曲线

图 5.46 给出了 6 种不同工况下测得的爆炸邻舱压力时间历程曲线。有/无被动式水雾时的冲击波压力曲线趋势基本相同，均在短时间内迅速升高，后期较长时间内缓慢下降，呈现出具有冲击波和准静态两个不同阶段的特点。

(1) 初始冲击波阶段。载荷曲线对应多个峰值，间隔较小(10^{-1}ms 量级)，为冲击波在舱内多次反射叠加的效果。

(2) 准静态压力阶段。由于导弹穿舱模拟破口的存在，压力逐渐衰减，持续时间在十几到几十 ms。

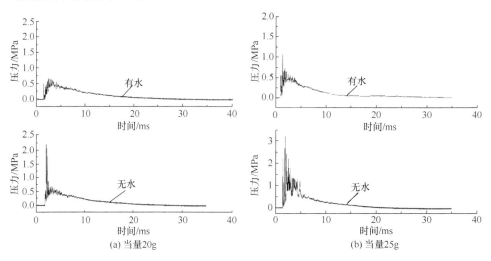

(a) 当量20g　　　　　　　　　　　　　　　(b) 当量25g

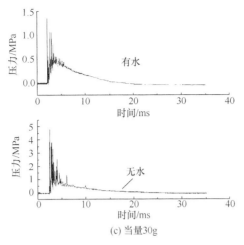

(c) 当量30g

图 5.46　不同工况下压力时间历程曲线

3. 超压峰值与比冲量

有/无被动式水雾时的超压峰值如图 5.47 所示。无论有无水雾，超压峰值均随药量增加而单调递增。有爆炸驱动水雾时，冲击波峰值的增大趋势有所降低。需要指出的是，由于测点并非爆炸当舱，而是爆炸临舱，被动式水雾形成过程对临舱的初始冲击波已经产生影响。

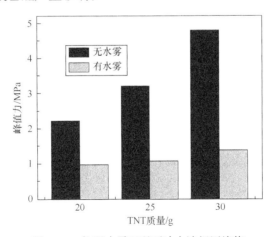

图 5.47　有/无水雾工况下冲击波超压峰值

有/无水雾工况下比冲量如图 5.48 所示。对于无水雾的工况，比冲量随 TNT 药量的增加而增加。有水雾时，比冲量随 TNT 药量的增加而减小。分析原因是，爆炸当量增大时，水介质无碎裂和雾化程度越高，对压力载荷影响也就越明显。

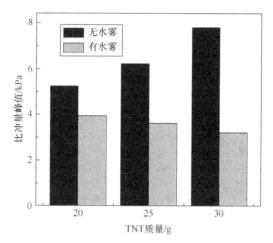

图 5.48   有/无水雾工况下比冲量

4. 准静态压力

如图 5.49 所示，准静态压力峰值随 TNT 药量的增加而单调增加，符合常规认知。随着装药量的增大，水雾对准静态压力的衰减效果更加明显，体现为一定范围内准静态压力呈现下降趋势。

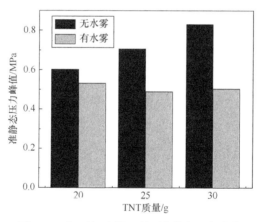

图 5.49   有/无细水雾工况下准静态压力峰值

5. 对内爆炸的综合抑制效果

表 5.7 表明，细水雾对超压峰值、准静态压力和比冲量均具有明显的衰减作用。随着 TNT 药量的增加，对各参数消减效果迅速增加。其中对相邻舱室超压峰值的消减效果最佳，当炸药量较大时可高达 71.2%。对比冲量的消减效果高于对准静态压力峰值的消减效果。

表 5.7　不同药量下被动式水雾衰减内爆炸效果

药量/g	超压峰值/%	比冲量/%	准静态压力/%
20	56.9	25	11.3
25	66.7	41.9	30.3
30	71.2	59	39.3

5.4.3　分析与探讨

将各参数代入式(2.22)，考虑爆炸当舱气体爆炸产物泄出，并与有水雾、无水雾工况进行比对。有无水工况与理论公式的比对如图 5.50 所示。

(1) 无水雾工况中，实验测量准静态压力值与公式预测值吻合较好。

(2) 舱室中放置水介质后，实验测量的准静态压力值介于炸药完全反应和只考虑爆炸效应之间，说明被动式水雾的存在会影响后续燃烧效应的反应程度。

(3) 随着炸药量增加，有被动式水雾工况的准静态压力值逐渐靠近只考虑爆炸效应的曲线。这说明，在一定区间内随着装药量增大，被动式水雾对炸药后续燃烧效应的抑制作用更加明显。

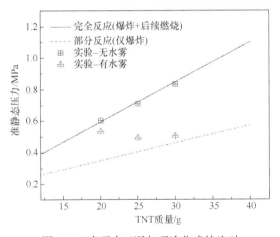

图 5.50　有无水工况与理论公式的比对

后续燃烧能与爆炸能的比值约为 2：1。后续燃烧能对准静态压力的贡献比爆炸能大。结合实验结果分析，准静态压力降低的主要原因是爆炸效应使水介质碎裂、运动并发生汽化。当炸药当量较大时，水介质碎裂成更小的颗粒形成细化水雾。除了液体碎裂过程吸收少量能量以外，大部分能量使液滴蒸发更充分，对炸药后续燃烧的衰减作用也更为明显。

5.5　本 章 小 结

　　本章开展冲击波作用下单个液滴碎裂动态变形的实验研究，分析液滴碎裂的主要机理；开展液滴在冲击波作用下形态的数值仿真，分析液滴对冲击波流场的影响；开展舱内爆炸作用下被动式水雾削弱舱内爆炸载荷的实验研究，分析水雾衰减舱内爆炸载荷的作用机理。主要结论如下。

　　(1) 即使在维持关键控制参数相似的前提下，液滴的变形和破碎在细节上仍可存在较大差异。在 SIE 破碎机制范围内，迎风面的不稳定性和剪切夹带效应变化不大，差异主要体现液滴背风面的脊状突起、褶皱区，以及后驻点端的形态与发展。更高的 Re 或 We 均倾向于增强这种液滴背风面的液雾生成效果。表面正则压力的挤压效应是液滴变形的主要驱动力。

　　(2) level set、GFM 和 AMR 相结合的方法适用于开展冲击波作用下液滴变形的计算分析。流场计算结果表明，液滴运动及作为传播介质的作用能改变压力场，但影响较小。

　　(3) 被动式水雾对舱内爆炸邻舱冲击波峰值、比冲量和准静态压力均有明显的衰减作用，其中对冲击波峰值的衰减作用最明显。被动式水雾能有效阻碍燃烧等爆炸后续效应，使炸药二次燃烧不完全，降低封闭舱室内的准静态压力。

参 考 文 献

[1] 中国国家标准化管理委员会. GB/T 22241—2008 船用细水雾灭火系统通用技术条件[S]. 北京: 中国标准出版社, 2008.

[2] Bailey J L, Farley J P, Williams F W, et al. Blast mitigation using water mist[R]. Washington D. C. : Naval Research Lab, 2006.

[3] Willauer H D, Bailey J L, Williams F W. Water mist suppression system analysis[R]. Washington D. C. : Naval Research Lab, 2006.

[4] Willauer H D, Ananth R, Farley J P, et al. Mitigation of TNT and Destex explosion effects using water mist[J]. Journal of Hazardous Materials, 2009, 165(1): 1068-1073.

[5] Holborn P G, Battersby P, Ingram J M, et al. Modelling the mitigation of lean hydrogen deflagrations in a vented cylindrical rig with water fog[J]. International Journal of Hydrogen Energy, 2012, 37(20): 15406-15422.

[6] 张鹏鹏. 超细水雾增强与抑制瓦斯爆炸的实验研究[D]. 大连: 大连理工大学, 2013.

[7] Guildenbecher D R, López-Rivera C, Sojka P E. Secondary atomization[J]. Experiments in Fluids, 2009, 46(3): 371.

[8] Theofanous T G, Mitkin V V, Ng C L, et al. The physics of aerobreakup II viscous liquids[J].

Physics of Fluids, 2012, 24(2): 22104.

[9] Theofanous T G. Aerobreakup of Newtonian and viscoelastic liquids[J]. Annual Review of Fluid Mechanics, 2011, 43: 661-690.

[10] Joseph D D, Belanger J, Beavers G S. Breakup of a liquid drop suddenly exposed to a high-speed airstream[J]. International Journal of Multiphase Flow, 1999, 25(6): 1263-1303.

[11] Bailey A B, Hiatt J. Sphere drag coefficients for a broad range of Mach and Reynolds numbers[J]. AIAA Journal, 1972, 10(11): 1436-1440.

第6章 液体舱室衰减舱内爆炸破片载荷的防护机理

6.1 引　言

舱内爆炸压力载荷和破片载荷是最重要的两种载荷。本章重点讨论破片载荷的防护。反舰导弹爆炸破片质量大、速度高，防护难度较大。目前主要采用装甲钢、凯夫拉、高强聚乙烯等装甲，可以减小舰船有效负载。航空母舰普遍采用多层防护结构抵御鱼雷等爆炸作用，其中液舱是吸收爆炸二次破片最为主要的舱室[1]，效果十分显著。本章旨在分析液舱吸收爆炸破片的机理，为航母防护液舱的防护机理提供技术支持，探索驱护舰设置薄液舱防御反舰导弹爆炸破片群的可行性。

防护液舱衰减爆炸破片的防护机理方面，国内外学者开展了一些研究工作，但并不系统。李营研究了平头破片在水中的速度衰减规律，并从能量角度探讨液舱吸收爆炸破片的机理[2, 3]。唐庭等[4]采用一维应力波理论结合数值仿真方法得到大质量薄板飞片。李典等[5]采用数值仿真方法分析长杆弹打击液舱时前后靶板处的载荷特性。张伟等[6, 7]开展弹体高速入水实验，关注不同弹体形状对空泡稳定性的影响。Varas 等[8, 9]通过实验和数值仿真开展了球形弹体侵彻铝制液舱过程中的动态过程。Deletombe 等[10]开展 7.62mm 子弹侵彻液舱的过程，并观察到空泡溃灭过程。Lecysyn 等[11, 12]开展弹体打击圆柱形含液桶的实验，并分析子弹的速度衰减规律。弹体/破片高速侵彻作用下液舱的动态响应问题，在其他领域也有广泛的应用背景。例如，飞机、舰船的燃油舱在破片下的破坏[13]和爆燃，含水作用的防护结构，甚至人员在高速弹体/破片侵彻作用下的伤亡[14]等。总体而言，对液体舱室吸收爆炸破片的机理分析仍不够深入，尤其是舱内载荷特性及破坏模式方面的研究。此外，液舱易在高速破片撞击作用下发生整体失效，对液舱本身的防护设计也缺乏研究。

本章设计研究液舱舱壁冲击波载荷的实验装置，分析不同弹体形状和速度对前后舱壁冲击波载荷的影响，开展冲击波载荷的理论分析和验证；设计空泡溃灭冲击波实验装置，分析不同弹体的弹道稳定性和压力随距离的变化规律，基于不可压缩流体理论提出气泡溃灭冲击波理论模型并进行验证；开展弹体打击作用下液舱破坏模式的实验研究，获得不同弹体打击作用下液舱的失效模式，提出液舱抗弹特性的理论分析模型；提出防止液舱整体失效的防护夹层装置，并进行机理分析。

6.2　液舱前壁防护作用

舰船液舱前舱壁是抵御爆炸破片高速撞击的第一道屏障，作用十分重要。目前针对背液靶板高速侵彻问题的研究相对较少。本章基于能量平衡原理对爆炸破片侵彻液舱前舱壁的剩余速度进行理论推导，分析局部塑性温升和舱内液体对侵彻特性的影响。

6.2.1　理论分析

整个过程按照能量转换机制的不同，分成以下几个阶段。

(1) 弹体墩粗挤凿阶段，假设弹体发生墩粗但尚未发生碎裂。

(2) 简单碰撞耗能过程。

(3) 绝热剪切冲塞过程。

(4) 水体扰动过程的能量损耗过程。

1. 过程能量分析

1) 凿坑墩粗阶段能量损耗

破片墩粗率[15]为

$$e = d' / d = -0.0087b + 0.017d + 0.46 \tag{6.1}$$

式中，d' 为墩粗后的弹径；d 为原始弹径；b 为靶板厚度。

经过理论分析的墩粗率约为[16]

$$e = d^2 / d'^2, \quad \rho_p v_0^2 / \sigma_d = e^2 / (1-e) \tag{6.2}$$

式中，ρ_p 为弹体材料的密度；σ_d 为弹体的动态屈服应力。

本书取式(6.1)，此阶段的能量损耗为

$$W_1 = \frac{1}{2} m \left(v_0^2 - v_1^2 \right) = 0.25\pi d'^2 \sigma_d h_1 \tag{6.3}$$

通常取 $h_1 = 0.1H$。

2) 碰撞形成速度共同体耗能

该过程符合动量守恒定律，即

$$m v_1 = (m + 0.25\pi d'^2 \rho_t) v_2 \tag{6.4}$$

该过程中的能量损失为

$$W_2 = \frac{1}{2} m v_1^2 - \frac{1}{2} (m + 0.25\pi d'^2 \rho_t) v_2^2 \tag{6.5}$$

3) 绝热剪切冲塞耗能

Bai-Johnson 热塑性本构关系[17]为

$$\tau = \tau_M \left(\frac{\gamma}{\gamma_i} \right)^n \exp\left\{ \frac{n}{1+n} \left[1 - \left(\frac{\gamma}{\gamma_i} \right)^{n+1} \right] \right\} \tag{6.6}$$

式中，τ 为剪应力；γ 为剪应变；γ_i 为最大剪切应力 τ_M 对应的剪应变。

τ 达到 τ_M 时，发生绝热失稳，n 为加工硬化指数。Bai-Johnson 热塑性本构模型示意图如图 6.1 所示。

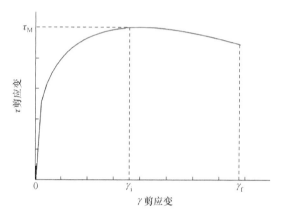

图 6.1　Bai-Johnson 热塑性本构模型示意图

此过程中的能量损失，可用下式表示为

$$W_3 = \frac{1}{2}(m + 0.25\pi d'^2)(v_3^2 - v_2^2) = \pi d \int_0^{P_m} \tau \mathrm{d}P \tag{6.7}$$

式中，P 为第 2 阶段破片侵彻的深度；P_m 为绝热剪切发生时破片侵入的深度。

实验和数值仿真等研究发现，由于裂纹扩展速率快于破片侵彻速度，因此 P_m 一般小于靶板厚度，记为[18]

$$P_m = 3\gamma_f H P_m \tag{6.8}$$

因为 γ_f 取值须结合材料实验，所以使用文献[19]取为 $0.5H \sim 0.8H$，本书取 $0.6H$。

绝热剪切发生的原因是，塑性变形功转化为局部温升，温度引起的材料软化可以通过下式计算[20]，即

$$\Delta T = \frac{\beta}{\rho C_p} \int_0^{\varepsilon_f} \sigma \mathrm{d}\varepsilon \tag{6.9}$$

式中，ΔT 为绝热温升；β 为功热转化系数，取 0.9；ρ 为靶板密度；C_p 为靶板的比热容。

应变率为 2000s⁻¹ 时的船用低碳钢的绝热温升曲线如图 6.2 所示。

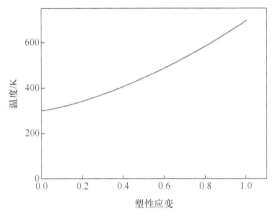

图 6.2 应变率为 2000s⁻¹ 时的船用低碳钢的绝热温升曲线

发生绝热剪切的条件[20]为

$$\frac{\mathrm{d}\tau}{\mathrm{d}T} \leqslant 0$$

$$\left(\frac{\mathrm{d}\tau}{\mathrm{d}T}\right)_{\tau} = -\left(\frac{\partial\tau}{\partial T}\right)_{\tau}\left(\frac{\partial T}{\partial\gamma}\right) \tag{6.10}$$

由于 Bai-Johnson 热塑性模型未直接体现温度特性,其发生绝热剪切破坏的剪切应变为 γ_f。

该过程中组合破片的能量损失为

$$W_3 = \frac{1}{2}(m + 0.25\pi d'^2)(v_3^2 - v_2^2) \tag{6.11}$$

4) 扰动液体耗能

在扰动液体阶段,舰船液舱背部液体受到联合破片(破片和冲塞部分)作用,形成冲击波。该过程可以看成高速组合破片高速撞击水体过程,即

$$(m + 0.25\pi d'^2 \rho_t)\frac{\mathrm{d}^2 z}{\mathrm{d}t^2} = (m + 0.25\pi d'^2 \rho_t)\frac{\mathrm{d}v}{\mathrm{d}t} = -\frac{1}{2}\rho_w A_0 C_d v^2(m + 0.2) \tag{6.12}$$

式中,ρ_w 为液体密度;A_0 为组合弹体的截面面积。

对上式积分,进一步推导可得

$$\frac{v}{v_3} = \mathrm{e}^{-\beta z} \tag{6.13}$$

式中,z 为组合弹体的前进距离,取为 h;β 为速度衰减系数,即

$$\beta = \rho_w A C_d / 2m \tag{6.14}$$

式中，C_d 为阻力系数，取 1.0。

该过程中的能量损失为

$$W_4 = \frac{1}{2}(m + 0.25\pi d'^2 \rho_t)(v_4^2 - v_3^2) \tag{6.15}$$

2. 绝热剪切参数的确定

剪切应力可表示为剪应变和温度的函数，即

$$\tau = f(T, \gamma) \tag{6.16}$$

$$\frac{\mathrm{d}\tau}{\mathrm{d}\gamma} = \left(\frac{\partial \tau}{\partial T}\right)_\gamma \left(\frac{\partial T}{\partial \gamma}\right) + \left(\frac{\partial \tau}{\partial \gamma}\right)_T \tag{6.17}$$

当材料出现软化时，就形成绝热剪切带。数学表达为

$$\frac{\partial \tau}{\partial \gamma} \leqslant 0 \tag{6.18}$$

$$\left(\frac{\mathrm{d}\tau}{\mathrm{d}\gamma}\right)_\tau = -\left(\frac{\partial \tau}{\partial T}\right)_\gamma \left(\frac{\partial T}{\partial \gamma}\right) \tag{6.19}$$

剪切应变增量 $\mathrm{d}\gamma$ 产生的温度增量可以通过单位体积变形能转变为温度确定，即

$$\mathrm{d}W = \tau \mathrm{d}\gamma \tag{6.20}$$

$$\mathrm{d}T = \frac{\beta}{\rho C_v} \mathrm{d}W \tag{6.21}$$

由式(6.20)和式(6.21)可得

$$\frac{\mathrm{d}T}{\mathrm{d}\gamma} = \frac{\beta}{\rho C_v} \tau = \frac{\beta}{\rho C_v}(A + B\gamma^n) \tag{6.22}$$

对上式积分可得

$$T = \frac{\beta}{\rho C_v} \int_0^v \tau \mathrm{d}\gamma \tag{6.23}$$

可以将热软化分量表示为

$$\tau_T = \tau_{T_0} \frac{T_m - T}{T_m - T_0} \tag{6.24}$$

从初始温度增至熔点 T_m 的过程中，应力由 τ_{T_0} 线性下降为 τ_T。将 $\tau = (A + B\gamma^n)$ 代入式(6.24)，可得

$$\tau_T = (A + B\gamma^n)\frac{T_m - T}{T_m - T_0} \tag{6.25}$$

$$\partial \tau = \frac{-(A + B\gamma^n)}{T_m - T_0}\partial T \tag{6.26}$$

将式(6.26)和式(6.22)代入式(6.19)，可得

$$\frac{dT}{d\gamma} = \left(-\frac{A + B\gamma^n}{T_m - T_0}\right)\left[\frac{\beta}{\rho C_v}(A + B\gamma^n)\right] \tag{6.27}$$

式中，β 为功热转化系数，一般取为 0.9～1；C_v 为热传导系数，在考察区域内与温度无关。

研究表明，β 为一个与温度有关的量，但做常数处理误差不大。

3. 最终速度公式

$$v_4 = \sqrt{\frac{mv_0^2 - 2W_1 - 2W_2 - 2W_3 - 2W_4}{m + 0.25\pi d'^2\rho_t}} \tag{6.28}$$

6.2.2　数值仿真模型及结果

1. 计算模型与设置

计算采用显式动力分析软件 ANTODYN。圆柱形弹体直径为 10mm，长为 20mm，划分为 800 个网格，通过初始条件施加初速度。靶板厚度为 5mm，长为 100mm，划分为 4000 网格。液体采用欧拉建模，破片速度方向为 100mm，长方向为 200mm，划分为 20000 个网格。破片侵彻液舱舱壁模型如图 6.3 所示。计算工况如表 6.1 所示。

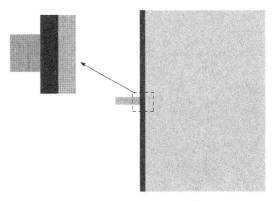

图 6.3　破片侵彻液舱舱壁模型

表 6.1　计算工况表

工况数	有无水	弹体速度/(m/s)	是否考虑热效应	工况数	有无水	弹体速度/(m/s)	是否考虑热效应
1	无水	400	是	9	无水	1300	否
2	无水	700	是	10	无水	1800	否
3	无水	1000	是	11	有水	400	是
4	无水	1300	是	12	有水	700	是
5	无水	1800	是	13	有水	1000	是
6	无水	400	否	14	有水	1300	是
7	无水	700	否	15	有水	1800	是
8	无水	1000	否				

2. 模型材料参数

采用 Shock 状态方程描述水的基本特性。水的 Shock 状态方程表 6.2 所示。

表 6.2　水的 Shock 状态方程

$\rho/(\text{g/cm}^3)$	γ	C_1	S_1
1.0	0.28	1.483×10^3	1.75

弹体材料选用 4340 钢，材料的动态流动应力采用 JC 模型[21]表示，损伤准则采用 JC 延性损伤准则[22]。4340 钢材料参数如表 6.3 所示。

表 6.3　4340 钢材料参数

参数	A/MPa	B/MPa	C	n	M	D_1
取值	770	792	0.014	0.26	1.03	0.05

参数	D_2	D_3	D_4	D_5	T_m/k	
取值	3.44	−2.12	0.002	−0.61	1793	

6.2.3　计算结果与分析

1. 侵彻液舱舱壁过程分析

破片侵彻液舱舱壁过程与水中冲击波如图 6.4 所示。从能量损伤来看，破片(v_0=1300m/s)侵彻液舱舱壁的过程可以分为典型的四个阶段。

(1) 墩粗凿坑阶段(0～2.26×10^{-3}ms)。在该阶段，弹体与靶板发生初始碰撞，头部发生墩粗变形，形成类似 Taylor 杆的撞击模式。

(2) 碰撞形成速度共同体阶段($2.26\times10^{-3}\sim6.64\times10^{-3}$ms)。在该阶段，破片与靶板进一步完成碰撞，破片与凿块形成速度共同体，并发生较大塑性变形。大部分的塑性变形能转化为热能，弹体和靶板温度升高。

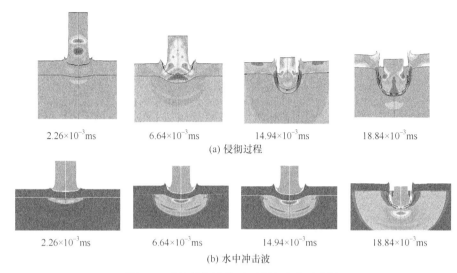

2.26×10^{-3}ms　　　6.64×10^{-3}ms　　　14.94×10^{-3}ms　　　18.84×10^{-3}ms

(a) 侵彻过程

2.26×10^{-3}ms　　　6.64×10^{-3}ms　　　14.94×10^{-3}ms　　　18.84×10^{-3}ms

(b) 水中冲击波

图 6.4　破片侵彻液舱壁过程与水中冲击波

(3) 绝热剪切阶段($6.64\times10^{-3}\sim14.94\times10^{-3}$ms)。在该阶段，靶板的塑性温升达到绝热剪切临界值，靶板材料以小于准静态剪切破坏应变的应变值发生绝热剪切。

(4) 扰动液体阶段($14.94\times10^{-3}\sim18.84\times10^{-3}$ms)。在该阶段，破片和绝热剪切冲塞块一起冲击水体，部分动能转化成水体的动能和势能，组合弹体动能进一步衰减，并形成高强冲击波。

2. 绝热剪切效应对靶板抗侵彻特性的影响

研究表明，根据 Johnson 开展的材料实验[21]结果，以 CS 模型进行参数拟合，可以得到 4340 钢的 CS 模型参数。拟合结果如图 6.5 所示。可以看出，CS 模型能较好地表征 4340 钢的应变率强化效应。

破片撞击端和靶板局部温度升高如图 6.6 和图 6.7 所示。可以看出，随着撞击速度的提高，对应区域的温度均有所升高，弹体边缘和靶板凿坑边缘，温度迅速升高至 1000K，甚至 1200K 以上；破片撞击端边缘处温度升高高于破片撞击端中心处，且容易发生损坏；较低速度(1000m/s)时，边缘区域先于中心区域损坏，而较高速度时(1800m/s)，中心区域反而先于边缘区域破坏。有关研究表明[20]，当结构钢等材料的温度达到 900K 以上时，会发生动态再结晶，材料的塑性强度将明显降低。

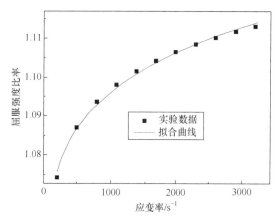

图 6.5　4340 钢的 CS 模型拟合

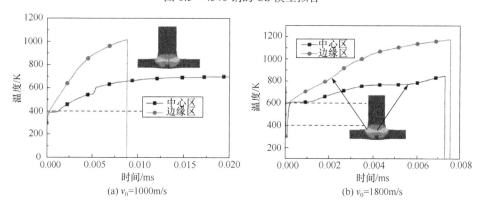

(a) v_0=1000m/s　　　　　　　　(b) v_0=1800m/s

图 6.6　破片撞击端温度升高

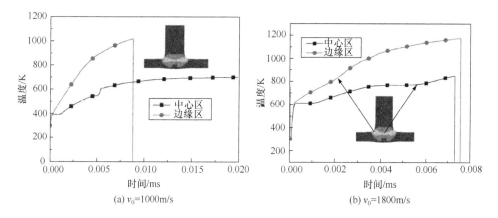

(a) v_0=1000m/s　　　　　　　　(b) v_0=1800m/s

图 6.7　靶板局部温度升高

　　温度效应对不同初速度破片速度衰减的影响如图 6.8 所示。从 1000m/s 到 1800m/s 的区间内，温度效应均对破片末端速度有较明显的影响，且主要表现为弹道末端部分。分析原因是，撞击前期温度尚未升高到绝热剪切温度的临界值，对材料的强度影响有限，当材料塑性温度升高到绝热剪切临界值时，破坏机理就从简单剪切冲塞转化为绝热剪切冲塞。

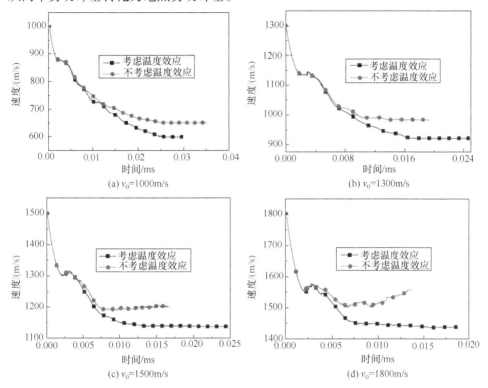

图 6.8　温度效应对不同初速度破片速度衰减的影响

温度效应对破片剩余速度的影响如图 6.9 所示。可以看出，各阶段温度效应影响均较为明显，且较为平均。分析原因是，1000m/s 的破片穿甲塑性温度已经达到绝热剪切临界值，超过该温度后对剪切机理没有明显影响，对剩余速度影响较弱。

3. 液体靶板抗侵彻特性的影响

有无水对破片速度衰减特性的影响如图 6.10 所示。可以看出，从液体是否影响破片速度来看，整个过程可以分为 3 个典型阶段。

(1) A 为液体无影响阶段。破片撞击液舱壁，并产生弹性应力波(速度约为 5000m/s)和塑性应力波。弹性应力波传播到舱壁与液体接触面，发生反射与投射。反射回来的弹性应力波再次遇到破片与舱壁交界面的时候对破片产生影响，整个过程约为 0.002ms。

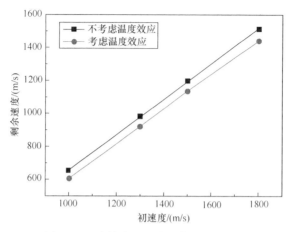

图 6.9　温度效应对破片剩余速度的影响

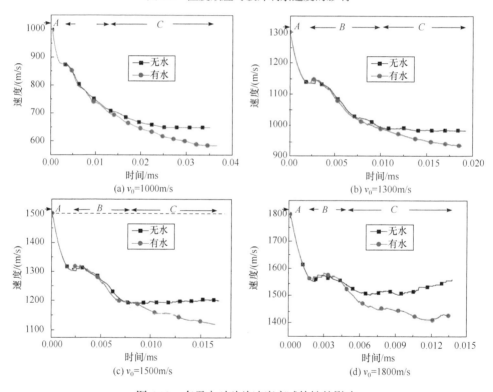

图 6.10　有无水对破片速度衰减特性的影响

(2) B 为液体弱影响阶段。液体仅受到微幅扰动，尚未发生宏观位移，反射回来的应力波较弱，未对破片速度产生明显影响。

(3) C 为液体明显影响阶段。靶板局部发生大塑性变形，组合破片对水产生直接扰动。组合破片部分动能迅速转变为液体的动能，破片速度明显衰减。

靠板后液体对破片剩余速度的影响如图 6.11 所示。可以看出，液体对不同速度段的破片剩余速度均有明显的影响，但在初速度变化并不剧烈的区间内（$1000\mathrm{m/s} \leqslant v_0 \leqslant 1800\mathrm{m/s}$），影响趋于稳定。

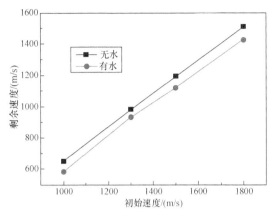

图 6.11　靠板后液体对破片剩余速度的影响

4. 结果对比分析

理论结果和仿真结果比较如图 6.12 所示。理论结果与仿真结果吻合度较高，理论解具有较好的准确性。靠板后液体对爆炸破片侵彻作用的影响十分显著。

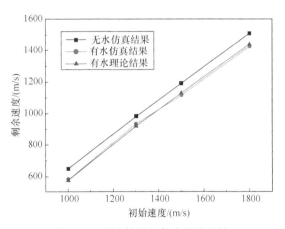

图 6.12　理论结果和仿真结果比较

6.3　破片速度衰减规律

对速度衰减和空穴形成的研究可以追溯到第二次世界大战。在早期的研究工作中，弹体速度较低，伯努利效应导致弹体附近流体压力降低，当降低到饱和蒸汽压时，弹体表面将产生空泡。当空泡数足够少时，空泡将整个包裹弹体，形成超空泡。低速弹体入水后会发生表面闭合和深水闭合两种情况。Birkhoff 等[23]认为在低速下，其机理与 Fr 有关，并研究了 $20<Fr<70$ 的情况($Fr = v_0^2 / gD$)。早期研究表明，速度衰减规律与 Re 密切相关。后来在美国海军的大力支持下，研究逐渐深入(速度超过 100m/s)。在速度较高时(与水中声速有可比性)，一般认为大于 100m/s 后与 Ma 相关性较大[24]。弹体高速入水后的主要过程是动能向水进行能量转化。不同的研究者对破片在水中速度衰减的计算中采用的速度衰减系数值差异较大，并且不同速度阶段取为常数是值得怀疑的。

本章通过理论分析和数值仿真相结合的方法研究弹体入水速度衰减特性，并重点对圆柱形破片的速度衰减规律进行分析，得到阻力系数与初速度之间的关系。

6.3.1 理论分析模型

1. 速度衰减基本方程

破片在液体中运动时，动能损失主要转化为水的动能和势能(不考虑摩擦生热等效应)。由于超空泡作用，弹体大部分并不直接与水接触，摩擦阻力较小，因此影响弹体运动的主要是压差阻力。压差阻力受弹体头型影响明显。由于弹体速度较快，作用时间较短，因此可以忽略重力的影响。根据牛顿第二定律可得

$$m\frac{\mathrm{d}^2 z}{\mathrm{d}t^2} = m\frac{\mathrm{d}V}{\mathrm{d}t} = -\frac{1}{2}\rho_\mathrm{w} A_0 C_\mathrm{d} V^2 \tag{6.29}$$

式中，m 为破片质量；z 为破片前进的距离；V 为破片的速度；A_0 为破片与水接触的投影面积；C_d 为阻力系数。

阻力系数与空化数有关，弹体运动过程中的空化数不断变化，阻力系数随之改变，但由于变化量不大，本书设为常数。

对式(6.29)进行积分，可得

$$V = \frac{V_0}{1 + \beta V_0 t} \tag{6.30}$$

式中，β 为速度衰减系数，破片在水中运动的过程可视为一个常数，即

$$\beta = \rho_\mathrm{w} A C_\mathrm{d} / 2m \tag{6.31}$$

此时，速度衰减比可以表示为

$$\frac{V}{V_0} = \mathrm{e}^{-\beta z} \tag{6.32}$$

联立以上各式，可以得到动能在破片轨道方向的损失，即

$$\frac{\mathrm{d}E_\mathrm{p}}{\mathrm{d}Z} = -mV\frac{\mathrm{d}V}{\mathrm{d}Z} = m\beta V^2 \tag{6.33}$$

2. 阻力系数 C_d 探讨

以上各式均较为明确，唯阻力系数 C_d 不一且差异性较大。沈晓乐[25]认为立方体破片应该取 0.15。Birkhoff 等[23]认为其与空化数有关，且满足下式，即

$$C_\mathrm{d} = C_0(1+\sigma) \tag{6.34}$$

式中，C_0 为 0.82～0.83；σ 为空化数，定义为

$$\sigma = \frac{p_\infty - p_\mathrm{c}}{0.5\rho_\mathrm{w}v^2} \tag{6.35}$$

式中，p_∞ 为水中压力；p_c 为空穴中的压力，低速下为水的饱和蒸汽压(2.3kPa)[26]。

Lecysyn 等[12]采用与 Re 相关的公式进行计算，即

$$C_\mathrm{d} = \frac{24}{Re} + \frac{3.73}{\sqrt{Re}} - \frac{4.83\times10^{-3}\sqrt{Re}}{1+3\times10^{-6}Re^{3/2}} + 0.49 \tag{6.36}$$

张伟等[6]认为破片运行过程中的空化数为一变量，即

$$\sigma = \sigma_0\frac{v_0^2}{v^2} \tag{6.37}$$

式中，σ_0 为初始空化数，取值为 0.006～0.018[27]。

6.3.2　有限元计算模型设置与验证

数值计算采用显式动力分析软件 AUTODYN 进行，采用欧拉-拉格朗日耦合技术对 3 种长径比的弹体入水进行数值仿真。弹体和水分别采用拉格朗日单元和欧拉单元的方式建模。为了减小计算量，采用二维轴对称模型建模。网格尺寸经过多次试算最终确定。

1. 计算工况

如图 6.13 所示，水域区间为 400mm×400mm 的水域，网格尺寸为 1mm×1mm，四周设置流出边界。子弹速度分别为 600m/s、900m/s、1200m/s、1500m/s、1800m/s、2100m/s、2400m/s，长宽比分别为 3、2、1、0.5。

为了使计算结果具有一般性，本书开展 4 种长径比，7 种速度的对比计算，涉及 28 种计算工况，如表 6.4 所示。

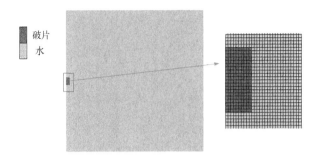

图 6.13　模型示意图

表 6.4　计算工况表

工况	弹体长径比	弹体速度/(m/s)	工况数	弹体长径比	弹体速度/(m/s)
1		600	15		600
2		900	16		900
3		1200	17		1200
4	3∶1	1500	18	1∶1	1500
5		1800	19		1800
6		2100	20		2100
7		2400	21		2400
8		600	22		600
9		900	23		900
10		1200	24		1200
11	2∶1	1500	25	1∶2	1500
12		1800	26		1800
13		2100	27		2100
14		2400	28		2400

2. 材料模型及参数

采用 Shock 状态方程描述水的基本特性，如表 6.5 所示。

表 6.5　水的 Shock 状态方程

$\rho/(\text{g/cm}^3)$	γ	C_1	S_1
1.0	0.28	1.483×10^3	1.75

弹体材料选用 4340 钢，本构方程采用考虑应变强化、温度软化和应变率强化的 JC 本构模型[21]。损伤准则采用计及应力三轴度、应变率和温度效应的延性损伤准则[22]。4340 钢材料参数如表 6.6 所示。

表 6.6　4340 钢材料参数

材料	A/MPa	B/MPa	C	n	M
4340 钢	770	792	0.014	0.26	1.03
D_1	D_2	D_3	D_4	D_5	T_m/k
0.05	3.44	−2.12	0.002	−0.61	1793

3. 计算方法的验证

为了验证数值方法的有效性，对文献[27]中开展的实验应用 AUTODYN 进行数值模拟。弹体入水过程中的空穴对比图如图 6.14 所示。数值模拟与实验的空穴尺寸吻合较好，说明数值实验能较好地再现高速弹体入水的空泡特性。

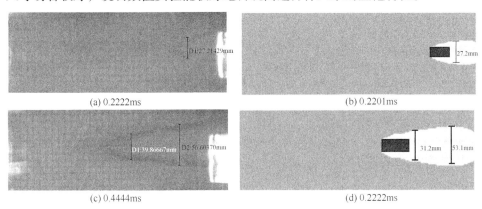

(a) 0.2222ms　　　　　　　　　　　　(b) 0.2201ms

(c) 0.4444ms　　　　　　　　　　　　(d) 0.2222ms

图 6.14　弹体入水过程中的空穴对比图

长度为 25.4mm 的平头圆柱体弹在两种速度下的实验和仿真对比如图 6.15 所示。长度为 38.1mm 的平头圆柱体弹在两种不同速度下的实验和仿真对比如图 6.16 所示。结果表明，仿真结果与实验误差较小，可以运用数值仿真方法对高速破片入水问题进行分析。

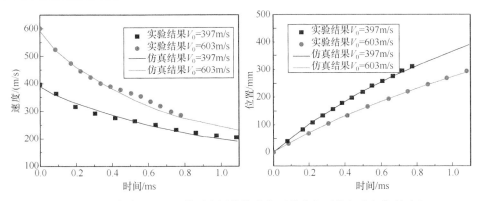

图 6.15　长度为 25.4mm 的平头圆柱体弹在两种速度下的实验和仿真对比

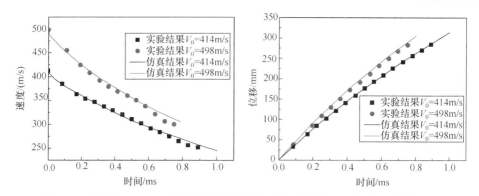

图 6.16　长度为 38.1mm 的平头圆柱体弹在两种不同速度下的实验和仿真对比

6.3.3　数值仿真结果及分析

1. 速度衰减特性分析

　　直径为 10mm，长为 20mm 的圆柱形破片在 600～2400m/s 的速度区间内的速度衰减特性如图 6.17 所示。在较低速度区间(<1000m/s)内，速度衰减规律较为一致。随着入水速度的不断增大，速度衰减更加剧烈，2400m/s 初速度的破片在水中运动了 300mm 左右的距离后速度仅为 200m/s 左右，甚至低于 600m/s 初速度破片运行同样距离后的速度。从相对速度衰减来看，低于声速的破片相对衰减速度趋于一致，高于声速的破片速度衰减规律明显增大。

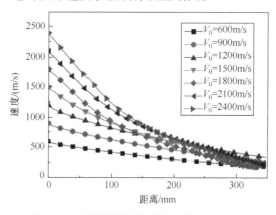

图 6.17　速度随距离衰减的特性(长径比 2)

　　直径为 20mm，长为 10mm 的圆柱形破片在 600～2400m/s 的速度区间内的速度衰减特性如图 6.18 所示。在较低速度区间(<1000m/s)内，速度衰减规律较为一致。随着入水速度的不断增大，速度衰减更加剧烈，2400m/s 初速度的破片在水中运动了 300mm 左右的距离后速度仅为 200m/s 左右，与较低初速度破片的运动速度差异较小。从相对速度衰减来看，低于声速的破片相对衰减速度趋于一致，

高于声速的破片速度衰减规律明显增大且趋于一致，声速附近的"分水岭"明显。长径比为 2 和 0.5 速度衰减比的变化如图 6.19 和图 6.20 所示。可以看出，

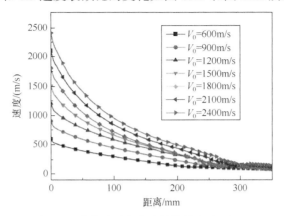

图 6.18　速度随距离衰减的特性(长径比 0.5)

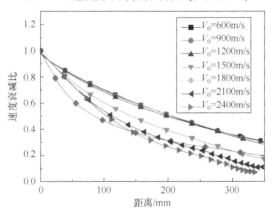

图 6.19　速度衰减比的变化(长径比 2)

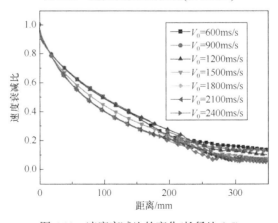

图 6.20　速度衰减比的变化(长径比 0.5)

随着速度的增加，速度衰减系数逐渐增大；随着长宽比增大，速度衰减系数逐渐减小。

2. 速度衰减系数的确定

通过仿真计算可以得到弹体不同入水初速度下的速度衰减与运动距离之间的关系。假设速度衰减系数 β 为一常数，采用最小二乘法拟合可以得到不同初速度的 β 值。以长径比 2 为例，破片速度衰减系数拟合如图 6.21 所示。可以看出，速

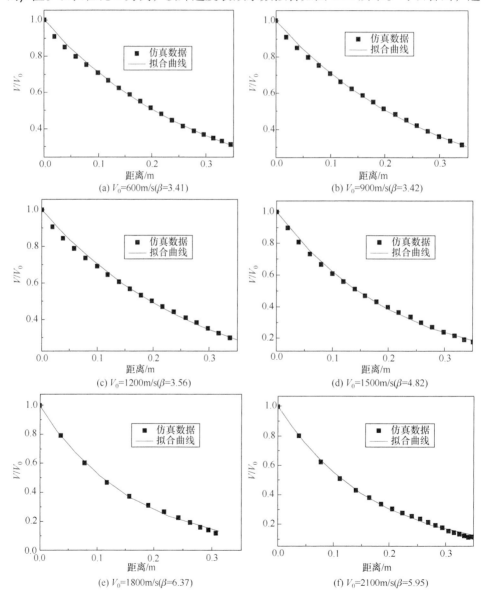

(a) $V_0=600\mathrm{m/s}(\beta=3.41)$ (b) $V_0=900\mathrm{m/s}(\beta=3.42)$

(c) $V_0=1200\mathrm{m/s}(\beta=3.56)$ (d) $V_0=1500\mathrm{m/s}(\beta=4.82)$

(e) $V_0=1800\mathrm{m/s}(\beta=6.37)$ (f) $V_0=2100\mathrm{m/s}(\beta=5.95)$

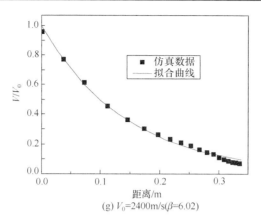

(g) V_0=2400m/s(β=6.02)

图 6.21　破片速度衰减系数拟合(长径比 2)

度衰减系数在弹体运动过程中为常数这一假定可行, 误差较小。初速度为 600m/s、900m/s、1200m/s、1500m/s、1800m/s、2100m/s、2400m/s 时, 弹体速度衰减系数分别为 3.41、3.42、3.56、4.82、6.37、5.95、6.02。

不同弹体的速度衰减系数随速度的变化如图 6.22 所示。可以看出, 在亚音速区间内, 速度衰减系数变化较小; 在近音速区间内, 速度衰减系数随着速度的增大迅速增加; 在超音速区间, 速度衰减系数有一定程度的下降; 在各速度区间, 随着长径比的增大, 速度衰减系数明显降低。

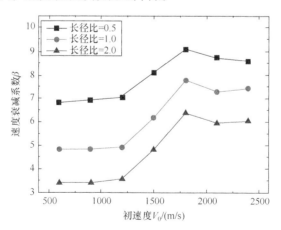

图 6.22　不同弹体的速度衰减系数随速度的变化

6.3.4　阻力系数的确定

1. 各长径比弹体的速度阻力系数

通过数值拟合计算可以获得弹丸的速度衰减系数 β, 即

$$\beta = \rho A_0 C_d / 2m \tag{6.38}$$

式中，ρ 为水的密度；m 为破片质量；A_0 为破片的截面面积；C_d 为阻力系数。

计算可得阻力系数 C_d，验证常数假设。

不同弹体的阻力系数随入水初速度的变化如图 6.23 所示。不难发现，在亚音速阶段，随着速度的增大，阻力系数变化不大；在近音速阶段，长径比越大的弹体阻力系数增大越快。长径比对阻力系数的变化如表 6.7 所示。

对于平头破片，阻力系数和空化数之间有如下关系，即

$$C_d = C_0 (1 + \sigma) \tag{6.39}$$

式中，σ 为空化数；C_0 为与弹性有关的阻力系数。

该式表明，高速入水破片的阻力系数与空化数无直接联系。

表 6.7 长径比对阻力系数的变化

长径比	不同无量纲初速度的阻力系数						
	0.43	0.64	0.86	1.07	1.29	1.50	1.71
0.5	1.00707	1.03678	1.0976	1.25601	1.50919	1.58982	1.62093
1	1.06258	1.06459	1.08421	1.36266	1.70783	1.60414	1.63619
2	1.06392	1.06766	1.10947	1.50312	1.98835	1.85561	1.87824

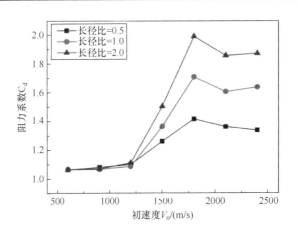

图 6.23 不同弹体的阻力系数随入水初速度的变化

2. 长径比为 1 破片的速度衰减

以长径比为 1 的弹体为例，对以上研究结果进行数据拟合，并定义高速入水弹体的马赫数为

$$M = v_0 / c_w \tag{6.40}$$

式中，c_w 为水中声速，取 1400m/s。

(1) 当 $M<0.86$ 时，圆柱形弹体的阻力系数统一取为 1.07。

(2) 当 $0.86<M<1.29$ 时，圆柱形弹体的阻力系数取为

$$1.25+1.482(M-1)+1.64(M-1)^2-4.264(M-1)^3 \tag{6.41}$$

(3) 当 $1.29<M<2$ 时，圆柱形弹体的阻力系数取为

$$1.93-0.1672M \tag{6.42}$$

3. 不同长径比破片的阻力系数

平头破片入水的速度衰减按照 M 值的不同可以划分为 4 个阶段。

1) 次声速阶段($M<0.5$)

平头破片高速入水的阻力系数变化较小，与文献[28]的研究结论一致，统一取为 1.07。

2) 近声速阶段($0.5<M<1.4$)

随着速度的增大，平头破片的阻力系数迅速上升，并达到最高，即

$$\frac{1.23+0.35r}{1.58}\times\left[1.25+1.482(M-1)+1.64(M-1)^2-4.264(M-1)^3\right] \tag{6.43}$$

式中，r 为长径比。

3) 超声速阶段($1.4<M<2$)

随着平头破片速度的提高，阻力系数有一定程度的降低，即

$$\frac{1.23+0.35r}{1.58}\times\left(1.93-0.1672M\right) \tag{6.44}$$

4) 超高速阶段($M>2$)

该阶段涉及弹体材料碎裂、液体气化等复杂的物理现象，并非简单的力学问题，这里不做讨论。

4. 阻力系数变化规律原因

如图 6.23 所示，不同速度段的弹体阻力系数不同，且有先增大后减小的趋势。随着破片初速度的增大，侵彻距离有先增大后减小的趋势，需要对其机理进行分析。文献[25]的研究表明，破片在高速入水过程中会发生墩粗等现象，如图 6.24 所示。数值仿真中的弹体墩粗现象如图 6.25 所示。

弹靶墩粗变形的有关参数可以表示为

$$E_d=d/d',\quad \rho v_0^2/\sigma_d=E_d^4/(1-E_d) \tag{6.45}$$

式中，E_d 为弹体墩粗率；d、d' 为撞击前撞击后的直径；σ_d 为弹体材料的动态屈服应力；ρ 为弹体的密度。

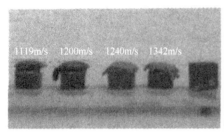 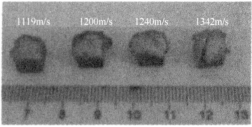

图 6.24　高速破片入水墩粗[29]

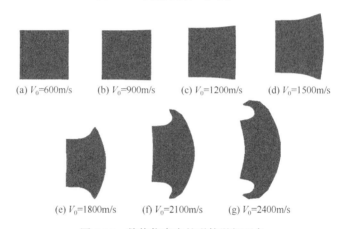

(a) V_0=600m/s　　(b) V_0=900m/s　　(c) V_0=1200m/s　　(d) V_0=1500m/s

(e) V_0=1800m/s　　(f) V_0=2100m/s　　(g) V_0=2400m/s

图 6.25　数值仿真中的弹体墩粗现象

　　另有研究[27]表明,弹体头型系数(弹体圆周曲率半径与弹体直径的比值,平头破片和半球形弹的曲率半径分别为 0 和 0.5)对阻力系数影响较大,头型系数越大,阻力系数越小。

　　如图 6.26 所示,在亚音速阶段,弹体墩粗效应不明显,迎流面变化不大,弹体可看成刚性体,高速入水弹体的阻力系数变化不明显;在近音速阶段,弹体被

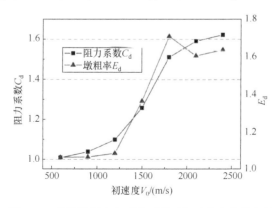

图 6.26　弹体墩粗率与阻力系数随初速度变化的规律

迅速墩粗，弹体发生类似 Taylor 杆状的变形，前端形成"蘑菇"状，迎流面迅速增大，阻力系数随之快速增加；在超音速阶段，虽然墩粗率继续增大，但是撞击产生的压力远超弹体材料的屈服应力，迎流面变得"圆润"，即头型系数有所变化，引起阻力系数的下降。

6.4　破片作用下的液舱内载荷特性研究

6.4.1　液舱中的冲击波载荷研究

为研究破片高速撞击水介质时作用在液舱前后板上的载荷特点，设计破片撞击窄间距液舱的实验装置，分析破片形状、弹体速度等因素对前后靶板压力载荷的影响规律。

1. 实验设计与实施

实验采用直径为 10mm 的一级轻气炮完成。整体实验系统如图 6.27(a)所示。其中，液体靶舱有效宽度为 30mm，内部充满水，顶部设置直径 10mm 的注水孔；前后为有中心带孔的 10mm 厚盖板，并采用橡胶圈密封，前后弹道孔用薄膜密封。前盖板设置 2 个压力传感器，后盖板设置 3 个压力传感器，如图 6.27(b)所示。其

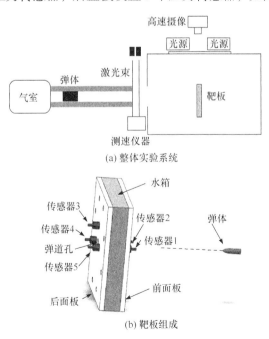

(a) 整体实验系统

(b) 靶板组成

图 6.27　窄间距液舱实验装置

中，前盖板的 1 号、2 号传感器距离弹道中心线 50mm；后盖板的 4 号、5 号传感器距离弹道中心线 50mm，3 号传感器距离弹道中心线 70mm。

采用遮挡式激光测速仪结合高速摄像机测量弹体速度。高速相机拍摄频率为 100000 帧/s。在靶架上安装加速度传感器作为高速摄像机触发信号。

采用调节气室压力的方法调节弹体速度。共发射 3 种规格的弹体(图 6.28)，分别为平头弹、半球头弹和卵形弹。3 种形式的弹体均为 17.09g，为增强弹道稳定性，在弹体后端挖去直径为 5mm，长度为 6mm 的一部分。为确保弹体在水中运动过程中保持刚性，采用 12.9 级高强螺栓取材加工。弹体发射初速度在 90～220m/s 之间。

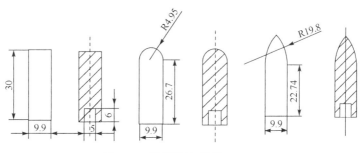

图 6.28　发射弹体(单位：mm)

2. 实验结果及分析

为研究不同形状弹体、不同初始入射撞击速度作用下液舱内的载荷特点，开展 13 组实验。弹体侵彻液舱工况如表 6.8 所示。

表 6.8　弹体侵彻液舱工况

序号	V_i/(m/s)	V_r/(m/s)	弹体形状
1	146.04	129.73	平头弹
2	179.73	164.70	平头弹
3	129.29	115.03	平头弹
4	111.83	97.52	平头弹
5	100.65	81.69	平头弹
6	97.36	93.74	半球头弹
7	130.85	122.81	半球头弹
8	143.79	134.20	半球头弹
9	143.52	134.20	半球头弹

续表

序号	V_i/(m/s)	V_r/(m/s)	弹体形状
10	115.27	111.83	卵形弹
11	125.60	118.57	卵形弹
12	214.72	211.89	卵形弹
13	170.33	157.30	卵形弹

1) 弹体侵彻物理过程

实验采用高速相机记录弹体侵彻液舱的物理过程。弹体侵彻水靶实验过程(工况 1、7、11)如图 6.29 所示。平头弹撞击时，在弹体撞击液舱瞬间液体发生溅飞(图 6.29(a))。半球形弹撞击液舱时，前盖板处溅飞的液体弱于平头弹，但强于卵形弹。对比后盖板溅飞的液体，也可发现同样的规律，即溅飞液体的能力，平头弹最强，半球头弹次之，卵形弹最差。此外，高速摄影同时证实卵形弹在侵彻液舱后弹体发生一定程度的偏转，证明卵形弹在液体中的弹道稳定性较差，与文献[7]的结论一致。

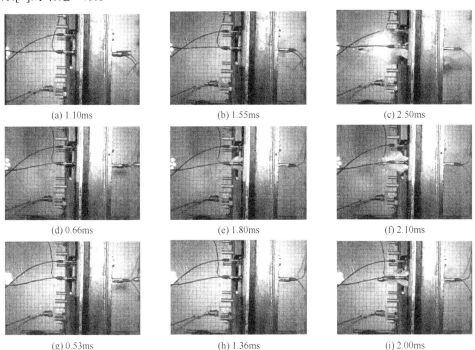

(a) 1.10ms　　　　　　　(b) 1.55ms　　　　　　　(c) 2.50ms

(d) 0.66ms　　　　　　　(e) 1.80ms　　　　　　　(f) 2.10ms

(g) 0.53ms　　　　　　　(h) 1.36ms　　　　　　　(i) 2.00ms

图 6.29　弹体侵彻水靶实验过程(工况 1、7、11)

2) 压力载荷时域特征

平头弹以 146.04m/s 初速度撞击液舱时,各测点的压力与冲量(工况 1)如图 6.30 所示。各测点的冲击波脉宽约为 1ms。前盖板测点 1 和测点 2 的冲击波峰值分别为 3.18MPa 和 3.35MPa。后盖板对应位置测点 4 和测点 5 的冲击波峰值分别为 5.0MPa 和 4.8MPa。距离中心较远处的测点 3 峰值较小,但脉宽更宽。在峰值过后,均经历若干次峰值较小的冲击作用,推测为反射冲击波或空泡溃灭冲击波。当与弹道中心距离相当时,液舱后壁的冲击波峰值明显大于液舱前壁。距离弹道

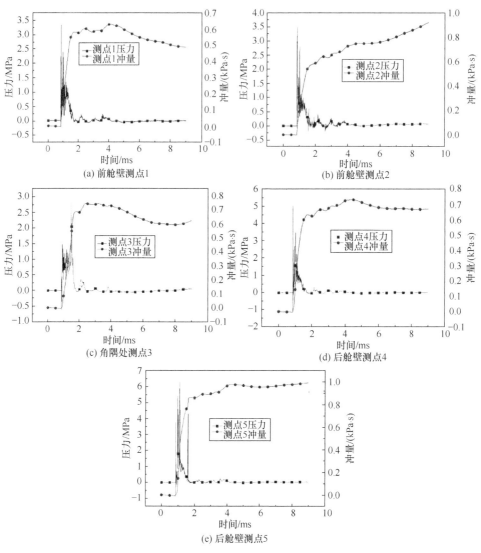

图 6.30   平头弹各测点的压力与冲量(工况 1)

中心距离较远的点峰值明显降低，当测点位于液舱边缘时，可能发生冲击波汇聚，使入射冲击波与侧壁反射冲击波发生叠加，形成较宽的脉宽。

从冲量角度来看，各测点在经历初始冲击波后冲量值迅速增加，液舱前壁测点1、测点2的冲量在经历第一次冲击波后分别达到0.58kPa·s、0.57kPa·s，对应后壁测点3、测点4的冲量值分别为0.63kPa·s、0.78kPa·s。后壁较远处测点3在第一次冲击波到达后达到0.69kPa·s，说明远端角隅处冲量值衰减并不明显。在经历第一次冲击波后，各测点的冲量均有一定程度增加。

半球头弹(初速度143.52m/s)撞击液舱时，各测点的压力与冲量(工况9)如图6.31所示。前舱壁测点1处冲击波载荷在0.81ms迅速升高到1.53MPa，此后经历一个约0.7ms脉宽的冲击波后压力衰减到0。此后，在2.24ms、2.72ms和3.84ms分别经历一个峰值较小的压力载荷(0.39MPa、0.52MPa和0.47MPa)，测点处对应的冲量都有小幅升高。

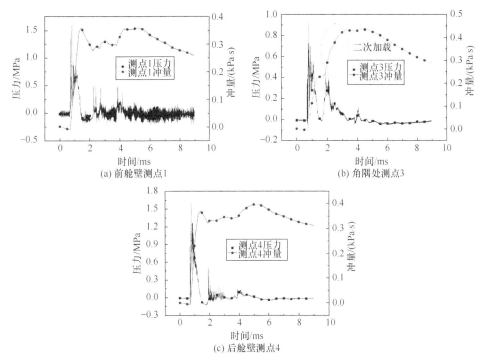

图6.31　半球头弹各测点的压力与冲量(工况9)

后舱壁处测点4处在0.78ms时即达到压力峰值1.54MPa，分别于1.92ms和4.0ms经历峰值0.44MPa和峰值0.12MPa的冲击波峰值。尽管第2个峰值更小，但持续作用时间更长，积分后形成的冲量增量更大。

角隅处测点3的冲击波时程曲线明显与前后舱壁有一定差异，在0.798ms经历一个峰值为 0.92MPa 冲击波作用, 此后在 1.89ms 又经历一个峰值为 0.42MPa 的冲击波作用。该处的冲击波作用明显强于前后舱壁的二次加载, 分析原因是前后舱壁预留弹道孔的影响, 后续空泡溃灭冲击波被衰减, 而角隅处冲击波则发生汇聚, 形成更明显的二次加载。考虑一般结构角隅处刚度较大, 液舱靶板变形过程中易发生应力集中, 建议角隅处应进行专门设计。

卵形弹(初速度 170.33m/s)撞击液舱时, 各测点的压力与冲量(工况 13)如图 6.32 所示。在弹体入射速度更高的情况下, 前舱壁测点 1 处的冲击波峰值仅为 1.18MPa, 小于平头弹和半球头弹作用时的峰值。此后, 二次加载作用并不明显, 表现为积分得到的冲量值并没有明显的跃升。

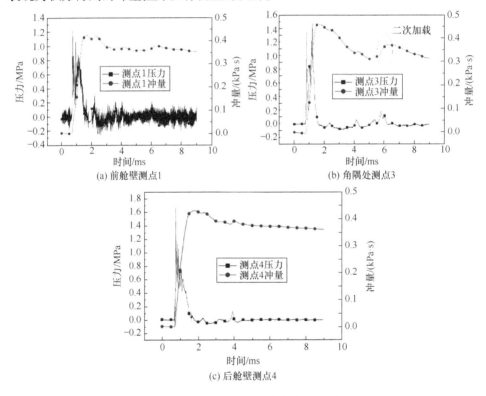

图 6.32 卵形弹各测点的压力与冲量(工况 13)

后舱壁处测点 4 在 0.76ms 经历一个峰值为 1.66MPa 的冲击波峰值, 此后在 3.9ms 时经历一个峰值仅为 0.12MPa 的载荷。角隅处测点 3 仍然经历两次加载作用, 第 1 次峰值为 1.33MPa, 第 2 次峰值为 0.18MPa, 均弱于平头弹和半球头弹作用。

对比表明, 不同弹体撞击液舱时, 相同位置压力测点的波形基本相当, 但是平头弹的冲击波峰值和冲量均大于半球头弹, 而卵形弹最小。角隅处测点会出现较为明显的冲击波二次加载现象，对应的冲量值会有一个明显的跃升。

　　3) 速度对压力的影响

　　在实验的速度区间内(90～220m/s)，速度对前后靶板的冲击波有显著影响(图 6.33)。平头弹、半球头弹和卵形弹呈现类似的规律，冲击波峰值均与速度呈良好的线性关系。平头弹撞击液舱时，拟合曲线的斜率更大，即前后舱壁的冲击波峰值对速度更敏感。此外，当 3 种弹体初始撞击速度相同时，平头弹在前后舱壁产生更大的冲击波峰值，半球形弹次之，卵形弹最低。

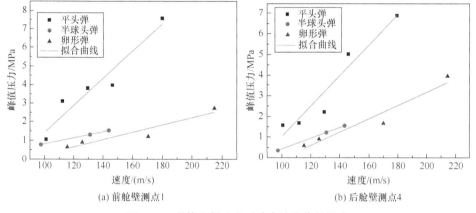

图 6.33　弹体入射速度对冲击波峰值的影响

　　4) 速度对冲量的影响

　　在实验的速度区间内(90～220m/s)，速度对前后靶板的冲量也有显著影响(图 6.34)。3 种形状(平头弹、半球头弹和卵形弹)的弹头线性拟合的曲线与实验值吻合较好，冲量线性增大。当 3 种弹体初始撞击速度相同时，平头弹在前后舱壁产生更大的冲量，半球形弹次之，卵形弹最低。

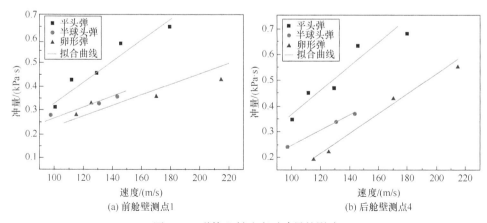

图 6.34　弹体入射速度对冲量的影响

3. 理论预测与分析

弹体在液体舱室中运动时，主要将自身动能快速转移到水体中并缓慢释放，此时有

$$\nabla \varphi = \frac{1}{c} \frac{\partial^2 \varphi}{\partial t^2} \tag{6.46}$$

式中，φ 为势函数，水质点速度为 $u = \nabla \varphi$；c 为水中的声速。

在分析冲击波峰值时，不考虑水质点宏观流动带来的滞后流影响。此时可以根据 Bernoulli 方程，将水中的动态压力表示为

$$P(t) = P_0 - \rho_{\mathrm{w}} \frac{\partial \varphi}{\partial t} - \frac{1}{2} \rho U^2 \tag{6.47}$$

式中，P_0 为环境压力；ρ_{w} 为水密度；U 为水质点总速度。

Lee 根据点源理论对弹体入水引起的冲击波进行了分析[29]。本书据此修正边界项进行，将式(6.47)进一步整理可得

$$\varphi(z,w,t) = \int_0^{Z(\tau)} \frac{\zeta(\varepsilon, t - r/c)}{r} \mathrm{d}\varepsilon \tag{6.48}$$

式中，r 为点源与水中压力测点的距离；$Z(\tau)$ 为点源位置；ε 为弹体前进的距离；ζ 为在 ε 处的源强。

弹体在水中运动的过程满足能量守恒，动能转化为水中的动能和势能。

液体的径向速度与源强和位置的关系为

$$u = \frac{2\zeta(\varepsilon, t)}{w} \tag{6.49}$$

则 ε 附近直径为 Ω 的微元水体的动能为

$$\mathrm{d}E_{\mathrm{w}} = 4\pi \rho w N \zeta^2 \mathrm{d}z \tag{6.50}$$

式中，$N = \ln(\Omega/a)$ 为一个无量纲参数；a 为空腔半径，点源的影响范围是有限的，通常认为 Ω/a 的取值为 15～30。

微元水体的势能为

$$\mathrm{d}E_e = \pi(P_0 - P_c)a^2 \mathrm{d}z \tag{6.51}$$

根据能量守恒定律，弹体损伤的动能转化为水体的动能和势能，则有

$$\frac{\mathrm{d}E_{\mathrm{p}}}{\mathrm{d}Z_{\mathrm{b}}} \bigg| \mathrm{d}z = 4\pi \rho w N \zeta^2 \mathrm{d}z + \pi(P_0 - P_c)a^2 \mathrm{d}z \tag{6.52}$$

式中，$P_0 - P_c$ 为空腔与水域的压差。

本书将前后舱壁设置为刚性边界条件，即流体质点的速度为 0。据此可以求解压力峰值。更为详细的推导，请参见文献[29]。

6.4.2　液舱中的空泡溃灭载荷研究

1. 实验方法与实施

实验采用一级轻气炮开展，子弹直径为 9.95mm。实验选用的 3 种弹体为平头弹、半球头弹和卵形弹。为模拟弹体进入较大舱室时的物理环境，实验采用的立方体水容器尺寸为 1m×1m×1m，侧面设置有机玻璃(polymethyl methacrylate，PMMA)作为观察窗口。弹道中心前后设置厚度为 150mm×150mm×1mm 的薄板。在容器内与弹道中心线同高处设置 5 个自由场压力传感器，通过调理仪、高速采集仪采集弹体在水中运动过程中形成的冲击波与空泡溃灭冲击波。压力传感器在一条直线上，间距 200mm，距离弹道中心线 100mm。空泡溃灭冲击波实验装置如图 6.35 所示。

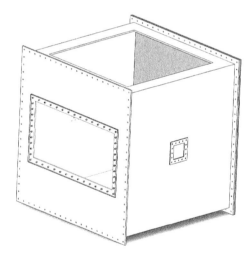

图 6.35　空泡溃灭冲击波实验装置

实验采用 2 个 1000W 钠灯给光，悬挂在实验水舱的正上方。为记录子弹在水中的飞行轨迹，捕捉水中产生的空泡变化，实验使用一台高速摄像机。高速摄像机设置每秒 1000 帧的采样频率记录整个物理过程，快门设置为 1/2000s。

此外，为避免高速相机触发失效，使用激光遮幕的方法测量弹体初始速度。子弹从一级炮口飞出后，依次遮挡 2 束间隔 50mm 的激光。假定飞行过程中的速度未发生明显衰减，通过计算 2 束激光被遮挡的间隔时间即可得出弹体的初始速度。

2. 实验结果与分析

1) 物理过程

当弹体速度超过一定值时，运动弹体仅头部与水接触，周围的水介质会形成空泡将弹体包裹起来，形成超空泡。弹体形状明显影响弹体水中运动的轨迹、速度、空泡运动特性。

(1) 平头弹运动特性。图 6.36 和图 6.37 所示为初速度为 56.3m/s 和 163.4m/s 的平头弹入水弹道及空泡变化过程。实验发现，所有的平头弹均未发生明显的偏转，弹道稳定性较好，空泡均经历空穴生成、成长、脱落和溃灭的过程。在速度相当时，平头弹形成的空泡直径大于半球头弹和卵形弹。弹速较高时，高速摄像可以明显观察到空穴脱落后溃灭，然后空穴再次长大并闭合的整个过程；弹速较低时仅能观察到空穴脱落，空穴闭合再长大的过程不明显。

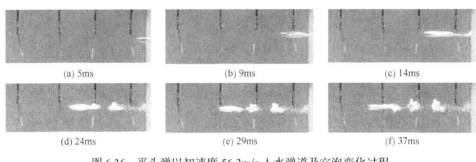

图 6.36　平头弹以初速度 56.3m/s 入水弹道及空泡变化过程

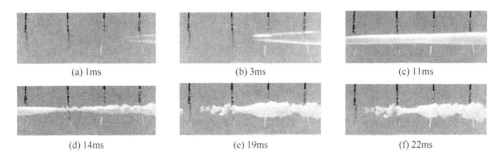

图 6.37　平头弹以初速度 163.4m/s 入水弹道及空泡变化过程

(2) 半球头弹运动特性。图 6.38 为半球头弹以 142.5m/s 初速度入水弹道及空泡变化过程。实验表明，半球头弹的弹道稳定性比平头弹差，但优于卵形弹。相当速度下，半球头弹形成的空泡直径介于平头弹和卵形弹之间。高速摄像记录的空泡脱落后也能观察到明显的空泡溃灭现象。

(3) 卵形弹运动特性。图 6.39 和图 6.40 所示为卵形弹以初速度 126.4m/s 和 153.4m/s 入水弹道及空泡变化过程。经多次重复实验，卵形弹的弹道稳定性较差，弹体运动过程中容易发生偏转并远离预定弹道。个别实验甚至发生弹体 180°偏转，即弹尾部朝前。受其影响，空泡稳定性也较差，空泡形状不规则，发生溃灭的位置也容易远离弹道中心线。

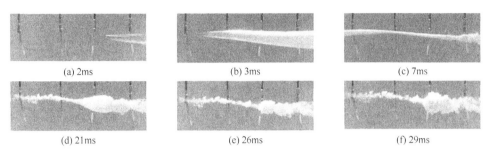

(a) 2ms　　　　　　　　(b) 3ms　　　　　　　　(c) 7ms

(d) 21ms　　　　　　　(e) 26ms　　　　　　　(f) 29ms

图 6.38　半球形弹以初速度 142.5m/s 入水弹道及空泡变化过程

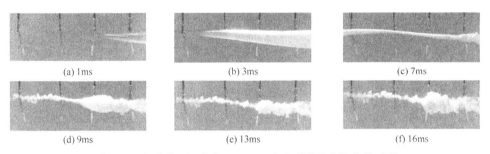

(a) 1ms　　　　　　　　(b) 3ms　　　　　　　　(c) 7ms

(d) 9ms　　　　　　　　(e) 13ms　　　　　　　(f) 16ms

图 6.39　卵形弹以初速度 126.4m/s 入水弹道及空泡变化过程

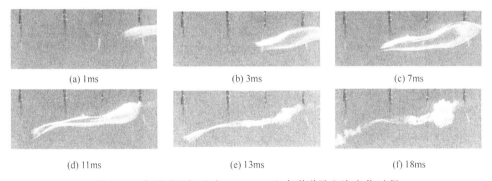

(a) 1ms　　　　　　　　(b) 3ms　　　　　　　　(c) 7ms

(d) 11ms　　　　　　　(e) 13ms　　　　　　　(f) 18ms

图 6.40　卵形弹以初速度 153.4m/s 入水弹道及空泡变化过程

2) 压力载荷特性

由于半球头弹和卵形弹的弹道稳定性较差，弹体运动过程中易偏离弹道中心线，因此实验以平头弹为例分析压力测点的载荷特性。

图 6.41 和图 6.42 所示为平头弹以初速度 165.2m/s 和 157.2m/s 入水时的压力载荷($P_1 \sim P_4$ 为水中测点，P_0 为前舱壁处测点)。水中测点的压力时程曲线与近场水下爆炸载荷十分相似[30]，即各测点均有明显的初始冲击波、滞后流和多次空穴

溃灭冲击波。前舱壁处测点滞后流载荷并不明显，表明滞后流载荷在水中的衰减较快，验证了文献[31]的观点。

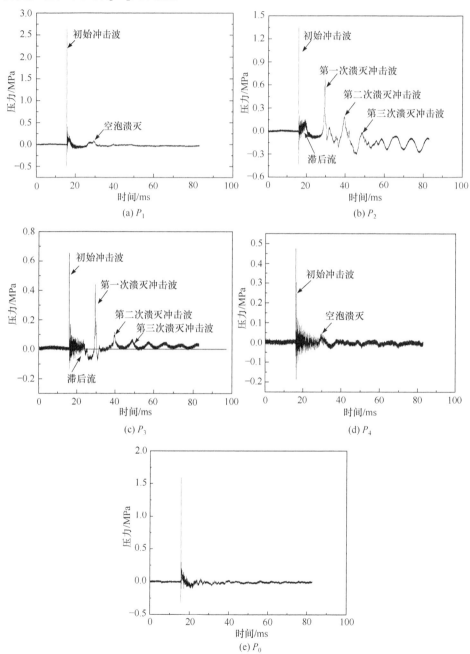

图 6.41　平头弹以初速度 165.2m/s 入水时的压力载荷

测点 P_1 在 15.778ms 时达到冲击波峰值 2.66MPa，此后迅速衰减并在 29.32ms 时经历一个峰值为 0.09MPa 的压力载荷。对照高速摄像，判断为空泡溃灭冲击波。距离测点 1 为 200mm 的测点 2 冲击波峰值衰减为 1.35MPa，但紧随初始冲击波后有明显的滞后流且有 3 次空泡溃灭冲击波(峰值为 0.68MPa、0.18MPa 和 0.02MPa)。测点 3 处的初始冲击波峰值衰减为 0.65MPa，此后 3 次空泡溃灭冲击波分别衰减为 0.44MPa、0.12MPa 和 0.07MPa。测点 4 冲击波进一步衰减为 0.47MPa，仅能观察到 1 处明显的空泡溃灭冲击波。

需要注意的是，部分测点(图 6.42 中 P_2、P_3)的空泡溃灭冲击波峰值大于初始冲击波，甚至超过 2 倍。测点 P_2 的空泡溃灭冲击波峰值高达 4.02MPa，此处的冲击波峰值仅为 1.47MPa；测点 P_3 处初始冲击波和空泡溃灭冲击波分别为 0.86MPa、1.39MPa。这说明，空泡溃灭的位置更接近测点 P_2，与高速摄像结果吻合。该实验现象与国外相关实验结论一致[32]，进一步说明在较低弹速(远小于水中声速)下，空穴溃灭冲击波的影响范围有限。

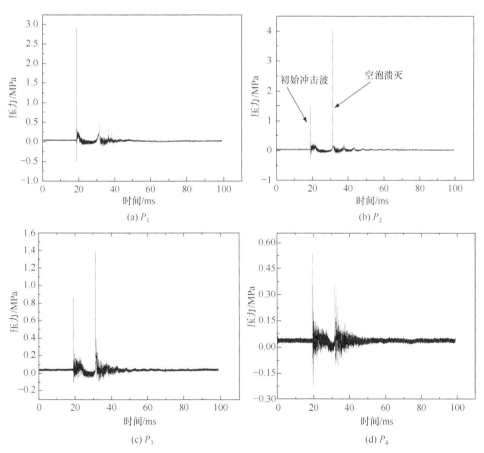

(a) P_1

(b) P_2

(c) P_3

(d) P_4

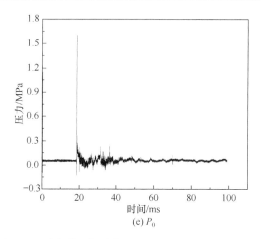

图 6.42　平头弹以初速度 157.2m/s 入水时的压力载荷

冲击波峰值压力随距离的变化(平头弹，弹速 165.2m/s)如图 6.43 所示。随着距离的增大，冲击波呈指数衰减。为验证不同初速度入水时各测点是否满足该规律，取均一化峰值压力(各测点压力与测点 P_1 压力之比)。均一化的冲击波峰值压力随距离的变化如图 6.44 所示。平头弹入水后，随着距离的增大，各测点的冲击波峰值压力呈指数衰减。

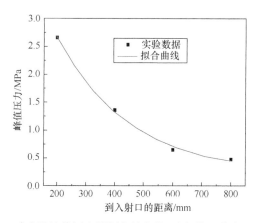

图 6.43　冲击波峰值压力随距离的变化(平头弹，弹速 165.2m/s)

3. 理论预测与分析

空泡溃灭冲击波是液舱中一种重要的载荷形式，目前研究较少。本书基于不可压缩流体理论推导空泡溃灭冲击波的理论解，并采用 Runge-Kutta 法求解。

空泡内部的气体为理想气体，忽略重力效应。根据泊松方程，在球坐标系中，水中任意一点位置 r 的速度 u 为

$$u = \frac{R^2}{r^2}\frac{dR}{dt} \tag{6.53}$$

这是一个无旋速度分布，其速度势为

$$\varphi = -\int_r^{\infty} u\,dr = -\frac{R^2}{r}\frac{dR}{dt} \tag{6.54}$$

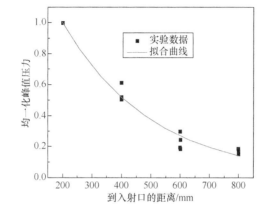

图 6.44 均一化的冲击波峰值压力随距离的变化

水中任意一点 r 处的压力 $p(r,t)$ 由 Bernoulli 方程确定，即

$$p(r,t) = p_w - \rho\left[\frac{\partial \phi}{\partial t} + \frac{1}{2}\left(\frac{\partial \phi}{\partial r}\right)^2\right] \tag{6.55}$$

式中，p_w 为静水压力；ρ 为水的密度。

气泡边界的连续条件是，气泡边界上水中压力与气泡内部压力相等，即 $p_b(R) = p(R,t)$；气泡边界水径向速度等于气泡收缩速度，即 $\frac{\partial \phi(R,t)}{\partial r} = \frac{dR}{dt}$。

容器破碎后，气泡在水压下收缩的过程是水压力做功，使水动能增加的过程。因此，水的总动能的变化率应等于水压力做功速率。

球形气泡表面积为 $4\pi R^2$，其外部水中任意一点 r 处的球面微元体积为 $4\pi r^2 dr$，因此在气泡收缩过程中，其外表面直至无穷大球形水体的总动能 E_w 为

$$E_w = \frac{1}{2}\rho\int_R^{\infty} u^2 4\pi r^2 dr = 2\pi\rho R^3\left(\frac{dR}{dt}\right)^2 \tag{6.56}$$

气泡外表面至无穷大半球形水体所受的径向外力对其做功速率 W_w 为

$$\begin{aligned} W_w &= 4\pi R^2 p_b \frac{dR}{dt} - \lim_{r\to\infty}\left(4\pi r^2 pu\right) \\ &= \left(p_b - p_w\right)4\pi R^2 \frac{dR}{dt} \end{aligned} \tag{6.57}$$

根据守恒定律，气泡外水总动能的变化率应等于所受的外力对其做功速率，

即 $\dfrac{\mathrm{d}E_{\mathrm{w}}}{\mathrm{d}t} = W_{\mathrm{w}}$，则有

$$\frac{1}{2}\frac{\mathrm{d}}{\mathrm{d}t}\left[R^3\left(\frac{\mathrm{d}R}{\mathrm{d}t}\right)^2\right] = \left(\frac{p_{\mathrm{b}} - p_{\mathrm{w}}}{\rho}\right)R^2\frac{\mathrm{d}R}{\mathrm{d}t} \tag{6.58}$$

式中，静水压力 p_{w} 为常数；气泡内气体的压力 p_{b} 是随时间和气泡半径变化的量，需进一步处理。

假设气泡内气体的压力是均匀的，而且是绝热收缩的理想气体，因此有

$$p_{\mathrm{b}} = p_0\left(\frac{V_0}{V}\right)^\gamma = p_0\left(\frac{R_0}{R}\right)^{3\gamma} \tag{6.59}$$

式中，V 为气泡体积；p_0 为气泡内压力初始值；γ 为比热比。

关于气泡半径 R 的运动方程为

$$R\frac{\mathrm{d}^2R}{\mathrm{d}t^2} + \frac{3}{2}\left(\frac{\mathrm{d}R}{\mathrm{d}t}\right)^2 + \frac{1}{\rho}\left[p_{\mathrm{w}} - p_0\left(\frac{R_0}{R}\right)^{3\gamma}\right] = 0 \tag{6.60}$$

引入变量 $w = \omega^2$，$\omega = R'$，$R'' = \omega'\omega$，经过变换，运动方程变换为一阶线性微分方程，即

$$\frac{\mathrm{d}w}{\mathrm{d}R} + \frac{3}{R}w + \frac{2}{\rho R}\left[p_{\mathrm{w}} - p_0\left(\frac{R_0}{R}\right)^{3\gamma}\right] = 0 \tag{6.61}$$

可得

$$w(R) = -\frac{2p_{\mathrm{w}}}{3\rho} - \frac{2p_0}{3\rho(\gamma - 1)}\left(\frac{R_0}{R}\right)^{3\gamma} + \frac{C_1}{R^3} \tag{6.62}$$

至此，只需给出气泡在静水压力下初始速度作为初始条件就可以得出 $w(R)$，从而得到气泡半径 $R(t)$、气泡内压力 $p_b(t)$，以及水中任意一点的压力 $p(r,t)$。考虑水介质的连续性，瞬间气泡初始速度为弹体此时的速度，因此有初始条件，即

$$R = R_0, \quad \omega_0 = \frac{p_0 - p_{\mathrm{w}}}{\rho c} \tag{6.63}$$

式中，c 为水中声速。

将初始条件代入式(6.59)可得

$$C_1 = \frac{R_0^3}{3\rho^2}\left[\frac{3(p_0 - p_{\mathrm{w}})^2}{c^2} + 2\rho\frac{p_0 + p_{\mathrm{w}}(\gamma - 1)}{\gamma - 1}\right] \tag{6.64}$$

最终可得便于求解的气泡运动方程形式，即

$$R' = -\sqrt{\frac{2p_{\mathrm{w}}}{3\rho} + \frac{2p_0}{3\rho(\gamma - 1)}\left(\frac{R_0}{R}\right)^{3\gamma} - \frac{C_1}{R^3}} \tag{6.65}$$

对式(6.65)给定初值 $t = 0, R = R_0$ ，采用 Runge-Kutta 法进行数值求解，时间步长可定为 10^{-7} s 。

得出 R 后，计算气泡内部和外部水中的压力 p_b 和 p ，即

$$p = p_{\mathrm{w}} + \frac{\rho R}{2r^4}\left[\left(4r^3 - R^3\right)R'^2 + 2r^3 R R''\right] \tag{6.66}$$

6.5　液舱动态响应特性分析

高速破片在液体舱室内运动时，速度急剧衰减并迅速将能量转变为水中的冲击波、滞后流和空炮溃灭冲击波，将爆炸破片的局部点载荷转移成液体舱室大面积的面载荷，扩大了受载面积。在面载荷作用下，液舱前后板发生穿孔，并伴随塑性变形，甚至破损。

6.5.1　实验设置与实施

实验采用一级轻气炮和二级轻气炮,靶板选用1060铝板,尺寸规格为200mm×200mm，厚度为 1mm，前后靶板的间距为 100mm，通过 8 个直径为 10mm 的螺栓孔固定。间隔水靶板采用前后舱壁中间夹持一定厚度水的方式实现。厚度为 30mm 和 40mm 的液舱采用钢制结构制成;厚度为 100mm 的液舱采用厚度为 4mm 的 PMMA 圆管。弹体有 4 种，分别为平头弹、半球头弹、卵形弹和球形弹，其中球形弹直径 9.5mm(材料为轴承钢)。实验装置示意图如图 6.45 所示。

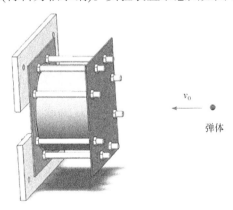

图 6.45　实验装置示意图

实验采用 2 个 1000W 钠灯给光，悬挂在实验用间隔水靶板的正上方。为记录子弹在水中的飞行轨迹，捕捉水中产生的巨型空泡及前后板的变形，实验使用高速摄像机，采用每秒 10000 帧的采样频率记录整个物理过程，快门设置为 1/25000s。在支撑结构后方添加一个加速度传感器，并使用高速采集仪为高速摄

像机提供触发。

6.5.2 实验结果与分析

实验分 28 组开展，弹体打击液舱实验工况如表 6.9 所示。

表 6.9　弹体打击液舱实验工况

编号	弹体形状	初速度/(m/s)	板厚/mm	液舱宽度/mm	前板破坏模式	后板破坏模式
1	平头弹	164.48	0.5	30	充塞+微隆起	充塞+微隆起
2	平头弹	143.50	0.5	30	充塞+微隆起	充塞+微隆起
3	平头弹	135.47	0.5	30	充塞+微隆起	充塞+微隆起
4	平头弹	118.60	0.5	40	充塞+微隆起	充塞+微隆起
5	平头弹	83.69	0.5	30	充塞+微隆起	充塞+微隆起
6	平头弹	109.40	0.5	40	充塞+微隆起	充塞+微隆起
7	卵形弹	108.11	0.5	30	局部花瓣+微隆起	局部花瓣+微隆起
8	卵形弹	148.88	0.5	40	局部花瓣+微隆起	局部花瓣+微隆起
9	卵形弹	173.05	0.5	30	局部花瓣+微隆起	局部花瓣+微隆起
10	卵形弹	107.36	0.5	40	局部花瓣+微隆起	局部花瓣+微隆起
11	半球头弹	86.77	0.5	30	局部花瓣+微隆起	局部花瓣+微隆起
12	半球头弹	92.91	0.5	40	局部花瓣+微隆起	局部花瓣+微隆起
13	半球头弹	110.30	0.5	30	局部花瓣+微隆起	局部花瓣+微隆起
14	半球头弹	170.15	0.5	40	充塞+微隆起	局部花瓣+微隆起
15	平头弹	156.01	0.2	30	充塞+微隆起	花瓣开裂
16	半球头弹	188.87	0.2	30	撕裂	花瓣开裂
17	球形弹	157.60	1	100	局部花瓣+微隆起	塑性变形
21	球形弹	1456.02	2	30	花瓣开裂	花瓣开裂
22	球形弹	1265.00	2	30	开孔+隆起	开孔+隆起
23	球形弹	1443.50	1+2	30	花瓣	开孔+隆起边缘
25	球形弹	1108.20	1	30	开孔+隆起	开孔+隆起
26	球形弹	1326.32	1	30	边缘剪切	花瓣+边缘剪切
27	球形弹	1493.25	4	30	开孔+隆起	开孔+隆起
28	球形弹	1357.50	2	30	开孔+隆起	开孔+隆起

1. 基本物理过程

弹体撞击液舱的过程如图 6.46 所示。球形弹体打击宽间距水间隔铝板的物理过程分为 3 个阶段。

1) 弹体侵彻前板阶段

该阶段是典型的弹体侵彻背水靶板的过程，弹体以 157.6m/s 撞击前板。前板向后运动扰动后板阻碍靶板的变形，靶板运动在水中形成冲击波，并以 1500m/s

的速度向水中传播，如图 6.46(a)所示。

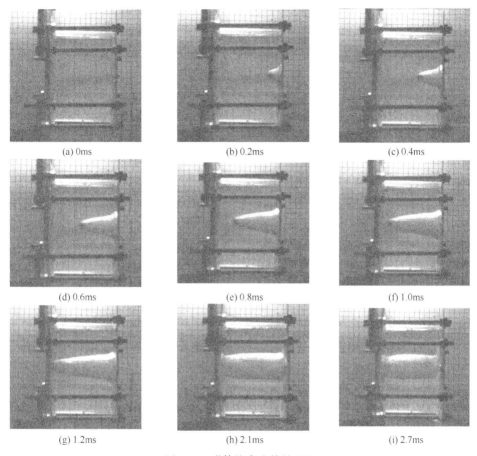

图 6.46　弹体撞击液舱的过程

2) 弹体水中运动阶段

弹体在水中带动周围水运动，当速度达到一定阶段后，弹体两侧和后方的水逐渐与水脱离，形成空化空泡，并将弹体的动能部分转化为水的动能，弹体水运动挤压远处的水，一部分动能转化为水的势能，如图 6.46(b)～图 6.46(f)所示。

3) 弹体撞击后板阶段

弹体在水中运动后期，弹体压缩前端水，形成冲击波[2]。冲击波先于弹体作用于后板上，如图 6.46(g)所示。在弹体和冲击波的共同作用下发生较大整体变形，如图 6.46(h)所示。空泡后端不再变大，前端继续变大，直到前后直径大小基本相当，此后空泡变小，被压缩的水体释放自身势能，如图 6.46(i)所示。

图 6.47 所示为平头弹体在初速度 156.1m/s 时，液舱背板花瓣开裂过程。1.18ms 时，背板出现蝶形隆起，表面出现微裂纹，但水尚未泄出；1.28ms 时，裂纹扩展，

花瓣形成,水介质随弹体穿出;1.54ms 时,花瓣进一步卷曲,更多液体溅出;2.22ms 时,花瓣卷曲过程基本完成,弹体即将飞出视野。

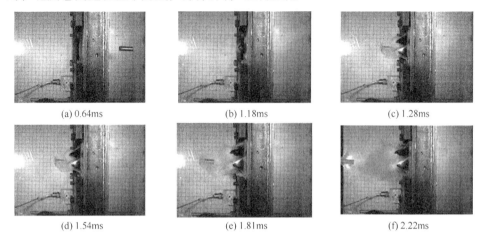

(a) 0.64ms   (b) 1.18ms   (c) 1.28ms

(d) 1.54ms   (e) 1.81ms   (f) 2.22ms

图 6.47　液舱背板花瓣开裂过程

2. 靶板破坏模式

准确获得液舱在弹体撞击作用下的破坏模式是开展理论分析的前提。实验采用一级轻气炮发射低速弹丸、二级轻气炮发射高速弹丸,可以获得液舱前后舱壁的多种破坏模式。

1) 平头弹打击下的液舱破坏模式

如图 6.48 所示,当弹速比较低时,前舱壁形成充塞变形,在液舱内部冲击波的影响下,整个前舱壁向外轻微隆起变形。随着弹速提高,隆起变形越来越大。当达到一定程度时,前舱壁中心处发生回弹,即虽然液体内冲击波向外作用,但是舱壁中心区域的变形却向内,称为反直观力学行为[33]。

(a) V_i=118.6m/s   (b) V_i=143.5m/s   (c) V_i=156.01m/s

图 6.48　平头弹打击作用下前舱壁破坏模式

如图 6.49 所示,当弹速较低时,后舱壁的向外隆起变形明显大于前舱壁,与后舱壁冲击波压力大于前舱壁对应。当弹体速度增大到一定程度时,液舱后壁发生反直观力学行为。当速度进一步增大后,液舱后壁发生花瓣状破坏,结构整体失效丧失承载能力。

(a) V_i=118.6m/s

(b) V_i=143.5m/s

(c) V_i=156.01m/s

图 6.49　平头弹打击作用下后舱壁破坏模式

2) 卵形弹打击下的液舱破坏模式

如图 6.50 所示，因实验速度限制，各工况破坏模型并无明显差异。前后舱壁中心处由于卵形弹穿甲作用均发生花瓣状破口。由于卵形弹在液舱内形成的冲击波压力较小，因此前后舱壁的整体变形并不明显。

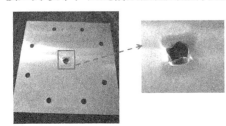
(a) 前舱壁

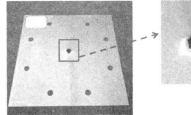
(b) 后舱壁

图 6.50　卵形弹打击作用下前、后舱壁破坏模式(V_i=107.36m/s)

3) 半球头弹打击下的液舱破坏模式

如图 6.51 所示，当弹体速度较低(V_i=92.91m/s)时，前舱壁仅有弹体穿孔，并未发生明显的整体变形。随着弹体速度的增加(V_i=188.87m/s)，前舱壁向外整体隆起的幅度变大。

(a) V_i=92.91m/s

(b) V_i=170.15m/s

(c) V_i=188.87m/s

图 6.51　半球头弹侵彻作用下前舱壁破坏模式

如图 6.52 所示，当弹体速度较低时(V_i=92.91m/s)，后舱壁中心处为充塞穿孔，当弹体速度提高后(V_i=170.15m/s)，中心穿孔的模式改变为花瓣状穿孔。此外，随着弹体速度增加，后舱壁整体隆起变形逐渐增大。当速度进一步增大(V_i=188.87m/s)而舱壁较薄时，液舱后壁发生整体失效，呈花瓣状撕裂。

(a) V_i=92.91m/s　　　　　　(b) V_i=170.15m/s　　　　　(c) V_i=188.87m/s

图 6.52　半球头弹打击作用下后舱壁破坏模式

4) 球形弹打击下的液舱破坏模式

如图 6.53 所示，当弹速较小(V_i=1357.5m/s)且靶板较厚(4mm)时，靶板中心处有明显呈融化状弹孔，符合高速侵彻特点，靶板整体隆起变形明显。当弹速进一步增大(V_i=1443.5m/s)且板厚较薄(1mm)时，前舱壁发生花瓣状整体撕裂。此时，边缘并未发生剪切失效。当弹速进一步增大(V_i=1456.02m/s)时，不但靶板发生整体花瓣撕裂变形，而且边缘处发生剪切失效。

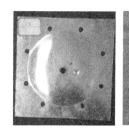  

(a) V_i=1357.5m/s　　　　　　(b) V_i=1443.5m/s　　　　　(c) V_i=1456.02m/s

图 6.53　高速球形弹打击作用下前舱壁破坏模式

如图 6.54 所示，当弹速较小(V_i=1357.5m/s)且靶板较厚(4mm)时，靶板中心处明显呈融化状弹孔，靶板整体隆起变形明显，比前舱壁要大。当弹速进一步增大(V_i=1443.5m/s)且舱壁较薄时(2mm)，后舱壁整体变形进一步增大，并且边缘处出现撕裂，弹穿孔处也发生轻微撕裂。当弹体速度进一步增加(V_i=1456.02m/s)时，后舱壁发生整体花瓣状撕裂。

需要注意的是，图 6.54(b)和图 6.54(c)的弹速相差不大，后舱壁也都是 2mm，而破坏形态差异较大。其主要差别是图 6.54(b)对应的前舱壁较薄。分析原因可能是，前舱壁的提前破坏削弱了作用在后舱壁上的气泡脉动载荷和滞后流载荷，使后舱壁仅局部发生撕裂。

(a) V_i=1357.5m/s　　　　　　(b) V_i=1443.5m/s　　　　　　(c) V_i=1456.02m/s

图 6.54　高速球形弹打击作用下后舱壁破坏模式

6.5.3　数值仿真及结果

1. 计算方法验证

为了实现液体溅飞等效果,采用 SPH 方法开展爆炸破片高速撞击液体舱室仿真计算。本书以文献[9]开展的实验为例,开展数值方法验证和分析。实验液体容器尺寸为 750mm×150mm×150mm,设置 P_1、P_2 两个压力测点和 5 个应变测点。验证实验液舱及测点示意图如图 6.55 所示。舱壁采用拉格朗日单元,板厚方向上取 3 个单元;水采用 SPH 方法建模,共 270000 个粒子。

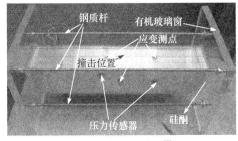

(a) 验证实验小型液舱[8]　　　　　　　　(b) 有限元1/4模型

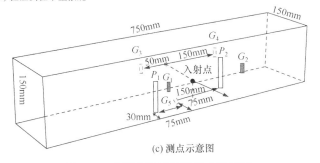

(c) 测点示意图

图 6.55　验证实验液舱及测点示意图

液舱舱壁选取 6065-T5,选用 JC 本构方程和断裂准则[21, 22];破片和 PMMA 选用弹性模型。模型参数设置如表 6.10 所示。

表 6.10　模型参数设置[8]

材料	$\rho/(kg/m^3)$	E/GPa	v	A/GPa	B/GPa	n	C	m	D_1
6065-T5	2700	71	0.33	0.2	0.144	0.62	0	1	0.2
钢	7830	207	0.28	—	—	—	—	—	—
PMMA	1180	3	0.35	—	—	—	—	—	—

对比结果表明，SPH 方法能有效计算液体中的冲击波响应，可为进一步的分析计算提供支撑。

2. 动态响应分析

1) 速度变化规律

实验与数值仿真压力对比如图 6.56 所示。如图 6.57 所示，爆炸破片侵彻防护液舱可分为 4 个阶段。

(1) 破片侵入液舱前壁。该过程发生外板表面凹坑，破片在轴向发生塑性变形，并在舱内液体中形成高强冲击波。

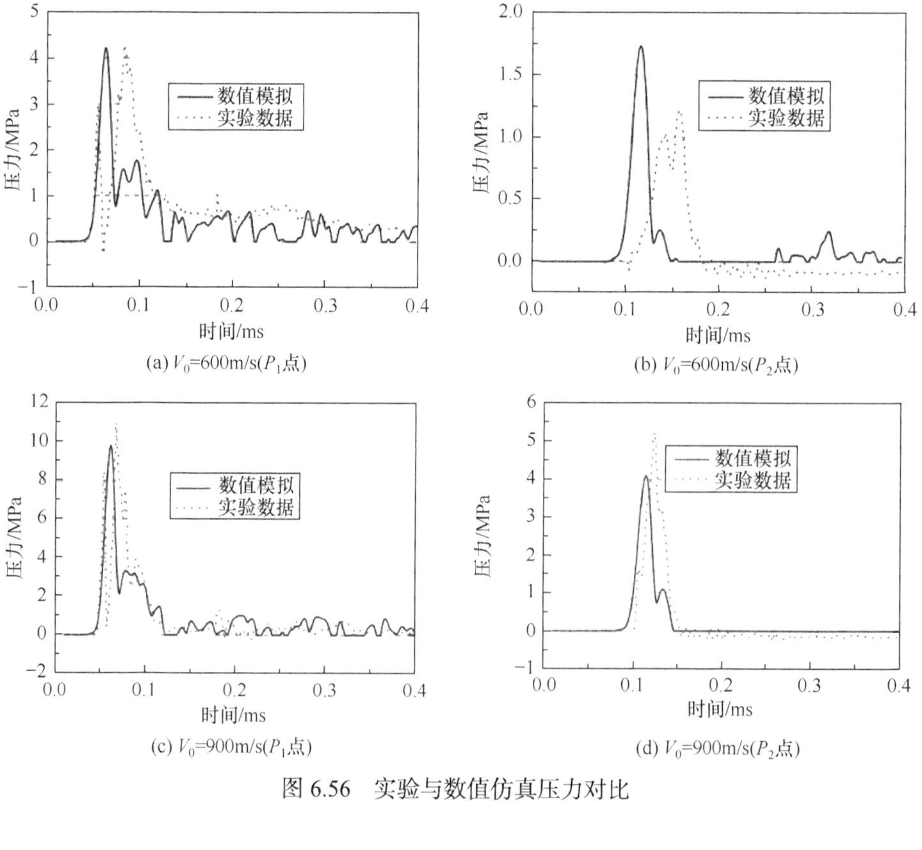

(a) $V_0=600m/s(P_1点)$

(b) $V_0=600m/s(P_2点)$

(c) $V_0=900m/s(P_1点)$

(d) $V_0=900m/s(P_2点)$

图 6.56　实验与数值仿真压力对比

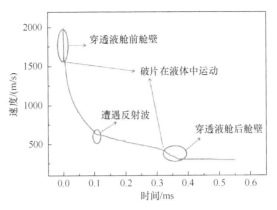

图 6.57　破片侵彻液舱过程的速度衰减

(2) 破片在舱内液体中运动，形成明显的空穴现象。在冲击波作用下，液舱前壁向外部变形。

(3) 破片受液舱后壁反射回来的冲击波影响，速度衰减规律出现变化，舱内空腔出现颈缩现象。

(4) 在破片与冲击波的共同作用下，液舱后壁出现大变形及局部破坏，爆炸破片穿出。

如图 6.58 所示，无水的破片速度仅在侵彻前后舱壁时发生部分衰减，整体衰减较小，而有水舱室对破片速度衰减作用明显大于不含液体的舱室。

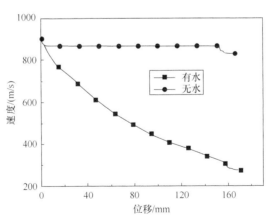

图 6.58　有无液体破片速度衰减

2) 舱壁能力吸收与变形规律

如图 6.59 所示，无液体的舱室为简单双层间隔靶板穿甲问题。液舱舱壁变形高度仅限于破片穿甲区域，其他区域无明显变形。含液体舱室由于舱内液体的存在，发生较大程度的整体变形，后舱壁的变形略大于前舱壁。根据材料剪切作用下的塑性吸能远小于拉伸作用下的塑性吸能的基本原理，液舱将剪切模式转化成舱壁整体大变形吸能。

图 6.59　有无液体变形模式

如图 6.60 所示，前舱壁在初始时刻经历弹体撞击，局部动能迅速升高，之后在液体扰动冲击波作用下发生整体运动。在 0.11ms 时，前舱壁动能达到最大，此后逐渐衰减。前舱壁的塑性变性能持续增大，并在 1.4ms 左右逐渐趋于稳定。后舱壁在 0.34ms 左右发生塑性变形，在 0.15ms 左右动能已开始增加。分析原因是，水中冲击波先于破片达到，引起后舱壁整体运动。后舱壁动能于 0.39ms 达到最大，并与前舱壁几乎按照相同的趋势衰减，表明液体内冲击波经过多次反射已经基本均匀，强度降低，被冲击波带动的舱壁运动开始减弱，后舱壁的塑性变形持续增加，并超过前舱壁。

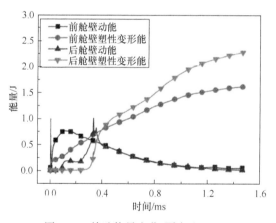

图 6.60　舱壁能量变化(厚度比 1∶1)

如图 6.61 所示，与图 6.60 相比，最大的不同是前舱壁变薄，导致前舱壁塑性变形能明显增大，说明适当减小前舱壁厚度能有效引导能量转化，万不得已的情况下可以牺牲前舱壁的方式保护后舱壁。

如图 6.62 所示，在大区域内发生"鼓包"状的塑性变形，破片穿孔处的变形明显大于其他区域，并且后舱壁穿孔处尤为突出。从整体来看，虽然后舱壁的整体变形大于前舱壁，但是差异不大，处于同一量级。这表明，在能量吸收层面，前后舱壁的机理类似。

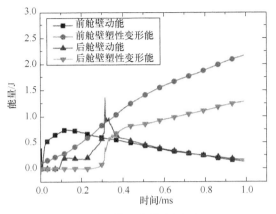

图 6.61　舱壁能量变化(厚度比 2∶3)

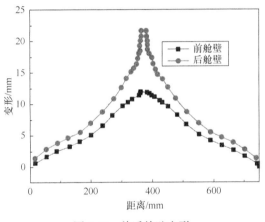

图 6.62　前后舱壁变形

3) 整体塑性吸能

能量转换关系(v_0=900m/s)如图 6.63 所示。破片能量在侵彻液舱过程中迅速衰减，并在侵彻后舱壁后稳定。破片侵彻前舱壁撞击水体后，水中的动能和势能迅速增大。动能在 0.14ms 左右达到最大值并开始衰减，最终稳定在 10%左右。势能则持续增加，在 0.35ms 后增加较为舒缓，并维持将近 47%的能量，在所有耗能机制中比重最大。舱壁消耗的能量相对较小，动能约占 1%，塑性变形吸能约占 10%。水中的势能由液体压缩产生，在后期通过液体晃荡、飞溅、转化为热量等多种方式消耗吸收。

能量转换关系(v_0=600m/s)如图 6.64 所示。与 900m/s 的初速度不同，水中势能所占的百分比较高速低，动能和势能较为均衡。

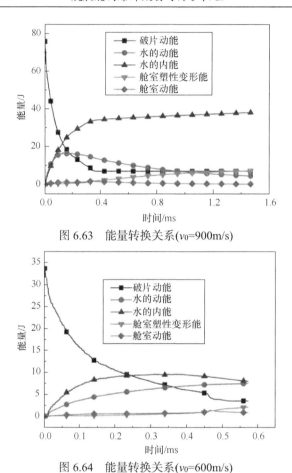

图 6.63　能量转换关系(v_0=900m/s)

图 6.64　能量转换关系(v_0=600m/s)

6.6　液舱防破损设置与机理分析

液舱通过将破片的点载荷转化为液舱中冲击波、滞后流、气泡溃灭冲击波等复杂的面载荷，迅速衰减破片的动能。破片的动能转移给液舱，极易引起液舱的整体破坏[34]。实际舰船液舱不但要满足吸收爆炸破片的作用，而且要保持水密，防止外部海水涌入，因此需要在不明显增加重量、成本和工艺复杂性的前提下开展液舱防破损研究。

6.6.1　模型设计与数值仿真

1. 模型设计

设液舱结构模型高度为 400mm，前后靶板之间的距离为 400mm，液舱结构材料均为 Q235 钢。液舱前后板外，数值仿真中两侧各设置厚度为 100mm 的空气层。模型 A 不设置隔层(no spacing plate，NSP)，前后靶板的厚度均为 4mm。模型 B 中间设置双层间隔板(double-layered plates，DLP)，板厚均为 2mm，间距为 50mm。模型 C 中间设置方格夹层板(square sandwich plates，SSP)，方格板芯层厚度为 1mm，前后面板厚度均为 2mm，间距为 50mm。在 B、C 结构中，空气隔层将液体分成前后两个舱室，分别称为前液舱和后液舱。3 种类型的液舱如图 6.65 所示。破片采用直径为 40mm 的球形破片。设置有空气夹层的液舱，将液体分为前液舱和后液舱。为方便叙述，按照破片侵彻先后顺序的不同，液舱部分称为前板和后板。空气夹层板的结构部分称为前壁和后壁。计算时，在 NSP 结构前后板距离顶端 100mm 处，设置压力测点 G_1 和 G_2，相应地在 DLP 结构中设置压力测点 G_3 和 G_4，在 SSP 结构中设置压力测点 G_5 和 G_6。

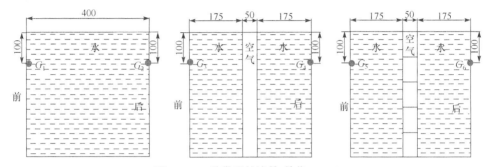

图 6.65　3 种类型的液舱(单位：mm)

采用显示动力学软件 AUTODYN 建立液体结构模型，并采用多物质欧拉与拉格朗日耦合方法开展计算分析。结构采用拉格朗日网格，水和空气采用欧拉网格，通过初始条件为破片施加初速度。前后靶板、DLP、SSP 等结构采用壳单元，网格尺寸均采用 10mm×10mm。欧拉域采用 10mm×10mm×10mm 的网格。

2. 材料本构模型及参数

液体介质(水)使用 Shock 状态方程描述材料的基本特性。方程基于 Hugoniot 关系建立，即 $U = C_1 + S_1 U_p$，U 为冲击速度，U_p 为粒子速度。水的 Shock 状态方程如表 6.11 所示。

表 6.11　水的 Shock 状态方程

$\rho/(g/cm^3)$	γ	C_1	S_1
1.0	0.28	$1.483×10^3$	1.75

结构材料选用 Q235，并采用考虑应变强化、温度软化和应变率强化的 JC 本构模型[21]。动态失效准则采用计及应力三轴度、应变率和温度效应的延性损伤准则[22]。Q235 材料参数如表 6.12 所示。

表 6.12　Q235 材料参数

参数	A/MPa	B/MPa	C	n	M	D_1
取值	249.2	889	0.746	0.058	0.94	0.38

参数	D_2	D_3	D_4	D_5	T_m/k	
取值	1.47	2.58	−0.0015	8.07	1793	

3. 计算工况

为分析对比空气夹层对液舱在不同破片速度下的动态响应影响,实验开展 12 个工况的数值仿真计算。计算工况如表 6.13 所示。

表 6.13　计算工况

计算工况	空气夹层	破片初速度/(m/s)
1	NSP	500
2	DLP	500
3	SSP	500
4	NSP	1000
5	DLP	1000
6	SSP	1000
7	NSP	1500
8	DLP	1500
9	SSP	1500
10	NSP	2000
11	DLP	2000
12	SSP	2000

6.6.2　实验与计算方法验证

实验设置铝制液体容器尺寸为 750mm×150mm×150mm,两端通过 PMMA 材料密封。弹体为 12.5mm 的球形弹丸,以初速度 900m/s 侵彻该液舱。实验液舱及测点如图 6.66 所示。

液舱舱壁材料(6065-T5)选用 JC 本构方程和断裂准则。破片和 PMMA 选用弹性模型,具体参数设置可见文献[8]。实验与数值仿真压力对比如图 6.67 所示。对比结果表明,数值仿真计算得到的水中冲击波峰值、脉宽与实验结果的整体一致性较好。峰值有一定的差异主要有两个原因,即为使计算更加稳定,采用人工黏性的方法,将冲击波峰值人为"抹平";有限元计算的网格不够细,造成一定的误差。此外,AUTODYN 还能有效模拟弹体在水中运动形成的空泡,并较好地再现弹体在水中的速度衰减规律[1]。AUTODYN 能有效计算液体中的冲击波响应，为进一步计算空气夹层对液舱在高速弹体侵彻作用下的影响提供支撑。

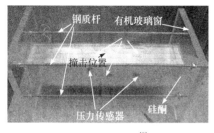

(a) 实验小型液舱[9]

(b) 有限元 1/4 模型

图 6.66　实验液舱及测点

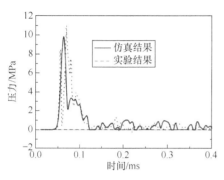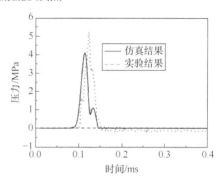

图 6.67　实验与数值仿真压力对比

6.6.3　计算结果与分析

1. 物理过程分析

破片侵彻不同液舱时，结构的动态响应过程有一定的差异。实验以工况 7、8、9 为例，分析初速度为 1500m/s 的球形破片侵彻 NSP、DLP 和 SSP 结构时，结构的动态响应过程。图 6.68 表明，破片在运动过程中，后方液体逐渐与破片表面分离，形成尺寸远超破片的超空泡。破片速度较高，空气未能及时补充进入超空泡，在一定时间内形成真空状态。在 0.6ms 时，可以明显看到液舱外的空气在大气压力作用下涌入。有空气夹层的 DLP 结构和 SSP 结构将空泡分为两部分，并且前液舱的空泡直径在 0.6ms 时大于无空气层的 NSP 结构。

图 6.69(a) 表明，破片在液体中运动时，破片前端与液体发生高速撞击，形成液体中的冲击波，0.1ms 时冲击波峰值高达 808MPa，并向外传播。此后，随着破片速度降低，冲击波逐渐衰减。0.2ms 时，液体中的最强冲击波降为 721MPa，前板在液体冲击波的作用下发生变形。0.3ms 时，液体中的最强冲击波降为 365MPa，液体冲击波经过后板反射，已经与破片相遇。0.6ms 时，破片侵彻后板，但液体

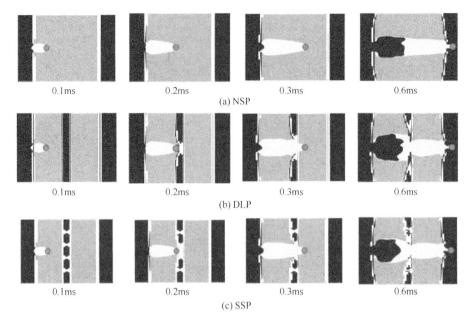

图 6.68　水中超空泡变化过程

中最强的冲击波仍然有 30MPa。此时，前后板均已发生较为明显的整体变形。

图 6.69(b)与图 6.69(a)不同，液体被分为前后 2 个舱室。0.2ms 时，破片侵彻 DLP 结构的前壁。此时前液舱已经有较强的冲击波，DLP 结构前壁发生较大整体变形。由于阻抗失配作用，前液舱中的冲击波难以透过 DLP 空气夹层，后液舱中基本没有冲击波。0.3ms 时，破片侵彻 DLP 结构后壁，后液舱产生一定强度的冲击波，但与 NSP 结构不同，破片并未与反射冲击波相遇。0.6ms 时，破片侵彻后板，此时液体中的冲击波明显弱于 NSP 结构。

图 6.69(c)与图 6.69(b)类似，主要不同是 SSP 结构比 DLP 结构的刚度大，在水中冲击波作用下，SSP 结构的塑性变形明显小于 DLP 结构。0.6ms 时，破片侵彻后板，液体中的冲击波最大处位于后舱，最大值为 12.2MPa，并且区域比 DLP 大。图 6.69 表明，DLP 和 SSP 空气夹层通过在液体中添加一种阻抗差异较大的空气层，使液体中的冲击波被阻断。此外，空气夹层在冲击波作用下发生塑性变形，形成稀疏波，进一步降低液体中的冲击波强度。

破片侵彻过程中空气夹层的变形如图 6.70 所示。当破片速度较高时，前液舱中形成的冲击波使 DLP 前壁向空气一侧变形，并且与 DLP 结构后壁发生碰撞并贴合。DLP 结构后壁在后液舱冲击波作用下，向空气一侧变形，但由于 DLP 结构前壁的影响，阻碍了变形的进一步发展。芯层可以为 SSP 结构的前后壁提供较强的抗弯刚度。中间芯层局部发生塑性失稳可以吸收一定的能量，有效制约 SSP 前后壁的整体大塑性变形。

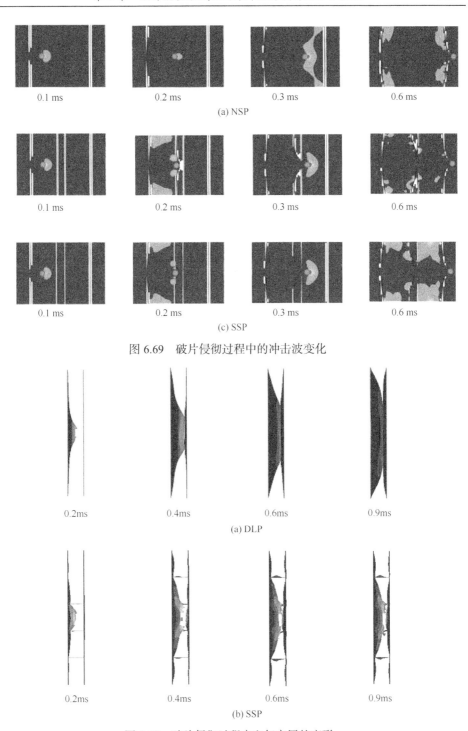

(a) NSP

(c) SSP

图 6.69　破片侵彻过程中的冲击波变化

(a) DLP

(b) SSP

图 6.70　破片侵彻过程中空气夹层的变形

　　破片侵彻不同结构时的速度时间历程如图 6.71 所示。初速度为 1500m/s 的破片侵彻厚度为 400mm 的液舱后，剩余速度不足 600m/s，动能的大部分被吸收。在侵彻液舱的过程中，破片较长时间内在液体中运动。破片侵彻 DLP 结构、SSP 结构与侵彻 NSP 结构有一定的不同，在侵彻空气夹层前壁后，破片有一段时间在空气中运动，速度变化较小。破片侵彻 3 种结构后的剩余速度为 596.6m/s、578.4m/s 和 573.9m/s，剩余速度差异较小，并且侵彻 SSP 结构后的剩余速度最低。研究表明，设置空气夹层对破片速度衰减的影响较小。由于空气夹层中前后壁材料强度的影响，破片剩余速度可能低于不设置空气夹层的情况。

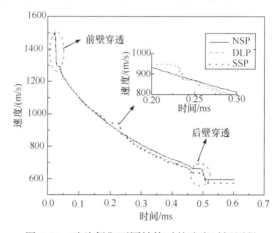

图 6.71　破片侵彻不同结构时的速度时间历程

2. 水中压力载荷

　　液体中的冲击波如图 6.72 所示。在 NSP 结构中，前板的冲击波压力较小，但脉宽较大，作用到板上的冲量较大。在 DLP 和 SSP 结构中，前板测点压力曲线在 0.47ms 时出现一幅值较大但脉宽较小的压力峰值。此后，空气夹层板前壁发生变形，在液体中形成稀疏波造成部分液体空化，在一定程度上降低作用在前板上的压力，分析压力曲线形式和作用原理，与近场水下爆炸作用载荷中的滞后流载荷[30]。DLP 结构中测点的压力曲线在后期明显低于 NSP 结构。

　　由于 DLP 结构中的空气层阻碍冲击波在液体中的传播，NSP 结构的后板受冲击波作用的初始时刻比 DLP 结构早。SSP 结构的压力曲线则出现一个较小的扰动，由于空气夹层中的夹芯部分将 SSP 结构前壁上的冲击波作用传递到后液舱，引起的液体扰动形成较弱的冲击波作用到后板上。压力时间历程曲线的后期差异明显，DLP 结构和 SSP 结构中压力测点的幅值明显小于 NSP 结构。

　　测点的比冲量如图 6.73 所示。NSP 结构的前板冲击波比冲量峰值最高可达到 3.51kPa·s，而 DLP 和 SSP 结构中前板测点处的最大冲量分别为 1.87kPa·s 和

2.69kPa·s，分别降低 46.7%和 23.2%。后板冲击波比冲量峰值最高可达到 5.0kPa·s，而 DLP 和 SSP 结构中后板测点处的最大比冲量分别为 2.81kPa·s 和 3.18kPa·s，分别降低 43.8%和 36.6%。后板承受的冲击波比冲量值明显大于前板。DLP 和 SSP 空气夹层均能有效降低液体中的冲击波，其中 DLP 结构对前后板测点处冲击波比冲量的降低均可达到 40%以上。

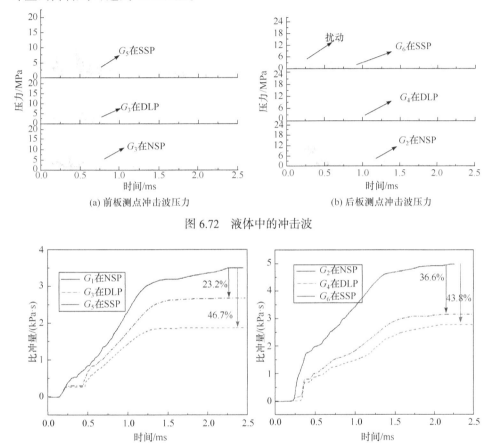

图 6.72　液体中的冲击波

图 6.73　测点的比冲量

3. 能量变化

如图 6.74 所示，随着破片侵彻前板，首先引起前板能量有较为明显的增加，此后缓慢增加，一直到 1.0ms 以后进入相对稳定的阶段。此后，由于液体中冲击波传播速度高于破片的速度，后板在 0.23ms 时的能量开始快速增加。0.5ms 时，破片撞击后板，后板能量出现一个阶跃。此后，由于液体中依然保持较高的压力，能量继续增加，直到约 1.17ms 时才逐渐保持稳定，约为 18.52kJ。随着破片在水中的速度迅速衰减，破片动能迅速转变为液体的动能和势能，液体内能比液体动能增加更快，一直增加到约 80kJ，并在较长时间内保持稳定。当破片在水中运动时，液体动能逐渐增加并在 0.2～0.4ms 经历一个相对稳定的平台期。此后，随着破片侵彻液舱后板，动能逐渐衰减。破片衰减的动能主要转变为液体中动能和势能，主要以势能为主，液体缓慢释放能量，并在一个较长时间内加载到前后靶板上。

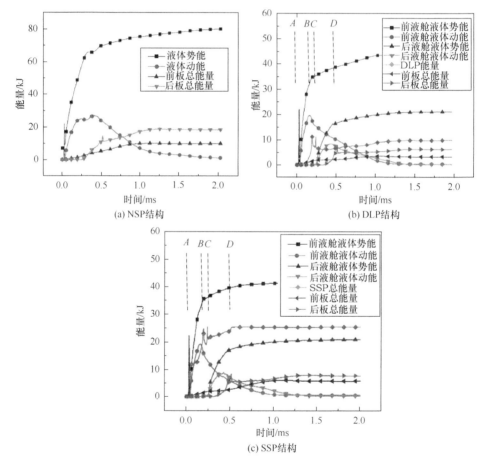

图 6.74　结构各部分的能量吸收

前板被破片侵彻后(A 时刻)，前液舱中的动能和势能迅速增加，势能达到 44.01kJ，且远大于后液舱中液体的势能。DLP 结构的总能量曲线出现 2 次峰值，分别对应破片撞击 DLP 结构的前后壁。此后由于液体中的能量部分转移给 DLP 结构，总能量略有增加。后板初始响应时间约为 0.337ms，总能量最大值仅为

6.47kJ，远小于 NSP 结构中的后板。前板总能量在 0.478ms 之后被后板超越，在较长时间内缓慢增加，最终保持在 3.28kJ。

与图 6.74(b)不同，图 6.74(c)中空气夹层结构的总能量明显增大，DLP 结构从 9.45kJ 增加到 25.36kJ。前板的能量为 5.83kJ，后板的能量为 7.85kJ，均高于 DLP 结构中的前板和后板。前液舱中液体的势能为 41.27kJ，略低于 DLP 结构中前液舱中的液体势能 43.48kJ。后液舱中的液体势能 21.21kJ 与 DLP 后液舱中的液体势能 20.57kJ 变化不大。

对比图 6.74 结构各部分的能量吸收，破片侵彻三种结构损失的动能主要转移给液体的势能；DLP 与 SSP 结构对于前后靶板的能量均有较明显的降低。DLP 与 SSP 明显不同，SSP 结构的本身塑性变形吸收了较多的能量。

如表 6.14 所示，DLP 结构能将前板和后板的能量衰减为 NSP 结构的 69.3% 和 65.3%。SSP 结构将前后板的能量衰减为 NSP 结构的 41.8% 和 57.9%。两种空气夹层结构均能有效衰减前后板能量，其中 DLP 结构对前后板能量的衰减可达 60%以上。

表 6.14　空气夹层对前后板的能量衰减

结构	前板能量/kJ	前板衰减比/%	后板能量/kJ	后板衰减比/%
NSP	10.01	—	18.63	—
DLP	3.07	69.3	6.47	65.3
SSP	5.83	41.8	7.85	57.9

4. 靶板的变形

图 6.75(a)所示为破片以 500m/s 初速度侵彻各液舱时，前后靶板的塑性变形曲线。后板的变形均大于前板，且后板塑性变形的局部化程度更高，而前板更为均匀。对于后板，2 种空气夹层在整个过程中变形不明显，但通过阻抗失配的方式，可以有效阻挡前液舱中的冲击波传递到后液舱；后液舱引起的水中冲击波本身较小，2 种空气夹层板后壁的变形均较小，因此对后板塑性变形的衰减程度相似。对于前板，DLP 前壁发生较大塑性变形，引起稀疏波，并增强前液舱中液体的可压缩性；SSP 未发生大面积塑性变形，仅在破片侵彻附近有较为明显的塑性变形，对前板的塑性变形影响有限。

图 6.75(b)所示为破片以 1000m/s 初速度侵彻各液舱时，前后靶板的塑性变形曲线。与图 6.75(a)相比，各工况下前、后板的塑性变形均有不同程度的增加。对于后板，NSP 的塑性变形整体变形更大且更均匀，说明破片引起的水中冲击波以面载荷的方式施加到后板上；设置 DLP 液舱后板的塑性变形明显大于 SSP。对前板，与图 6.75(a)不同，此时 SSP 前壁发生较大范围的塑性变形，导致前液舱中的

稀疏波较为明显，可以有效减小前板的塑性变形。

图 6.75(c)所示为破片以 1500m/s 初速度侵彻各液舱时，前后靶板的塑性变形曲线。与图 6.75(b)相比，DLP 和 SSP 对后板塑性变形影响的差距在缩小。结合两种空气夹层的变形特性分析，由于 DLP 前壁发生较大塑性变形，中心区域已经完全贴合其后壁，影响后壁在后液舱水中冲击波作用下的变形，而 SSP 后壁在后液舱水中冲击波作用下发生更明显的塑性变形。此消彼长之间，两者对液舱后板塑性变形的影响接近了。

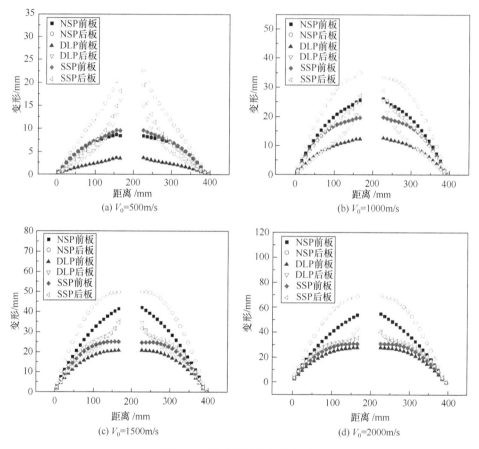

图 6.75　前后靶板的最终变形

图 6.75(d)所示为破片以 2000m/s 初速度侵彻各液舱时，前后靶板的塑性变形曲线。当破片速度较高时，DLP 结构前后壁会发生碰撞，会较大限度地限制变形。SSP 结构由于芯层有一定的刚度，会限制塑性变形，使 SSP 结构对前后板塑性变形的衰减程度更大。

总体来看，设置 DLP 和 SSP 结构均能有效衰减高强水中冲击波的传播，减小液舱后板的整体塑性变形，且 DLP 优于 SSP。当破片速度较低时，SSP 结构对前板的塑性变形改变有限。从整体看，DLP 结构优于 SSP 结构，随着弹速的增加，DLP 结构后壁变形受前板变形的限制，两种结构对后板塑性变形的改变逐渐接近。

6.6.4　理论分析

　　尽管冲击波载荷与弹性应力波有区别，对一维应力波传播过程的分析有助于对液体中高强冲击波传递过程的理解。在爆炸等瞬态作用下，需考虑介质的惯性。力在介质中以波的形式传播，称为应力波。应力波在介质中传播时会在两种介质表面发生折射和反射。下面以一维圆杆内的应力波传播揭示应力波传播和反射的基本原理[20]。

　　图 6.76(a)所示为纵波垂直入射介质 A 和 B 界面的传播过程，给出了沿着横向截面为 A 的圆杆传播的波阵面，介质的波速 C_A，质点的速度 U_p，应力为 σ。图 6.76(b)所示为纵波垂直入射介质 A 和 B 界面的传播过程，给出了入射、透射和反射波形成的界面和相应的力。图 6.76(c)所示为纵波垂直入射介质 A 和 B 界面的传播过程，给出了入射、投射和反射波的质点速度。

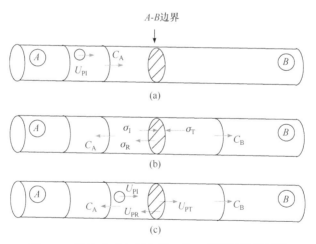

图 6.76　纵波垂直入射介质 A 和 B 界面的传播过程

　　由动量守恒关系 $F\mathrm{d}t = \mathrm{d}(mU_\mathrm{p})$，可得

$$\sigma = \rho C U_\mathrm{p} \tag{6.67}$$

　　界面在三个应力 σ_I(入射应力)、σ_T(透射应力)、σ_R(反射应力)作用下处于平衡状态，则有

$$\sigma_\mathrm{I} + \sigma_\mathrm{R} = \sigma_\mathrm{T} \tag{6.68}$$

由界面上的连续性(物质没有间隙且本身不重合)，U_{PI} (入射波引起的质点速度)、U_{PR} (反射波引起的质点速度)、U_{PT} (透射波引起的质点速度)满足如下关系，即

$$U_{PI} + U_{PR} = U_{PT} \tag{6.69}$$

当在应力波传播路径上设置 A-B-A 的介质组合时，从介质 A 到 B，再从介质 B 到 A，经过两次物质交界面。暂时不考虑各层介质变形等因素影响，仅从应力波角度分析可得

$$\beta = \frac{2\rho_B C_B}{\rho_B C_B + \rho_A C_A} \times \frac{2\rho_A C_A}{\rho_B C_B + \rho_A C_A} = \frac{4}{1 + 2\alpha + 1/\alpha} \tag{6.70}$$

式中，β 为应力透射系数，即透过空气层的应力百分比；$\alpha = \rho_A C_A / \rho_B C_B$ 为两种物质的声阻抗比。

研究表明，当 $\alpha = 1$ 时，透射系数最大，为 100%；当 $\alpha \ll 1$ 或 $\alpha \gg 1$ 时，透射系数将非常小。

上述分析表明,液舱的液体中设置一层声阻抗与液体声阻抗差异较大的介质，即可以达到明显衰减水中冲击波的作用。由于空气介质的阻抗远小于一般液体，且获取方便，考虑以设置空气夹层的方式衰减破片引起的液体高强冲击波。

在破片侵彻液舱的过程中，会产生较大的空穴，主要产生 2 种载荷，即冲击波和滞后流。阻抗失配原理主要用于解释空气层对高强冲击波的衰减作用，SSP 和 DLP 结构衰减冲击波作用机理相似，效果相当。衰减滞后流主要通过改变质点的宏观运动实现，即空气夹层结构大变形，两种结构有一定的差异，即在破片速度较低时，在舱内冲击波和滞后流载荷作用下 SSP 结构的变形明显小于 DLP 结构。此时，SSP 结构对滞后流的衰减作用强于 DLP。当破片速度较高时，SSP 结构也发生较大变形。此时，对滞后流的衰减作用也相当，体现出相近的防护效果。

在液舱中添加空气夹层能有效降低高速破片侵彻作用下前板和后板的冲量、能量及塑性变形。在破片侵彻液舱的过程中，损失的动能主要以势能的形式存储在液体中。空气夹层降低液舱前后板塑性变形的主要原因有 2 个。

(1) 空气与液体阻抗差异较大引起的阻抗失配，使前液舱和后液舱中发生一定的液体局部空化，在一定程度上降低冲击波正压作用时间。

(2) 空气夹层结构容易发生较大塑性变形，降低舱内的滞后流载荷。

从整体看，DLP 结构优于 SSP 结构，随着弹速的增加，两种结构对后板塑性变形的改变逐渐接近。在开展空气夹层设计时，应充分发挥夹层结构前后板的变形作用，但也要防止夹层在前、后液舱冲击波作用下发生碰撞并紧密贴合，从而丧失持续变形能力。

6.7　本　章　小　结

本章开展不同长径比平头破片高速入水速度衰减特性的研究，并推导速度衰减公式，确定阻力系数为影响速度衰减的关键因素，分析不同速度下的衰减规律，通过拟合得到不同阶段的阻力系数公式。通过理论方法将破片侵彻液舱舱壁的全过程分成 4 个典型阶段，并给出能量损耗关系和剩余速度公式；采用数值仿真方法分别比较材料的温度效应和液舱舱壁后液体对破片剩余速度的影响。设计液舱舱壁冲击波载荷测量实验，分析不同破片形状和速度对前后舱壁冲击波载荷的影响，开展冲击波载荷的理论分析和验证；设计空泡溃灭冲击波实验测量装置，分析不同破片的弹道稳定性和压力随距离的变化规律，基于不可压缩流体理论提出气泡溃灭冲击波理论模型，并进行验证；开展破片打击作用下液舱破坏模式的实验研究，获得不同破片打击作用下液舱的失效模式，提出液舱抗弹特性的理论分析模型；提出两种形式的液舱防护夹层装置，并进行机理分析。本章得到以下主要结论。

(1) 破片高速入水时，速度衰减主要取决于速度衰减系数，且同一破片在入水过程的速度衰减系数可近似为一常数。数值计算可以有效预测破片速度衰减和空穴形成规律，破片长径比越大，速度衰减系数越小，但阻力系数反而呈上升趋势。本章提出一种简化平头破片入水速度衰减系数的三阶段模型。该模型以长径比和无量纲初速度为变量，能有效预测平头破片在亚音速段、近音速段和超音速段的速度衰减系数。破片入水阻力系数随速度变化的原因是，在亚音速区间，破片未发生明显塑性变形，阻力系数保持不变；在近音速区间，破片发生类似 Taylor 杆的变形，但弹体头型变化较小，迎流面增大，导致速度衰减系数迅速增大；在超音速阶段，破片除了墩粗外，平头破片头部形状发生变化，逐渐"圆润"，导致高速阶段的速度衰减系数反而下降。

(2) 爆炸破片侵彻舰船液舱舱壁的过程可以分为四个典型阶段，即墩粗凿坑阶段、碰撞形成速度共同体阶段、绝热剪切阶段和扰动液体阶段。爆炸破片侵彻舱壁的过程中温度效应不可忽略，当塑性温度升高达到临界绝热剪切温度后，温度对破片剩余速度的影响趋于稳定。液舱中的液体对爆炸破片的末端速度影响明显，但在初速度变化并不剧烈的区间，影响趋于稳定。

(3) 破片侵彻液舱过程中有初始冲击波、滞后流和空泡溃灭冲击波等复杂载荷且形成机理有较大差异，提出的初始冲击波载荷模型和空泡溃灭冲击波理论模型具有一定的准确性。不同破片的形状对弹道稳定性、空泡形态、液舱内载荷特点、靶板的破坏形式均有明显的影响，其中平头弹的弹道稳定性最好，形成的液舱载荷最大。通过在液舱设置空心夹层板结构能有效减小液舱防护结构的整体变形，其主要机理为阻抗失配和衰减滞后流效应。

参 考 文 献

[1] 李营, 张磊, 朱海清, 等. 爆炸破片在液舱中的速度衰减特性研究[J]. 中国造船, 2016, 57(1): 127-137.

[2] 李营, 吴卫国, 郑元洲, 等. 舰船防护液舱吸收爆炸破片的机理[J]. 中国造船, 2015, 56(2): 38-44.

[3] 李营. 液舱防爆炸破片侵彻作用机理研究[D]. 武汉: 武汉理工大学, 2014.

[4] 唐廷, 朱锡, 侯海量, 等. 高速破片在防雷舱结构中引起的冲击荷载的理论研究[J]. 振动与冲击, 2013, 6(3): 12-15.

[5] 李典, 朱锡, 侯海量, 等. 高速杆式弹体侵彻下蓄液结构载荷特性的有限元分析[J]. 爆炸与冲击, 2016, 36(1): 1-8.

[6] 张伟, 郭子涛, 肖新科, 等. 弹体高速入水特性实验研究[J]. 爆炸与冲击, 2011, 31(6): 579-584.

[7] Guo Z, Zhang W, Xiao X, et al. An investigation into horizontal water entry behaviors of projectiles with different nose shapes[J]. International Journal of Impact Engineering, 2012, (49): 43-60.

[8] Varas D, Zaera R, López-Puente J. Numerical modelling of the hydrodynamic ram phenomenon[J]. International Journal of Impact Engineering, 2009, 36(3): 363-374.

[9] Varas D, López-Puente J, Zaera R. Experimental analysis of fluid-filled aluminium tubes subjected to high-velocity impact[J]. International Journal of Impact Engineering, 2009, 36(1): 81-91.

[10] Deletombe E, Fabis J, Dupasn J, et al. Experimental analysis of 7.62 mm hydrodynamic in containers[J]. Journal of Fluids and Structures, 2013, 37: 1-21.

[11] Lecysyn N, Dandrieux A. Experimental study of hydraulic ram effects on a liquid storage tank: analysis of overpressure and cavitation induced by a high-speed projectile[J]. Journal of Hazardous Materials, 2010, 178: 635-643.

[12] Lecysyn N, Dandrieux A, Heymesa F. Ballistic impact on an industrial tank: study and modeling of consequences[J]. Journal of Hazardous Materials, 2009, 172: 587-594.

[13] Varas D, Zaera R, López-Puente J. Numerical modelling of partially filled aircraft fuel tanks submitted to Hydrodynamic ram[J]. Aerospace Science and Technology, 2012, 16(1): 19-28.

[14] Srinivas K A, Umapathi G K, Venkata K R P, et al. Blast loading of underwater targets-a study through explosion bulge test experiments[J]. International Journal of Impact Engineering, 2015, 76: 189-195.

[15] 梅志远, 朱锡, 张立军. 高速破片穿透船用钢靶剩余特性研究[J]. 工程力学, 2005, 22(4): 235-240.

[16] 张晓晴, 杨桂通, 黄小清. 柱形平头弹体墩粗变形的理论分析[J]. 华南理工大学学报, 2005, 33(1): 32-36.

[17] Bai Y L, Johnson W. Physical understanding and energy absorption[J]. Metals Technol, 1982, 9:

182-190.

[18] 蒋志刚, 曾首义, 周建平. 金属薄靶板冲塞破坏最小穿透能量分析[J]. 工程力学, 2004, 21(5): 203-208.

[19] 孙炜海. 锥头弹丸正撞击下金属靶板破坏模式的理论和数值模拟研究[D]. 合肥: 中国科技大学, 2009.

[20] Meyers M A. 材料的动力学行为[M]. 张庆明, 刘彦, 黄风雷, 等译. 北京: 国防工业出版社, 2006.

[21] Johnson G R, Cook W H. A constitutive model and data for metals subjected to large strains, high strain rates and high temperature[C]// Proceedings of the seventh international symposium on ballistics, Netherland, 1983: 359-367.

[22] Johnson G R, Cook W H. Fracture characteristics of three metals subjected to various strains, strain rates, temperatures and pressures[J]. Engineering Fracture Mechanics, 1985, 21: 31-48.

[23] Birkhoff G, Zarantonello E H. Jets, Wakes, and Cavities[M]. New York: Academic, 1957.

[24] Lee M, Longoria R G, Wilson D E. Cavity dynamics in high-speed water entry[J]. Phys Fluids, 1997, 9(3): 540-550.

[25] 沈晓乐, 朱锡, 侯海量, 等. 高速破片侵彻防护液舱实验研究[J]. 中国舰船研究, 2011, 6(3): 12-15.

[26] 施红辉, 周浩磊, 吴岩, 等. 伴随超空泡产生的高速细长体入水实验研究[J]. 力学学报, 2012, 44(1): 49-55.

[27] 郭子涛. 弹体入水特性及不同介质中金属靶抗侵彻性能研究[D]. 哈尔滨: 哈尔滨工业大学, 2012.

[28] 顾建农, 张志宏, 范武杰. 旋转弹丸入水侵彻规律[J]. 爆炸与冲击, 2005, 25(4): 341-348.

[29] Lee M, Longoria R G, Wilson D E. Ballistic wave in high-speed water entry[J]. Journal of Fluid and Structure, 1997, 11: 819-844.

[30] Cole R H. Underwater Explosions[M]. Princeton: Princeton University Press, 1948.

[31] 张晓君, 杜志鹏, 谢永和. 水下爆炸引起的水质点运动效应研究[J]. 浙江海洋学院学报(自然科学版), 2012, 31(2): 161-164.

[32] Disimile P J, Davis J, Toy N. Mitigation of shock waves within a liquid filled tank[J]. International Journal of Impact Engineering, 2011, 38: 61-72.

[33] 吴桂英, 梁利平, 李鑫. ALE 方法分析爆炸载荷作用下圆板动力反直观行为[J]. 北京理工大学学报, 2009, 29(6): 488-492.

[34] Townsend D, Park N, M. Devall P. Failure of fluid filled structure due to high velocity fragment impact[J]. International Journal of Impact Engineering, 2003, 29: 723-733.

第7章 液体舱室衰减舱内爆炸压力载荷的防护机理

7.1 引 言

典型半穿甲式反舰导弹战斗部穿甲后在舱室内部发生爆炸，产生的能量会对舰船结构造成严重毁伤[1]。发生内爆炸时，舰船结构面临初始冲击波、反射冲击波、准静态压力、爆炸破片和火灾等复杂载荷。这对舰艇防护设计是个巨大的挑战[2]。

针对舰船内爆炸毁伤的特点，国内外学者开展了各类防护机理和技术手段的研究[3]。传统轻型抗爆门、抗爆舱壁等防护设计手段[4]能起到一定的防护效果，但对弹药库等重点舱室依然缺乏有效的防护手段。传统的通过增加复合材料重装甲的方式能提高重点舱室的抗爆炸破片群的能力，但对舱内爆炸的冲击波和准静态压力依然缺乏有效手段[5]。驱逐舰、护卫舰等舰艇内部有大量压载水、油料等液体[6]，可能在不额外增加防护结构重量的前提下，仅通过调整液体资源的布局，实现更有效的舱内爆炸防护效果。

液体对爆炸的衰减作用，很早就受到研究人员和工程技术人员的关注。早在20世纪60年代，军队就开始在装甲车辆中装入水来减小地雷对装甲车辆的毁伤，并取得良好的效果[7]。Kailasanath 等[8]的研究表明，通过接触或近距离放置水，可有效衰减冲击波。Wang 等[9-13]研究了液体舱对土木建筑抗爆的提升作用，通过撞击气囊模拟冲击波的方式开展液体舱室冲击响应实验和数值仿真研究。研究表明，水舱变形明显小于空舱，液舱后设置吸能结构能有效降低液舱后板的变形。Bornstein 等[14-17]的研究表明，设置水舱可以有效降低钢板在地雷爆炸作用下的挠度，比等质量地增加钢板厚度更有效。同时，他们系统研究了盛水容器、剪切增稠剂、沙子等对近距离爆炸的衰减作用，实验分析了各类不同形状盛水容器对爆炸的衰减作用，认为盛水容器衰减爆炸的主要原因是遮蔽效应、质量效应和对液体的抛洒效应。Kumar 等[18]通过开展水下爆炸作用下靶板鼓胀实验表明，背水靶板的变形可以明显降低破坏效果，靶后水的约束形式也影响靶板变形。有关研究也表明，边界形式也会影响液体舱室在爆炸作用下的变形[19]。Chen 等[20]开展的实验和数值仿真研究表明，在传递路径上设置水墙能有效衰减空气中的冲击波。

目前针对液舱在舱内爆炸这一特殊的响应机理研究依然缺乏，给工程防护设计带来困难。Zheng 等[21]开展了不同 TNT 当量作用下，内爆炸作用复合材料圆柱容器的变形和损伤的实验研究，并开展数值仿真分析。Rushtona 等[22]开展了内爆炸作用下钢制圆柱壳的变形研究，指出其比等效圆球变形大。Geretto 等[23]开展完全泄出、局部泄出和完全密封条件下的低碳钢爆炸冲击下的变形响应，并得出拟合经验公式。Yao 等[24-26]开展了舱内爆炸作用下金属方舱动态响应的数值仿真研究，分析舱内爆炸作用下的舱室结构破坏模式和缩比关系。舱内爆炸载荷与空气自由场爆炸存在明显不同[27]，目前的研究主要针对板或者圆柱壳，对液舱响应的研究匮乏。

　　本章开展液体舱室衰减舱内爆炸压力载荷的实验研究，获得液舱响应的物理过程，并分析自由场爆炸和不同液位高度对变形模式的影响。分析液舱吸收防护舱室结构的机理，获得舱内爆炸作用下液舱的能量变化过程，分析液位高度和液舱厚度对舱壁后板变形的影响。采用撞击式水下冲击加载方式对聚脲涂覆铝板水下冲击特性进行深入的实验研究,通过观测铝板和聚脲涂覆铝板的动态变形过程，重点对不同冲击载荷峰值、聚脲厚度和喷涂位置这三种因素对铝板结构冲击变形的影响规律进行对比分析。此外，还开展液舱舱壁的防破损设计，提出变形协调装置并给出理论预测公式。

7.2　舱内爆炸作用下的液舱响应

7.2.1　实验设置

1. 实验装置

　　为了研究舱内爆炸载荷作用下液舱的动态响应特性，实验采用 400mm×400mm×300mm 舱容的方舱作为舱内爆炸载荷发生装置(图 7.1)。为避免方舱在爆炸载荷作用下发生变形，使用压力容器专用钢制成，壁厚30mm。为模拟战斗部穿孔，设置直径为 100mm 的预制穿孔。侧面用 24 个 16mm 的螺栓连接液舱实验

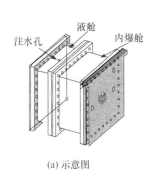

(a) 示意图

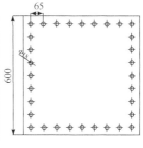

(b) 实物图

(c) 靶板尺寸(单位：mm)

图 7.1　舱内爆炸液舱实验装置

舱。液舱通过顶部 20mm 的注水孔注入水介质。炸药采用柱状 TNT，长径比为 1.5∶1，采用 8 号雷管引爆。靶板采用 Q235 钢制作，尺寸为 600mm×600mm，设置 24 个 18mm 螺栓孔，螺栓孔间距为 65mm。为了保证边界固支条件，防止变形过程中靶板面内发生较大拉伸，实验采用厚 10mm 的钢制夹具配合螺栓将方板固定住。

2. 实验用材料

液舱前后板钢材的常温准静态本构关系由单轴拉伸实验获得。试件参照《GB/T 228—2002》[28]制作，光滑圆棒的名义直径为 10mm，标距段长 100mm，如图 7.2(a)所示。使用微机控制万能材料实验机在 200℃下进行。实验机加载速率为 0.6mm/min(名义应变率为 2×10⁻⁴s⁻¹)。中等应变率实验采用霍普金森压杆进行。实验试样长径比的选择要充分考虑试样的惯性效应、断面摩擦效应和二维效应等。为了满足一维应力假设，减小压杆与试件间摩擦的影响，试件的长径比不宜太小。文献[29]的研究表明，样品尺寸影响应变硬化效应，建议长径比取 0.5 左右。本书试样设计尺寸为 6mm×3mm，如图 7.2(b)所示。

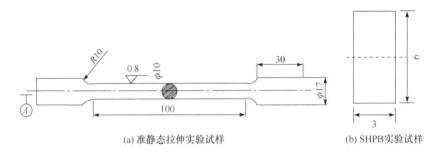

(a) 准静态拉伸实验试样　　　　　　　(b) SHPB实验试样

图 7.2　准静态和 SHPB 试样(单位：mm)

实验分 9 组完成，应变率从 2×10⁻⁴～3900s⁻¹。在准静态加载情况下，屈服强度为 249MPa，随着应变率的增加，材料屈服应力不断增大，当应变率为 3900s⁻¹时，屈服应力达到 598MPa。σ_d/σ_y 与应变率的关系如图 7.3 所示。船用低碳钢的动态力学性能如表 7.1 所示。

表 7.1　船用低碳钢的动态力学性能

应变率/s⁻¹	2×10⁻⁴	1×10⁻¹	155	500	1000	2000	3000	3500	3900
加载方式	MTS	MTS	SHPB	SHPB	SHPB	SHPB	SHPB	SHPB	SHPB
屈服应力/MPa	249	313	362	390	446	500	516	583	598

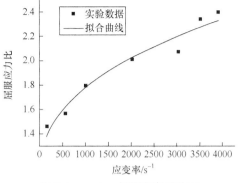

图 7.3　σ_d/σ_y 与应变率的关系

7.2.2　实验结果

1. 实验物理过程

如图 7.4 所示，在 0~1ms，火光从预制孔喷出，爆炸冲击波在舱内多次反射叠加，此时尚未形成较大的准静态压力。由于液舱前板(背水板)受水介质的影响，有一定的运动附连水，固有周期较低，运动响应较慢，尚未见到注水孔有水柱喷出。之后，舱内有水柱从注水孔喷出，可以推断此时冲击波在舱内多次反射，爆炸过程产生的气体受热形成准静态气压，作用于液舱前板。前板向后运动挤压舱内液体。由于液体近似不可压缩，一方面挤压液舱后板变形，一方面从注水孔喷出(根据高速摄影估计，喷出的水初速度约为 21.2m/s)。爆轰产物大量从舱内泄出，舱室向左侧运动。70ms 后，舱内喷出爆轰产物减少，火球逐渐熄灭，注水孔水流

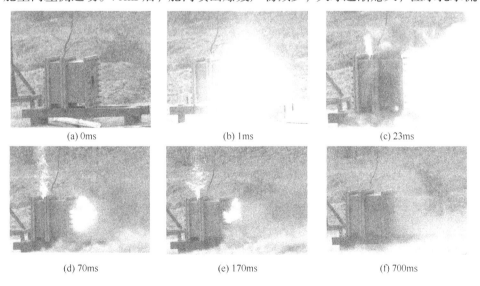

(a) 0ms　　　　　　(b) 1ms　　　　　　(c) 23ms

(d) 70ms　　　　　　(e) 170ms　　　　　　(f) 700ms

图 7.4　舱内爆炸作用下液舱响应过程

量逐渐减小，舱室速度减小，逐渐停止运动。

2. 液舱板变形模式

200g TNT 舱内爆炸作用下，液舱舱壁发生明显的整体变形。水量对液舱前板变形的影响如图 7.5 所示。舱内液体高度对液舱前板的变形幅值和变形模式均有明显影响，盛满水的液舱前板变形最小，盛水 33.3% 的液舱前板变形次之，不装水的板变形最大。此外，盛水 33.3% 的液舱前板变形明显不均匀，说明液舱内液体不但改变变形幅值，而且改变变形模式。

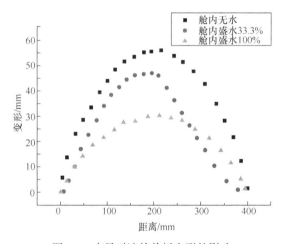

图 7.5　水量对液舱前板变形的影响

7.2.3　数值仿真模型与验证

1. 数值仿真模型

爆炸所在的舱室为 400mm×400mm×300mm，液舱所在舱室为 400mm×400mm×200mm，如图 7.6(a)所示。网格密度为 10mm。计算时，在炸药所在舱室设置 G_1、G_2、G_3 测量，在液舱内设置 G_4、G_5、G_6 测点测量压力变化。液舱结构及测点位置示意图如图 7.6(b)所示。

采用 AUTODYN 建立液体结构模型，并采用多物质欧拉与拉格朗日耦合方法开展计算分析。该软件广泛应用于碰撞、爆炸冲击等问题的计算分析，内部集成了多物质流固耦合方法、SPH 方法等多种算法。此处采用多物质欧拉方法开展流体计算，结构采用拉格朗日网格，水和空气采用欧拉网格。液舱前后板采用壳单元，网格尺寸均采用 10mm×10mm。欧拉域采用 10mm×10mm×10mm的网格。

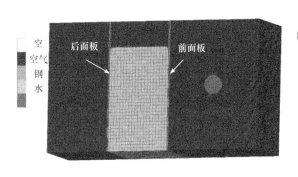
(a) 仿真模型

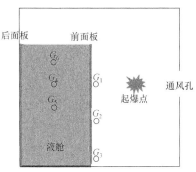
(b) 测点位置示意图

图 7.6　液舱结构及测点位置示意图

2. 材料本构方程与参数

液体介质(水)使用 Shock 状态方程描述材料的基本特性。方程基于 Hugoniot 关系建立，表示为 $U = C_1 + S_1 U_p$，U 为冲击速度，U_p 为粒子速度，C_1 和 S_1 为材料常数。水的 Shock 状态方程如表 7.2 所示。

表 7.2　水的 Shock 状态方程

参数	$\rho/(\text{g/cm}^3)$	γ	C_1	S_1
取值	1.0	0.28	1.483×10^3	1.75

液舱前后板为 Q235 钢，采用考虑应变强化、温度软化和应变率强化的 JC 本构模型[30]。损伤准则采用计及应力三轴度、应变率和温度效应的延性损伤准则[31]。Q235 钢的材料参数如表 7.3 所示。

表 7.3　Q235 钢的材料参数

参数	A/MPa	B/MPa	C	n	M	D_1
取值	249.2	889	0.746	0.058	0.94	0.38

参数	D_2	D_3	D_4	D_5	T_m/k
取值	1.47	2.58	−0.0015	8.07	1793

3. 数值仿真模型验证

通过有限元结果分析可知，液舱板在内爆炸载荷作用下发生明显的塑性变形。其变形模式与实验一致，最大挠度出现在板中心处。选取板的中心最大挠度衡量舱内爆炸作用下液舱板的最大变形。数值仿真验证如图 7.7 所示。结果表明，数值仿真方法与实验结果吻合较好，误差在一个板厚范围内。

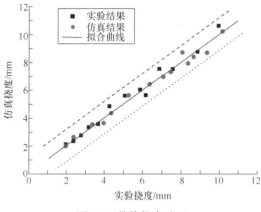

图 7.7　数值仿真验证

7.2.4　数值分析结果

1. 物理过程

以 200g TNT 舱内爆炸作用下液舱的响应过程为例，整个物理过程可分为 3 个典型阶段，即舱内爆炸载荷形成阶段、液舱板塑性变形阶段、液舱动态响应自由衰减阶段。液舱响应物理过程如图 7.8 所示。

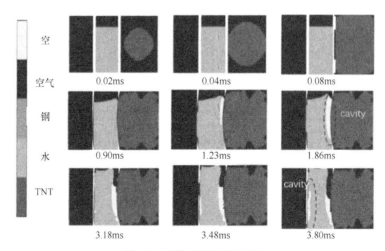

图 7.8　液舱响应物理过程

第一阶段，即舱内爆炸载荷形成阶段(约 0～0.08ms)。炸药爆炸生成高压气体球不断膨胀，压缩周围空气形成冲击波。冲击波在舱内壁面处多次反射形成反射冲击波。爆轰产物与空气中的氧气发生作用发生后续燃烧反应，持续形成准静态压力。最终爆轰产物充满整体空舱。

第二阶段,即液舱板塑性变形阶段(0.08~1.23ms)。舱内爆炸载荷作用下冲击波透射进入液体内,并作用于后板。液体受到压缩,自由液面抬高,液体被挤出,液体质点速度超过前板运动速度,前板后部形成空化气穴。后板在液体中冲击波和水质点宏观运动(滞后流)作用下发生运动,当后板运动速度超过临界值时,接近后板的液体发生空化。前后板在冲击波作用下发生鼓胀变形,并逐渐达到最大值。

第三阶段,即液舱动态响应自由衰减阶段(1.23ms 以后)。舱内液体动能和内能与前后板发生进一步能量交换,但由于载荷幅值明显降低,已经不能持续增加塑性变形。前后板弹性振动,动能逐渐耗散,并最终趋于稳定。

2. 舱内爆炸压力

在舱内爆炸作用下,TNT 炸药形成高压气体球并逐渐扩大,在舱壁处发生反射形成初始反射冲击波。此外,由于密闭环境,冲击波会多次反射,形成具有多个峰值的反射冲击波,其中 G_1 处的多次反射冲击波最明显(图 7.9(a)),相邻区域

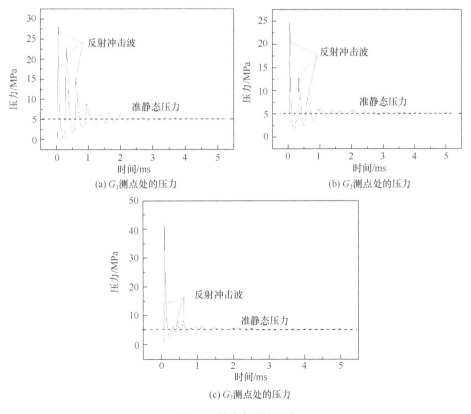

(a) G_1 测点处的压力　　　　　(b) G_2 测点处的压力

(c) G_3 测点处的压力

图 7.9　舱内各测点压力

G_2 初始反射冲击波峰值有所降低,后续的多次反射冲击波降低更加显著(图 7.9(b)),角隅处 G_3 测点处则为初始冲击波明显增大,后续的多次反射冲击波较弱(图 7.9(c))。由于高压气体球在舱内无法快速泄出,不同测点在 1ms 后进入持续时间较长的准静态压力作用时间,均为约 5MPa。从壁面中心到角隅处,压力峰值呈现先缓慢下降,然后快速上升的特征。角隅处的冲击波峰值约为中心处的 2 倍,如图 7.10 所示。

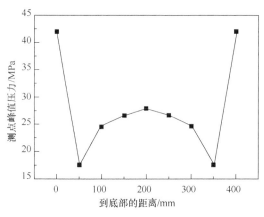

图 7.10　壁面压力峰值分布

3. 液舱内压力

如图 7.11 所示,液舱中心处 G_4 的初始峰值压力衰减为空气中冲击波峰值的约 1/2,约为 15Mpa,然后经历若干次冲击波,时间上与图 7.9 所示的舱内各测点压力的前几次反射压力时序一致。接着,形成峰值较低,但作用时间较长的滞后流载荷。液舱内距离水面较远的点 G_5 处,载荷特征与中心处相似,幅值略有降低,且滞后流效应减弱,如图 7.11 所示。接近水面的测点 G_6,由于自由液面对冲击波的截断效应,自由液面附近产生的稀疏波对冲击波衰减作用明显,冲击波幅值明显低于中心测点及远离水面的测点。

4. 液舱前板变形

液舱内有无液体时,前板响应有明显差异。有无液体时前板变形过程如图 7.12 所示。舱内无液体时,板迅速变形,并于 0.735ms 达到最大值 48.85mm,此后进入变形振荡阶段。盛水 80%液舱的前板,在舱内爆炸载荷作用下于 1.27ms 达到最大变形 24.58mm,此后同样进入自由振荡阶段。值得注意的是,不仅液舱前板变形速度明显降低,最终变形也降低 47.49%。舱内爆炸作用下的液舱前板发生运动,并扰动板后液体同步运动,等效增加前板的质量,增大板的固有响应周期,也分担了爆炸载荷基于前板的动量增加。相应地,在相同爆炸载荷作用下,变形距离变小，意味着爆炸对结构输入能量有明显降低。

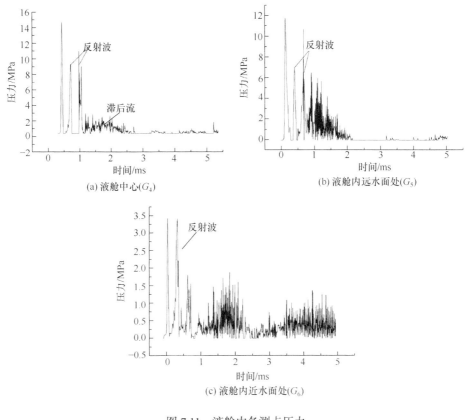

(a) 液舱中心(G_4)

(b) 液舱内远水面处(G_5)

(c) 液舱内近水面处(G_6)

图 7.11　液舱内各测点压力

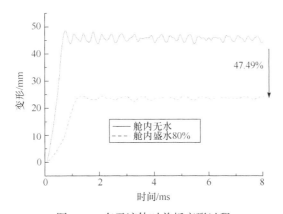

图 7.12　有无液体时前板变形过程

液舱前板变形规律如图 7.13 所示，是不同装水工况下液舱前板的变形过程。装满水时，液舱变形较为均匀，初期板中间区域变形明显，后期呈现整体变形，

最终变形达到 23.62mm。装 80%水时,初期变形非常不均匀,后期逐渐趋向均匀,
最大变形为 24.58mm。对比不同盛水工况可以看出,前板变形差异较小,满水工
况前板变形略小。分析原因是,未装满水的液舱前板所能带动的液体质量略小。

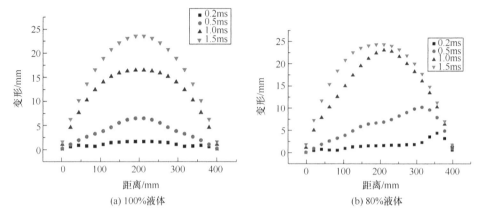

图 7.13　液舱前板变形规律

5. 液舱后板变形

液舱后板变形机制与前板有明显的差异。不同装水工况下液舱后板变形规律
如图 7.14 所示。当装水 100%时,由于冲击波在液体中的均一化作用,后板的变
形自初期就呈现均匀变形趋势,最终变形达到 26.96mm,甚至大于液舱前板。当
装水 80%时,液舱后板变形明显先发生于与液体直接接触的区域,并呈现非均匀
化的特点,最终挠度为 18.41mm。有趣的是,装水 100%的液舱后板变形甚至大
于前板,而装水 80%的液舱后板变形则降低 25.1%。这表明,液舱的空气层对后
板有明显衰减作用。

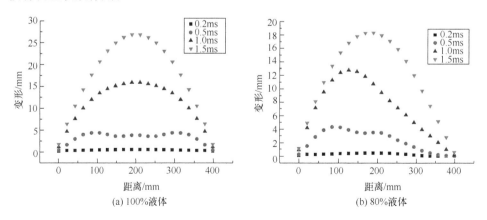

图 7.14　液舱后板变形规律

液舱后板的变形机理有明显差异。前板为舱内爆炸压力作用下背水板的响应，后板更接近水下爆炸作用下背空板响应。根据水中质点运动基本理论，液舱后板所受的压力为

$$p(t)=\begin{cases}2p_{\mathrm{w}}(t)-\rho c\dot{z}(t), & p>p_{\mathrm{c}}\\ p_{\mathrm{c}}, & p\leqslant p_{\mathrm{c}}\end{cases} \tag{7.1}$$

式中，$p_{\mathrm{w}}(t)$ 为水中入射压力；ρ 为液体密度；c 为水中声速；$z(t)$ 为后板位移；p_{c} 为空化压力。

图 7.15 所示为液舱后板运动速度。可以看出，在 0.89ms 时，液舱后板中心处最大速度达到临界空化速度。液体中产生空化可以阻断冲击波继续向后板传播，阻止后板变形的进一步扩大。

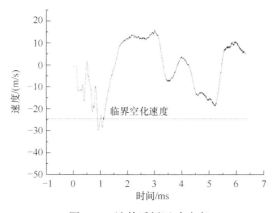

图 7.15　液舱后板运动速度

6. 前后板能量变化

舱内爆炸作用下，满水液舱前后板的能量变化如图 7.16(a)所示。前后板的动

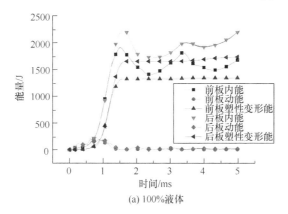

(a) 100%液体

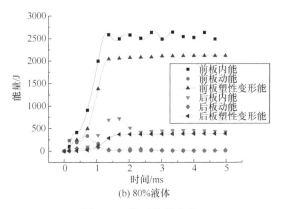

(b) 80%液体

图 7.16　舱壁能量变化

能最小，1.5ms 后基本可以忽略。包括塑性能和弹性能在内的内能迅速增大，约 1.5ms 达到最大，此后前后板内能以较大周期波动。无论是塑性变形能还是内能，均体现后板大于前板，与前后板的变形特征一致。

盛水 80%的液舱则有明显差异，如图 7.16(b)所示。首先，液舱后板的动能、内能及塑性变形能均明显低于前壁，其中前板的塑性变形能约为 2000J，后板的塑性变形能约为 250J。这表明，液舱内的空气层对提高液舱后板的防护有明显作用。

7.2.5　影响因素分析

在实际工程设计中，为确保内部舱室结构水密性，不允许液舱后板出现变形过大，甚至破损。下面主要讨论液位高度和液舱厚度等对液舱后板变形的影响规律，为舱内爆炸防护设计提供支撑。

1. 液位高度

在不同爆炸当量下，液位对液舱后板变形的影响可以分成两个阶段(图 7.17(a))。第一阶段液体百分比不足 80%，液舱后板的变形随着液舱内液体百分比增加而略有增大，但影响较小。第二阶段随着液舱内液体百分比增多，液舱后板变形显著增加。分析原因为，当液体接近充满液舱时，水的近乎不可压缩特性较为明显，促进液舱后板的大塑性变形。当液体百分比小于 80%时，液舱内的空气和水作为整体具有一定的可压缩性，会明显降低背板的能量吸收。

为了更准确地描述舱内爆炸载荷强度，对比液舱在不同舱内爆炸强度下的响应特征，这里使用舱内爆炸损伤数 D_{in} 衡量舱内爆炸强度[24]，即

$$D_{in} = \frac{E_e V}{\sigma_d L^2 h_0} \tag{7.2}$$

式中, V 为爆炸物体积; E_e 为爆炸物类型; L 为箱体特征长度; h_0 为板厚; σ_d 为屈服强度。

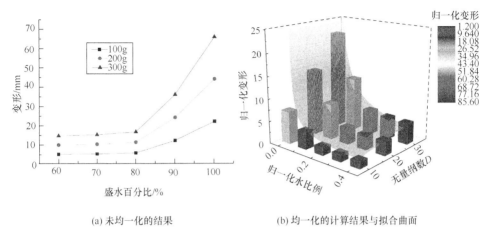

(a) 未均一化的结果　　　　　　(b) 均一化的计算结果与拟合曲面

图 7.17　液位对液舱后板变形的影响

定义均一化液舱空置率为

$$\text{Per} = 1 - H_{\text{water}} / H$$

式中, H_{water} 为液舱内液体高度; H 为液舱整体高度。

对均一化后的数据进行非线性曲面拟合, 可以得到液舱后板变形与液舱内空置率、内爆炸载荷之间更为一般性的表达(图 7.17(b))。拟合后的表达式为

$$\frac{\delta}{h_0} = 0.0626 \text{Per}^{-0.795} D_{\text{in}}^{0.6}$$

式中, δ 为液舱后板变形; h_0 为液舱板厚度。

2. 液体厚度

液舱厚度对液舱后板变形的影响如图 7.18 所示。随着液舱厚度的增大, 背板的最大变形明显降低。分析原因是, 爆炸所能扰动的水域有一定限制, 随着液舱厚度的增大, 爆炸能量逐渐在液体内耗散, 所能传递给液舱后板的能量大幅衰减。

为得到更为一般性的结论, 定义均一化液舱宽度为 $\bar{t} = t/H$, 其中 t 为液舱宽度, H 为液舱高度。无量纲挠度随着液舱厚度增大和舱内爆炸强度减小而减小, 即

$$\frac{\delta}{h_0} = 0.305 \bar{t}^{-0.649} D_{\text{in}}^{0.31} \tag{7.3}$$

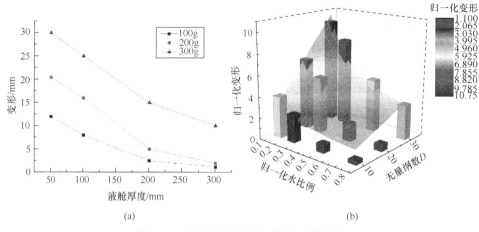

图 7.18　液舱厚度对液舱后板变形的影响

7.3　液舱背板防护涂层研究

液舱舱壁容易在爆炸作用下发生破损,利用聚脲涂层进行液舱舱壁防破损设计具有重要作用。采用撞击式水下冲击加载方式对聚脲涂覆铝板水下冲击特性进行深入的实验研究,通过观测铝板和聚脲涂覆铝板的动态变形过程,重点对不同冲击载荷峰值、聚脲厚度和喷涂位置对铝板结构冲击变形的影响规律进行对比分析。

7.3.1　实验装置与设置

1. 实验装置

实验采用飞片撞击活塞产生冲击波的方式模拟水下爆炸冲击波对聚脲涂覆铝板的加载。实验系统示意图如图 7.19 所示。它包含一级轻气炮系统、高速相机测速装置、加载水舱、目标靶板、高速相机等。一级轻气炮发射飞片,以一定的速度撞击活塞,使活塞内部产生一个应力波。在活塞中传播的应力波在达到活塞与水域相接触的界面处时,加载水舱会产生水下冲击波。该冲击波在加载水舱中传播,最终加载在目标靶板上。

水下冲击模拟器示水舱采用 4340 钢,总长度 $L = 206\text{mm}$,水舱内柱形部分长度 $L_1 = 43\text{mm}$。此处柱形设计是为了保证活塞受到飞片正撞击后沿水平方向移动。模拟器水舱端部直径 $D_1 = 40\text{mm}$。实验利用带有 O 形圈的活塞对水舱进行密封处理(图 7.20)。活塞与飞片采用 S-7 模具钢,如图 7.21 所示。为增加实验目标靶板结构的受冲击面积,可将水下冲击模拟器水舱内部设计为具有散射角的形式,

其中 $\gamma = 7°$。

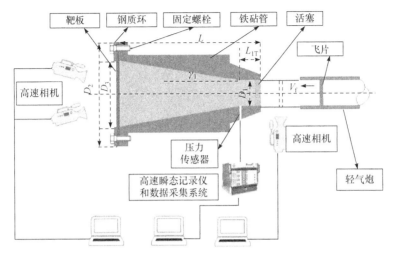

图 7.19 实验系统示意图

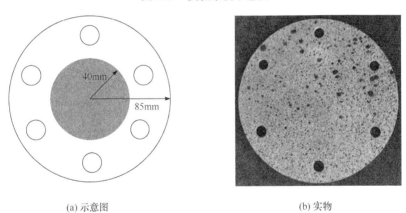

(a) 示意图   (b) 实物

图 7.20 目标靶板示意图与实物

图 7.21 活塞与飞片

2. 材料与试件

目标靶板为聚脲涂覆铝板，通过 6 个 M24 的螺栓固定在水舱上，其中靶板直径 $D_2 = 170\text{mm}$，靶板受冲击部分直径 $D_3 = 80\text{mm}$。靶板材料为 6061 铝合金，活塞材料为 S-7 模具钢。

3. 飞片速度测试

为确定加载到聚脲涂覆铝板上的冲击波载荷，需要测量飞片撞击活塞前的速度。因此，实验采用高速相机以每秒 12000 帧的速度进行捕捉拍摄，采集方式为中心触发采集，触发前后各采集 1s，记录飞片的飞行过程。实验通过采集的飞行过程和飞行时间求解飞片撞击活塞前的速度。

4. 冲击波压力测量

实验采用压电式压力传感器对冲击波载荷进行测量。压力传感器通过附有密封圈的螺纹固定在水舱上，保证水舱的水密性。采集冲击波压力方式为中心触发采集，触发阈值为 2MPa，触发前后各采集 1s。压力传感器测到的信号由高速数据采集仪采集。

5. 靶板变形测量

为准确获得聚脲涂覆铝板在水下冲击加载过程中的动态响应过程，实验通过三维 DIC 测量分析系统，采用两台高速相机呈一定角度固定于合适位置。拍摄时光源系统采用单个 LED 灯。高速相机采样频率为 50000 帧/s，采集方式为中心触发采集，触发前后各采集 1s。

三维 DIC 测量分析系统能准确获取聚脲涂覆铝板高速动态变形过程中的实时位移应变等重要信息，可以更直观地揭示聚脲涂覆铝板在受到水下冲击载荷后的变形过程和应变场，为进一步的数值模拟研究提供准确的验证条件。

7.3.2 水下冲击原理

文献[32]对水下爆炸的物理现象、爆炸机理所依从的基本规律进行了研究和总结，形成了比较系统的理论，并且总结了水下冲击波的经验公式，即

$$P(t) = P_0 \mathrm{e}^{-\frac{t}{\theta}} \tag{7.4}$$

式中，$P(t)$ 为球面冲击波的瞬时压力值；P_0 为球面冲击波的初始波峰压力值；θ 为球面冲击波在水中传播过程中的指数衰减常数。

实验装置通过飞片撞击活塞产生冲击波，峰值压力和衰减时间系数取决于飞

片的质量和初始撞击速度，即

$$P_0 = c_{\mathrm{w}} \rho_{\mathrm{w}} v_0 \tag{7.5}$$

$$\theta = \frac{m_{\mathrm{p}}}{\rho_{\mathrm{w}} c_{\mathrm{w}}} \tag{7.6}$$

式中，c_{w} 为水中声速；ρ_{w} 为水的密度；v_0 为飞片撞击初始速度；m_{p} 为飞片单位面积质量。

假设冲击波作用到靶板时发生全反射，加载脉冲可以表示为

$$I_0 = 2\int_0^\infty P_0 \mathrm{e}^{-t/\theta} \mathrm{d}t = 2P_0 \theta \tag{7.7}$$

由于靶板的运动，当载荷作用到靶板上的冲量小于上述值时，定义流固耦合系数 $\psi = \rho_{\mathrm{w}} c_{\mathrm{w}} \theta / m_{\mathrm{t}}$，其中 m_{t} 为目标板单位面积质量。最终作用到结构的冲量为

$$I_{\mathrm{t}} = \zeta I_0 \tag{7.8}$$

式中，$\zeta = \psi^{\frac{\psi}{1-\psi}}$。

无量纲参数为

$$I = \frac{I_0}{\rho_{\mathrm{w}} c_{\mathrm{w}} \sqrt{A}}, \quad \overline{\delta} = \frac{\delta}{R}, \quad \overline{h} = \frac{h}{R} \tag{7.9}$$

式中，A 为靶板有效加载面积；R 为式样有效半径；δ 为变形后最大挠度；h 为聚脲厚度。

为了增加靶板有效加载面积，实验装置并非严格一维，需要进行冲击波平面性校核。平面因子用来描述散射角对冲击波平面性的影响，其表达式为

$$\lambda = \frac{c_{\mathrm{w}} \theta}{d_2 - d_1} \tag{7.10}$$

式中，c_{w} 为冲击波在水中的传播速度；θ 为冲击波的衰减时间常数；d_1 为爆点距靶板的垂直距离；d_2 为爆点距靶板边缘的距离。

当 $\lambda > 1$ 时，冲击波传播到目标靶板边缘位置处的峰值并未小于冲击波最初传到目标靶板峰值的 37%，因此该冲击波可以近似为平面波；反之，当 $\lambda < 1$ 时，该冲击波不能近似为平面波。

本书使用的水下冲击模拟器水舱左端圆柱形结构长 43mm，该结构中的冲击波近似保持平面性。因此，将起爆点设置为散射角起始位置，即 $d_1 = 148\mathrm{mm}$，$d_2 = 149.49\mathrm{mm}$，有

$$\lambda = 1006711.4\theta \tag{7.11}$$

若要 $\lambda > 1$，即 $\theta \geqslant 0.99\mu s$ 时，冲击波即可近似为平面波。

7.3.3 实验结果

利用图 7.19 所示的实验加载设备，将聚脲涂覆铝板通过内径为 80mm 的钢制圆环及 6 个 M24 螺栓固定在水下冲击模拟器水舱上，实现边界条件完全固支的聚脲涂覆铝板水下冲击实验。采用三维 DIC 测量系统，分析冲击波峰值强度、聚脲厚度和聚脲位置对聚脲涂覆铝板冲击特性的影响规律。

聚脲涂覆铝板非药式水下爆炸冲击实验工况如表 7.4 所示。实验选取直径为 40mm、厚度为 10mm、质量为 98.02g 的飞片和直径为 40mm、厚度为 20mm、质量为 196.04g 的活塞。实验中的铝板厚度均为 0.5mm，直径为 170mm，受冲击波作用的区域直径为 80mm。

表 7.4 聚脲涂覆铝板非药式水下爆炸冲击实验工况

考虑因素	工况编号	飞片速度/(m/s)	聚脲厚度/mm	冲击波初始峰值/MPa	涂覆位置
冲击波初始峰值的影响	1	49.85	2	40.23	前
	2	65.59	2	51.80	前
	3	69.77	2	56.30	前
	4	79.55	2	65.40	前
	5	89.71	2	72.40	前
	6	100.22	2	80.88	前
	7	119.99	2	96.83	前
	8	140.30	2	113.22	前
	9	160.05	2	129.16	前
聚脲涂层厚度的影响	10	78.67	0	64.49	无
	11	79.35	1	64.04	前
	12	80.15	3	64.68	前
	13	80.29	4	64.79	前
	14	81.06	5	65.41	前
	15	80.42	6	64.90	前
	16	78.96	7	63.72	前
	17	79.87	8	64.46	前

考虑因素	工况编号	飞片速度/(m/s)	聚脲厚度/mm	冲击波初始峰值/MPa	涂覆位置
	18	79.69	4	64.31	前 1+后 3
	19	79.55	4	65.37	前 2+后 2
	20	80.08	4	64.62	前 3+后 1
	21	81.17	4	65.50	后
	22	64.32	4	51.32	前
	23	65.25	4	52.54	前 1+后 3
聚脲涂层位置的影响	24	63.87	4	56.33	前 2+后 2
	25	64.98	4	55.73	前 3+后 1
	26	65.22	4	59.62	后
	27	49.25	4	38.56	前
	28	48.12	4	40.67	前 1+后 3
	29	50.65	4	37.62	前 2+后 2
	30	46.95	4	39.33	前 3+后 1
	31	47.56	4	40.69	后

1. 冲击波压力

工况 2 和工况 4 中板前处冲击波压力时域曲线如图 7.22 所示。冲击波在几微秒内从零点迅速增大至最大值，然后以近似指数的形式衰减。工况 4 产生的冲击波初始峰值为 65.40MPa 明显高于工况 2 的 51.80MPa。两条冲击波压力时域曲线仅峰值大小区别较大，而冲击波衰减历程基本相同，衰减时间均在 150μs 左右，也基本相同。这说明，飞片的速度对冲击波的衰减过程影响较小。实验产生的水下冲击波衰减时间常数远大于 0.99μs，代入式(7.11)有 $\lambda > 1$，因此该水下冲击波近似为平面波。

冲击波压力时域曲线并没有严格的指数形式进行衰减，而是出现一定幅度的波动。这是由于活塞在受到飞片撞击后会产生一定的速度使活塞与水持续保持接触，从而使活塞中的反射冲击波传入水中形成多次加载。此外，由于加载水舱尺度不够大，在舱壁会形成一定的冲击波反射，因此该加载水舱不能完全模拟无限水域。尽管如此，该加载水舱形成的水下冲击波仍然按照式(7.5)的形式进行指数衰减。该水下冲击模拟器能够有效地模拟水下爆炸形成的冲击波。

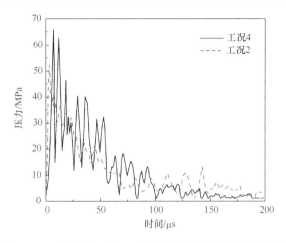

图 7.22　工况 2 和工况 4 中板前处冲击波压力时域曲线

2. 变形过程

以工况 4 为例,将聚脲涂覆铝板变形运动开始的起始点作为时间零点。如图 7.23 所示,聚脲涂覆铝板在受到冲击波载荷作用后动态弹塑性变形的整个过程。如图 7.24 所示,变形过程可分为四个阶段。

第一阶段,0~0.3ms 为塑性变形类圆台期。这个阶段是聚脲涂覆铝板受到冲击波载荷作用后发生塑性大变形过程初期。聚脲涂覆铝板变形过程是由平板逐渐

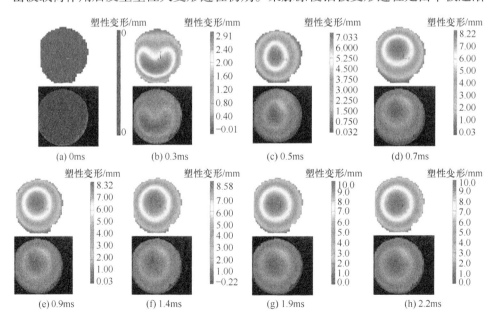

图 7.23　工况 4 聚脲涂覆铝板动态弹塑性变形云图

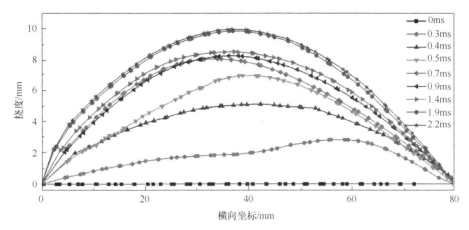

图 7.24　工况 4 聚脲涂覆铝板在冲击波载荷作用下的变形过程图

变形为类圆台型的形状，且在类圆台中心 25mm 范围内呈心形。

第二阶段，0.3～0.7ms 为塑性变形类球冠期。这个阶段是聚脲涂覆铝板受到冲击波载荷作用后发生塑性大变形过程中期。该阶段聚脲涂覆铝板变形过程是由类圆台型逐渐变形为球冠形状。

第三阶段，0.7～1.4ms 为弹性振动期。这个阶段是聚脲涂覆铝板受到冲击波载荷作用后发生塑性大变形过程后期。该阶段聚脲涂覆铝板变形过程是塑性变形完成后发生的类球冠型的轻微回弹振动。

第四阶段，1.4ms 以后为二次弹塑性变形期。该阶段聚脲涂覆铝板变形过程是类球冠型向四周扩张，中心点位移值迅速增大趋于稳定后发生类似于第三阶段时的轻微弹性振动。推断这是由于实验加载水舱长度较短，使加载水舱中出现了较为明显的多次反射冲击波和空化二次加载。

此外，从图 7.24 工况 4 聚脲涂覆铝板在冲击波载荷作用下的变形过程图可以发现，聚脲涂覆铝板在变形初期的变形并不是完全对称的。这是由于聚脲涂覆铝板的厚度较薄，聚脲涂覆铝板在变形过程中发生一定的震颤，使整个变形过程并不是完全对称的。这种震颤会一直持续发生在变形的第一阶段和第二阶段，直到聚脲涂覆铝板完成冲击波作用下的塑性大变形。这种震颤并不影响聚脲涂覆铝板最终塑性变形的对称性。工况 4 聚脲涂覆铝板变形前后的形貌图如图 7.25 所示。

7.3.4　参数影响

1. 冲击波强度影响

图 7.26(a)给出了工况 2、4 和 5 的聚脲涂覆铝板中心测点处变形挠度时域曲

　　　　　(a) 实验前　　　　　　　　　　　　　　　　(b) 实验后

图 7.25　工况 4 聚脲涂覆铝板变形前后的形貌图

线图。随着聚脲涂覆铝板受到的水下冲击波压力峰值的增大，聚脲涂覆铝板大塑性变形的形状保持相同，为类球冠状；聚脲涂覆铝板总体变形量与冲击波压力峰值呈线性关系，聚脲涂覆铝板最大变形值从 8.27mm 增大到 12.11mm，且中心位置处的变形增大量大于聚脲涂覆铝板边缘处。这说明，水下冲击模拟器产生的冲击波初始压力峰值对聚脲涂覆铝板塑性变形的最终变形值影响明显。

　　图 7.26(b)给出了工况 2、4 和 5 的聚脲涂覆铝板中心点的变形时域曲线。在不同初始压力峰值的水下冲击波作用下，聚脲涂覆铝板的变形过程的规律基本上是相同的，且聚脲涂覆铝板中心位置的变形速度与变形最终值和初始压力峰值同样呈线性关系。初始压力峰值增大能使聚脲涂覆铝板的变形增大，增大的变形主要分为两个部分。聚脲涂覆铝板第一阶段的塑性变形和第二阶段的变形扩大，其中第一阶段占主要部分。这说明，聚脲涂覆铝板发生塑性变形的第一阶段是由受到的水下冲击波作用引起的，第二阶段的大塑性变形受到反射冲击波和空化效应二次加载的影响。在 2.5ms 后，聚脲涂覆铝板中心点的位移随着时间的增大而略有减小，说明聚脲涂覆铝板具有一定的回弹能力。

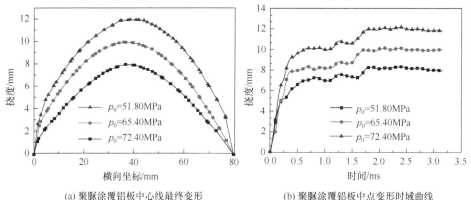

　　(a) 聚脲涂覆铝板中心线最终变形　　　　　　(b) 聚脲涂覆铝板中点变形时域曲线

图 7.26　不同冲击波强度作用下聚脲涂覆铝板变形过程

通过不同压力峰值的水下冲击波载荷作用下聚脲涂覆铝板中心处大塑性变形阶段的最终挠度值，对数据进行函数拟合的表达式为

$$\delta = 14.24 - 8.37 \bigg/ \left(1 + e^{\frac{p_0 - 62.66}{10.46}}\right) \tag{7.12}$$

如图 7.27 所示，聚脲涂覆铝板整体大塑性挠度值随着冲击载荷的增大而增大，曲线以压力初始峰值 87MPa 左右为分界点，分为迅速增加阶段与缓慢增加阶段两种变化趋势。这说明，聚脲在高应变下的应变率强化效应显著，聚脲涂覆铝板整体大塑性挠度值斜率逐渐降低，其抗冲击防护性能得到较为明显的提高。

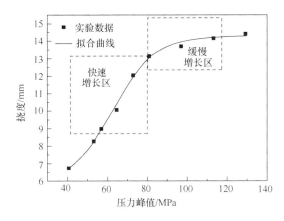

图 7.27　不同压力峰值的水下冲击波作用聚脲涂覆铝板中心位移峰值

2. 聚脲厚度影响

图 7.28(a)给出了工况 10、2、13、15 的聚脲涂覆铝板最终的整体变形曲线。可以看到，不同厚度的聚脲涂覆铝板在受到同等压力峰值的水下冲击波作用时，聚脲涂覆铝板塑性变形的形状保持相同，为类球冠状。随着聚脲厚度从 6mm 降低到 2mm，聚脲涂覆铝板最大变形值从 7.35mm 增大到 11.9mm。聚脲厚度对聚脲涂覆铝板大塑性变形的最终变形值影响较大。

图 7.28(b)给出了工况 10、2、13、15 的聚脲涂覆铝板中心点的变形时域曲线。可以看到，改变聚脲厚度并不会改变聚脲涂覆铝板中心点的变形过程。在相同压力峰值的水下冲击波作用下，不同厚度聚脲涂覆铝板的变形过程的规律相同。聚脲厚度增大能有效降低聚脲涂覆铝板的塑性变形。随着聚脲厚度的增加，水下冲击模拟器产生的冲击波直接加载产生的聚脲涂覆铝板第一阶段变形和反射冲击波与空化效应联合加载的第二阶段变形均会减少。

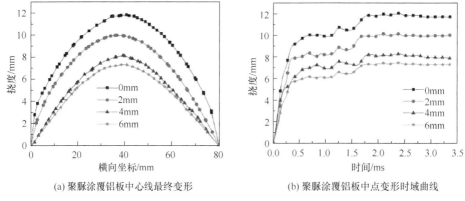

(a) 聚脲涂覆铝板中心线最终变形   (b) 聚脲涂覆铝板中点变形时域曲线

图 7.28   不同聚脲厚度下聚脲涂覆铝板变形过程

为了数据分析方便，以无量纲挠度 $\bar{\delta}$ 来衡量聚脲涂覆铝板的抗冲击性能，同时定义在水下冲击波压力载荷一定的情况下，铝板前涂覆聚脲的无量纲厚度 $\bar{T}$ 为

$$\bar{T}=t_{\text{front}}/t_{\text{AL}} \tag{7.13}$$

式中，t_{front} 代表铝板前喷涂聚脲厚度；t_{AL} 代表铝板厚度。

实验中，铝板厚度为 0.5mm。同等水下冲击波压力载荷作用下的无量纲挠度 $\bar{\delta}$ 和无量纲厚度 $\bar{T}$ 之间的拟合曲线表达式为

$$\bar{\delta}=0.18\mathrm{e}^{-\frac{\bar{T}}{9.64}}+0.13 \tag{7.14}$$

如图 7.29 所示，增加聚脲厚度可以有效地增加聚脲涂覆铝板的抗冲击性能。聚脲涂覆铝板中心处无量纲挠度 $\bar{\delta}$ 随着无量纲厚度 $\bar{T}$ 的增加呈现指数衰减特征。

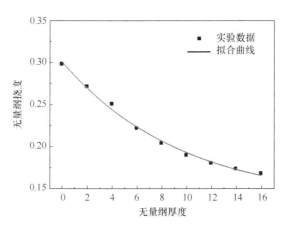

图 7.29   不同聚脲厚度时聚脲涂覆铝板中心位移峰值

3. 聚脲位置影响

图 7.30(a)给出了工况 13、19 和 21 的聚脲涂覆铝板最终的变形曲线。三个工况均涂覆 4mm 聚脲。当 4mm 厚度的聚脲全涂覆在迎爆面时,聚脲涂覆铝板在水下冲击波载荷作用下的最终整体变形最小,最大值为 8.19mm;聚脲全涂覆在背爆面时,最大变形值次之,最大值为 8.34mm;前后各喷涂 2mm 聚脲涂覆时,抗水下冲击效果最差,最大值为 9.32mm。对比三种涂覆方式,聚脲厚度相同时,将聚脲作为整体涂覆在铝板上比将聚脲分开涂覆在铝板前后时的效果更好,并且将聚脲作为整体涂覆在迎爆面时聚脲涂覆铝板的抗水下冲击性能最优。

图 7.30(b)给出了工况 13、19 和 21 的聚脲涂覆铝板中心点的变形时域曲线,可以看出改变聚脲厚度并不会改变聚脲涂覆铝板中心点的变形过程。在相同压力峰值的水下冲击波作用下,不同聚脲涂覆位置的聚脲涂覆铝板的变形过程的规律基本上是相同的。

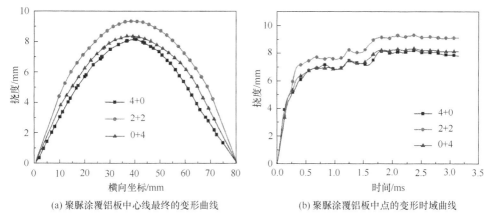

(a) 聚脲涂覆铝板中心线最终的变形曲线　　(b) 聚脲涂覆铝板中点的变形时域曲线

图 7.30　不同聚脲厚度下聚脲涂覆铝板变形过程(4+0 为迎爆面 4mm;2+2 为两面均为 2mm;0+4 为只有背爆面为 4mm)

为了数据分析方便,定义在聚脲总厚度一定的情况下,铝板前涂覆聚脲的无量纲厚度 $\bar{t}$ 为

$$\bar{t} = t_{\text{front}} / (4t_{\text{AL}}) \tag{7.15}$$

式中,t_{front} 为铝板前喷涂聚脲厚度;t_{AL} 为铝板厚度。

实验中,铝板厚度为 0.5mm。不同聚脲位置时,聚脲涂覆铝板中心位移峰值如图 7.31 所示。可以看出,不论将 4mm 厚的聚脲涂覆在铝板迎爆面还是背爆面,聚脲涂覆铝板中心最终变形值都远小于将 4mm 厚的聚脲分开涂覆在铝板前后时的最终变形值;将聚脲作为整体涂覆在铝板迎爆面对铝板抗水下冲击性能的提高优于前后分别涂覆。

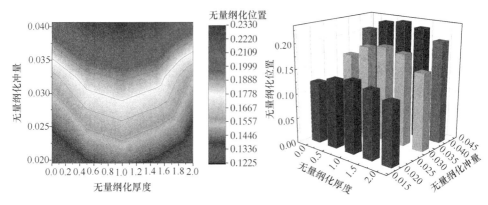

图 7.31　不同聚脲位置时聚脲涂覆铝板中心位移峰值

7.4　液舱舱壁的抗破损设计

　　舱内爆炸作用下的舱壁边缘失效是一种较为常见的破坏模式。边缘破损机理和抗破损研究具有较高的研究意义。通过试验、数值仿真和理论分析，阐明舱内爆炸作用下舱壁结构破坏模式和失效机理，提出一种不显著增加重量的高性能抗破损设计。

7.4.1　模型设置与验证

　　分析对象选取厚度为 2mm 的板，宽度为 400mm，在舱内爆炸作用下承受 0.62MPa 的准静态气体压力。采用 ABAQUS 开展数值仿真分析，采用对称模型计算，网格尺寸为 1mm×1mm，采用 CPS4R 单元。舱内爆炸准静态压力采用矩形脉冲加载，作用时间为 20ms。材料为船用低碳钢，静态屈服强度为 235MPa，采用双线性 CS 模型(D=40.4，p=5)讨论局部高塑性变形。有无变形协调装置 (deformation-uniform installation，DUI)的计算仿真模型如图 7.32 所示。

7.4.2　局部失效特性分析

　　均布压力载荷作用下板发生边缘拉伸失效，破损处均位于边缘。通过分析有无变形协调装置的应力状态、等效应力和等效塑性应变，分析变形协调装置对局部破损的影响。有无变形协调装置时的局部响应如图 7.33 所示。应力三轴度 σ^{*} [33] 是表征应力状态的重要参数。其定义为

$$\sigma^{*} = \frac{p}{\sigma_{\text{Mises}}} \tag{7.16}$$

式中，$p = (\sigma_1 + \sigma_2 + \sigma_3)/3$ 为静水压力(σ_1、σ_2 和 σ_3 为第一、第二、第三主应力)；

$$\sigma_{\mathrm{Mises}} = \sqrt{\left[(\sigma_1 - \sigma_2) + (\sigma_2 - \sigma_3) + (\sigma_3 - \sigma_1)\right]/2}$$ 为等效应力。

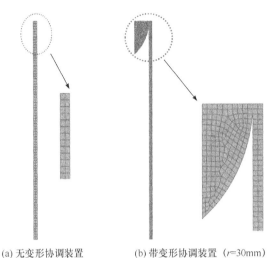

(a) 无变形协调装置 (b) 带变形协调装置（r=30mm）

图 7.32 计算仿真模型

研究表明[33]，$\sigma^* < 0$ 时，材料受压缩作用（$\sigma^* = -1/3$ 为单轴压缩）；$\sigma^* = 0$ 时，材料受剪切作用；$\sigma^* > 0$ 时，材料受拉伸作用（$\sigma^* = 1/3$ 为单轴拉伸）。

图 7.33(a)和图 7.33(b)表明，0～2ms 内迎爆面处测点应力三轴度约为 0.33(表征为单轴拉伸)，在 0～0.5ms 内背爆面应力三轴度约为−0.33(表明此时受单向压缩)，局部承载表现为梁变形。0.5ms 后，应力三轴度均约 0.33，体现为单向受拉，分析为膜力拉伸起主导作用。分析表明，无论是否设置变形协调装置，板边缘处均为弯曲和膜力拉伸共同作用。

图 7.33(c)和图 7.33(d)表明，迎爆面边缘的应力明显大于其他各处，而背爆面边缘应力在 0.5～2ms 时明显小于其他区域；迎爆面边缘为梁弯曲拉应力和膜力共

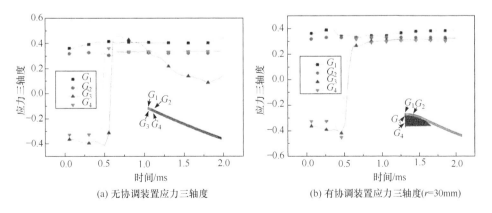

(a) 无协调装置应力三轴度 (b) 有协调装置应力三轴度(r=30mm)

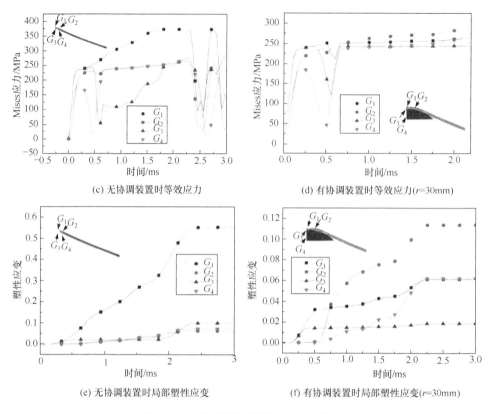

图 7.33　有无变形协调装置时的局部响应

同作用,而背爆面边缘为弯曲压应力与膜力一定程度上相互抵消。对比 G_2 和 G_4 可知,在设置变形协调装置后,两者的应力开始出现明显差异。

图 7.33(e)和图 7.33(f)表明,未设置变形协调装置时,最大塑性应变出现在边缘,且明显大于其他区域(可能发生失效);设置变形协调装置后,最大塑性变形出现在距角隅一定距离处,且幅值明显小于未设置变形协调装置时的最大塑性应变。

7.4.3　变形协调装置半径对局部损伤的影响

半径对塑性变形大小及分布的影响(0.62MPa)如图 7.34 所示。结果表明,增大变形协调装置半径能有效降低板边缘处的最大塑性应变,从 $r=10$mm 时的 0.183 一直降低到 $r=40$mm 时的 0.096,从而大幅度降低边缘失效风险,提高舱壁在准静态压力载荷作用下的抗爆能力。

结合图 7.35 可以看出,在不同等级舱内爆炸准静态压力作用下,变形协调装置半径的变化对最大塑性变形的影响规律类似,即在一定范围内均表现为随着变形协调装置半径的增大，板最大塑性变形呈指数衰减。

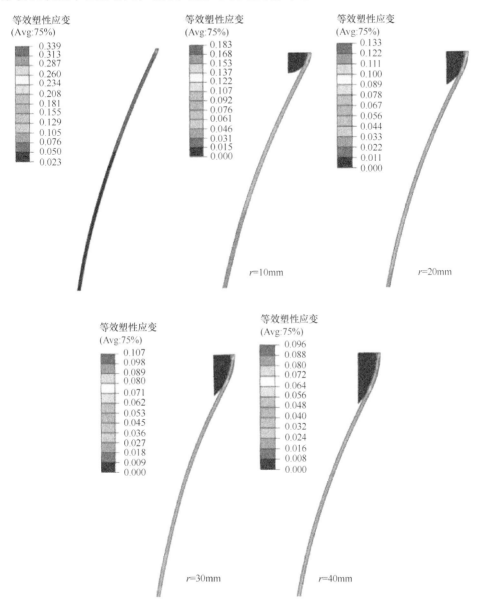

图 7.34　半径对塑性变形大小及分布的影响(0.62MPa)

　　进一步分析表明，变形协调装置半径的变化不仅影响最大塑性应变的幅值，也影响塑性变形的分布。半径对应变分布的影响如图 7.36 所示。结果表明，当未设置变形协调装置时，边缘塑性应变高度集中，与边缘失效破坏模式吻合。当设置边缘变形协调装置时，能有效降低边缘塑性应变的分布，且随着半径的增大，塑性应变集中区域逐渐变大但幅值逐渐降低，表现出在舱内爆炸准静态压力作用下更好的抗爆性能。

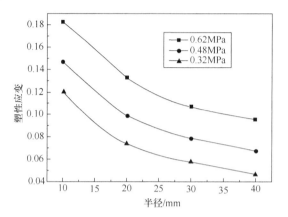

图 7.35　半径对不同冲击强度下塑性变形的影响

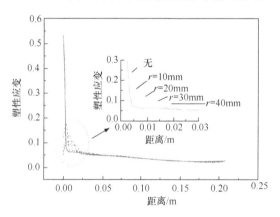

图 7.36　半径对应变分布的影响

7.4.4　机理分析与探讨

边缘失效机理分析示意图如图 7.37 所示。可以看出，在均布载荷作用下，板边缘容易发生失效，其变形机制主要有两种，即膜力拉伸和弯曲。

局部受载情况为

$$\sigma_{TOT} = \sigma_{MEM} + \sigma_{BEND} \tag{7.17}$$

式中，σ_{TOT} 为板边缘的总应力；σ_{MEM} 为板边缘处的膜应力；σ_{BEND} 为板边缘的弯曲应力(上边缘为拉，下边缘为压)。

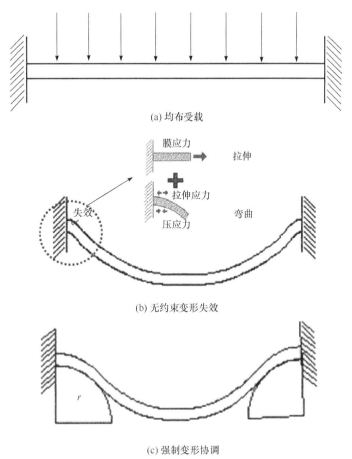

(a) 均布受载

(b) 无约束变形失效

(c) 强制变形协调

图 7.37　边缘失效机理分析示意图

根据简单梁挠曲变形理论，有

$$\frac{\mathrm{d}^2 w}{\mathrm{d}x^2} = \frac{M}{EI} \tag{7.18}$$

式中，w 为梁变形挠曲线；x 为梁宽度；M 为截面弯矩；E 为弹性模量；I 为抗弯惯性矩。

在局部纯弯曲作用下，将圆的方程，即

$$y = \sqrt{r^2 - x^2} \tag{7.19}$$

代入可得

$$\frac{\mathrm{d}^2 w}{\mathrm{d}x^2} = \frac{1}{r} = \frac{M}{EI} \tag{7.20}$$

由梁的弯曲应力公式 $\sigma = \dfrac{My}{I}$ 可知,板边缘处由弯曲引起的正应力 σ_{BEND} 满足下式,即

$$\frac{1}{r} = \frac{2\sigma_{\text{BEND}}}{Et} \tag{7.21}$$

式中, r 为变形协调装置半径; t 为板厚。

式(7.22)表明,随着边缘处的曲率半径 r 增大,可有效减小边缘局部弯曲引起的正应力。在板整体膜力不变的情况下,强制增大边缘处变形的曲率半径,能有效减小局部应力集中,提高临界失效应力。此外,通过对结构开展塑性变形分析,可得转角半径为 r 时,局部梁弯曲引起的塑性应变增量 $\Delta\varepsilon$ 为

$$\Delta\varepsilon = \frac{1}{2\alpha+1} \tag{7.22}$$

式中, $\alpha = r/t$ 。

径厚比对弯曲塑性应变增量的影响如图 7.38 所示。舰船典型舱壁厚度一般较薄,通常为 4mm、6mm、8mm、10mm 等。通过设置半径为 200mm 的变形协调机构,可以使边缘处最大塑性变形仅比膜力拉伸带来的塑性变形增大约 0.024,大幅降低边缘处的应变集中现象。

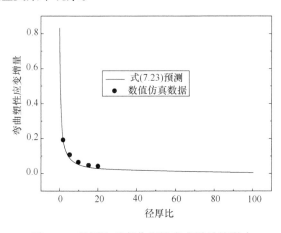

图 7.38 径厚比对弯曲塑性应变增量的影响

上述分析表明,提高舱壁在舱内爆炸作用下的抗破损能力主要有 2 种途径。
(1) 提高极限结构的极限膜力(提高舱壁材料强度和边缘区域厚度)。
(2) 提高局部抗弯能力,减小弯曲正应力(图 7.32(b))。

7.5　本 章 小 结

液舱在舰艇防护等领域具有重要的应用背景。舱内爆炸与自由场爆炸存在明显差异，对舱内爆炸作用下液舱变形规律的研究和机理分析有助于舰艇等舱室结构的防护设计。本章采用撞击式水下冲击加载手段，结合三维 DIC 测量系统研究聚脲涂覆铝板在爆炸冲击波载荷作用下的动态响应，分析聚脲对液舱舱壁的防护作用。在此基础上，讨论冲击波强度、聚脲厚度和聚脲涂覆位置对聚脲涂覆铝板在水下冲击载荷作用下动态响应的影响规律。

(1) 舱内爆炸下舱室内形成多次反射冲击波和持续时间较长的准静态压力，在液体内形成高强冲击波和滞后流载荷。液舱前后板响应机理有明显区别。液舱对前板防护作用的主要机理为板运动扰动液体，可以等效增加质量，增大板响应周期的同时，降低爆炸载荷的能量输入。液舱后板的运动形成空化效应，能有效阻止冲击波传递。液舱内的空气层形成的自由液面可衰减液舱中的能量传递，并影响液舱内液体的可压缩性，明显降低液舱板挠度，改变液舱板变形模式。设计不当的盛满水的液舱后板比前板更容易发生破坏，防护液舱内装约 80% 的液体能起到较好的防护效果。随着液舱厚度的增大，液舱后板变形逐渐减小。同时，给出液舱中液位高度和液舱厚度影响的经验公式。

(2) 水下冲击作用下聚脲涂覆铝板的变形过程呈现明显的四个阶段，分别为圆台期、类球冠期、弹性振动期和二次加载期。随着冲击强度提升，聚脲涂层对铝板塑性变形的衰减作用更加明显，体现出明显的应变率强化效应，临界峰值约为 87MPa。在受到高强水下冲击作用时，增加聚脲厚度可有效降低聚脲涂覆铝板最终大塑性变形值，挠度随聚脲厚度的增大呈现指数衰减特征。在受到典型载荷的水下冲击作用时，相同厚度的聚脲涂覆在迎爆面时聚脲涂覆铝板最终大塑性变形值最小，将聚脲分成两部分涂覆在铝板前后的效果最差。

(3) 边缘拉伸失效是舱内爆炸作用下水密舱壁的主要破坏模式之一。设置边缘变形协调装置能有效提高水密舱壁在舱内爆炸作用下的抗破损能力。边缘变形协调装置半径的增大能有效降低最大塑性变形并调整塑性变形集中区域的分布。边缘变形协调装置提高舱壁抗破损能力的主要机制可以提高边缘处的曲率变形，降低局部弯曲应变。

参 考 文 献

[1] Kong X S, Wu W G, Li J, et al. Experimental and numerical investigation on a multi-layer protective structure under the synergistic effect of blast and fragment loadings[J]. International Journal of Impact Engineering, 2014, 65: 146-162.

[2] Kurki T. Contained explosion inside a naval vessel-evaluation of the structural response[D]. Espoo: Helsinki University of Technology, 2007.

[3] Brefort D, Shields C, Habben J A, et al. An architectural framework for distributed naval ship systems[J]. Ocean Engineering, 2018, 147: 375-385.

[4] Lee S G, Lee H S, Lee J S, et al. Shock response analysis of blast hardened bulkhead in partial chamber model under internal blast[J]. Procedia Engineering, 2017, 173: 511-518.

[5] Li D, Hou H, Chen C, et al. Experimental study on the combined damage of multi-layered composite structures subjected to close-range explosion of simulated warheads[J]. International Journal of Impact Engineering, 2018, 114: 133-146.

[6] Zhang J, Shi X H, Guedes S C. Experimental study on the response of multi-layered protective structure subjected to underwater contact explosions[J]. International Journal of Impact Engineering, 2017, 100: 23-34.

[7] Stiff P. Taming the Landmine Alberton[M]. South Africa: Galago, 1986.

[8] Kailasanath K, Tatem P, Williams F, et al. Blast mitigation using water: a status report[R]. Washington D. C. , DNRL, 2002.

[9] Wang Y, Liew J Y R. Blast performance of water tank with energy absorbing support[J]. Thin-Walled Structures, 2015, 96: 1-10.

[10] Wang Y, Liew J Y R, Lee S C. A novel multi-functional water facade system for energy saving and blast resisting[J]. Materials & Design, 2016, 106: 98-111.

[11] Wang Y, Xiong M X. Analysis of axially restrained water storage tank under blast loading[J]. International Journal of Impact Engineering, 2015, 86: 167-178.

[12] Wang Y, Zhou H. Numerical study of water tank under blast loading[J]. Thin-Walled Structures, 2015, 90: 42-48.

[13] Wang Y, Lee S C. Experimental study of water tank under impulsive loading[J]. Archives of Civil and Mechanical Engineering, 2015, 15(4): 986-996.

[14] Bornstein H, Ryan S, Mouritz A P. Evaluation of blast protection using novel-shaped water-filled containers: experiments and simulations[J]. International Journal of Impact Engineering, 2019, 127: 41-61.

[15] Bornstein H, Phillips P, Anderson C. Evaluation of the blast mitigating effects of fluid containers[J]. International Journal of Impact Engineering, 2015, 75: 222-228.

[16] Bornstein II, Ryan S, Mouritz A. Physical mechanisms for near-field blast mitigation with fluid containers: effect of container geometry[J]. International Journal of Impact Engineering, 2016, 96: 61-77.

[17] Bornstein H, Ryan S, Mouritz A P. Blast mitigation with fluid containers: effect of mitigant type[J]. International Journal of Impact Engineering, 2018, 113: 106-117.

[18] Kumar A S, Gokul K U, Rao P V K, et al. Blast loading of underwater targets-a study through explosion Bulge test experiments[J]. International Journal of Impact Engineering, 2015, 76: 189-195.

[19] Mittal V, Chakraborty T, Matsagar V. Dynamic analysis of liquid storage tank under blast using coupled Euler-Lagrange formulation [J]. Thin-Walled Structures 2014, 84: 91-111.

[20] Chen L, Zhang L, Fang Q, et al. Performance based investigation on the construction of anti-blast water wall[J]. International Journal of Impact Engineering, 2015, 81: 17-33.

[21] Zheng J, Hu Y, Ma L, et al. Delamination failure of composite containment vessels subjected to internal blast loading[J]. Composite Structures, 2015, 130: 29-36.

[22] Rushtona N, Schleyera G K, Claytonb A M, et al. Internal explosive loading of steel pipes[J]. Thin-Walled Structures, 2008, 46: 870-877.

[23] Geretto C, Yuen S C K, Nurick G N. An experimental study of the effects of degrees of confinement on the response of square mild steel plates subjected to blast loading[J]. International Journal of Impact Engineering, 2014, 8: 1-13.

[24] Yao S, Zhang D, Lu F, et al. A combined experimental and numerical investigation on the scaling laws for steel box structures subjected to internal blast loading[J]. International Journal of Impact Engineering, 2017, 102: 36-46.

[25] Yao S, Zhang D, Lu F, et al. Experimental and numerical studies on the failure modes of steel cabin structure subjected to internal blast loading[J]. International Journal of Impact Engineering, 2017, 110: 279-287.

[26] Yao S, Zhang D, Lu Z, et al. Experimental and numerical investigation on the dynamic response of steel chamber under internal blast[J]. Engineering Structures, 2018, 168: 877-888.

[27] Edri I, Savir Z, Feldgun V R, et al. On blast pressure analysis due to a partially confined explosion: I experimental studies[J]. International Journal of Protective Structures, 2011, 2(1): 1-20.

[28] 中华人民共和国国家质量监督检验检疫总局. GB/T 228—2002 金属材料室温拉伸试验方法[S]. 北京: 中国标准出版社, 2002.

[29] Liang R. Elastic-plastic constitutive modeling of tantalum and AerMet100 steel due to quasi-static and dynamic loading[D]. Maryland: University of Maryland, 1999.

[30] Johnson G R, Cook W H. A constitutive model and data for metals subjected to large strains, high strain rates and high temperature[C]// Proceedings of the Seventh International Symposium on Ballistics, Netherland, 1983: 541-548.

[31] Johnson G R, Cook W H. Fracture characteristics of three metals subjected to various strains, strain rates, temperatures and pressures[J]. Engineering Fracture Mechanics, 1985, 21: 31-48.

[32] 汪玉, 华宏星. 舰船现代冲击理论及应用[M]. 北京: 科学出版社, 2005.

[33] Bao Y, Wierzbicki T. On fracture locus in the equivalent strain and stress triaxiality space[J]. International Journal of Mechanical Sciences, 2004, 46: 81-98.